本书为山东省教育厅人文社会科学研究项目结题成果
项目号S07YF22

汉语诗性研究与转型期文艺学建设反思

范爱贤 著

齊魯書社

图书在版编目(CIP)数据

汉语诗性研究与转型期文艺学建设反思 / 范爱贤著
. -- 济南 : 齐鲁书社, 2017.9
ISBN 978-7-5333-3788-9

Ⅰ. 汉… Ⅱ. ①范… Ⅲ. ①汉语—研究 Ⅳ. ①H1

中国版本图书馆 CIP 数据核字(2017)第 140565 号

汉语诗性研究与转型期文艺学建设反思

范爱贤 著

主管单位 山东出版传媒股份有限公司
出版发行 齊魯書社
社　　址 济南市英雄山路 189 号
邮　　编 250002
网　　址 www.qlss.com.cn
电子邮箱 qilupress@126.com
营销中心 (0531)82098521 82098519
印　　刷 山东德州新华印务有限责任公司
开　　本 880mm×1230mm 1/32
印　　张 7.75
插　　页 3
字　　数 200 千
版　　次 2017 年 9 月第 1 版
印　　次 2017 年 9 月第 1 次印刷
印　　数 1-1000
标准书号 ISBN 978-7-5333-3788-9
定　　价 **28.00 元**

自　序

本书是对汉语诗性的研究，以及由此延伸的对当代转型期文艺学建设的反思。本书对汉语诗性的研究立足于审美文化研究的基本语境，运用符号人类学、符号文化学的基本思想，把研究视角深入到文化活动的符号结构及其运作机制中，力图揭示汉语言文字符号结构及运作机制的诗性特征。对审美文化研究来说，揭示文化活动符号机制的美学智慧，具有“元研究”的性质，这正是本书之努力的价值取向。

本书在具体研究中主要选取隐喻这一理论视角来反思汉语言文字符号的诗性特征，力图从美学的维度揭示这一符号机制与人类自由情感表达的天然亲和性，从而彰显在这一机制深处积淀着的人类语言、文化及存在的关联。隐喻与科学语言的逻辑性相比，在语言的符号结构及运作机制上截然不同。隐喻比逻辑的历史更为古老，人类最早的思维方式是隐喻，在隐喻中展现了人类语义空间与自然物象符号的本体性关联。隐喻不仅是语言学、修辞学的策略，而且是美学哲学策略，其基本特征可表述为：以相似性作为基本结构动力，通过形象与意象进行话语运作，并通过悬置既有的符号意义，开辟通向新境界的道路。人类自由的情感表达正是在隐喻中获得有力的符号支持。

通过隐喻这一理论的引入与阐释，有利于推进对汉语言文字诗性价值的认识。与印欧语系拼音文字不同,汉文字增加了一个重要的结构要素——象,由于象这一结构要素的存在,汉语言符号机制具有自然的生命秉性,较少抽象化的逻辑强制。汉语言文化的符号智慧就在于以成熟的符号体系弱化了符号自身对人类的统治,它对解决当代人类面临的存在难题不无启示。

本书第一部分主要分析汉文字的隐喻特质,这是汉语诗性构成的基础。本书的分析从文字的最早形态——象形文字开始。所有自源文字虽发生于不同的文化区域,但不约而同采取了共同的文字形态——象形,这是一个非常重要的文化事件。如果抛开现代理性成见,将这一事件尽量还原到当时的文化现场,应该承认这一最自然的选择,实际反映了人、语言、自然之间的源始关联。人以自然感官的自然感知,捕捉外界的自然呈象,语言以象形文字把这一源始的关系记录下来,如此便构成了语言进一步发展的基础。在人类思维的朦胧混沌期,正是外部世界的表面呈象成为人类原始认知的中介,以此沟通不同领域的隐喻关联,人类才逐渐进入为自然去蔽的认知过程。与人类最早的文字形态——象形相应,人类最早的思维方式则是隐喻。隐喻得以建立的基础就是人与自然之间的基本相似性,而且在隐喻的进一步发展中,也始终不脱离自然的中介——象(或形象、意象)。

在自源文字后来的发展中,唯有汉字把这一象形根基完整保留下来,并成为汉字体系完善的基础。以象形为根基的汉字或曰汉字之象,超越一般语言符号结构在能指与所指之间进行的二元切分,增加了最重要的自然中介——象。从象形再发展到指事字、会意字。指事字、会意字的构字原则皆可用"比类合谊"概括,其结构可进行多层解读:从符型看,它是合二至数个象形而成;从自然之象看,它是合二至数个自然物象而成;从心灵之象看,它是合二至数个心灵意象而成；而最后从指义空间的生成看，则是借助隐喻实现不同层次的自然整合，形成新的象义结构。象义之间不是抽象的约定，而是直觉的想象生发。汉语言体系成熟的标志是形声字的出现，形声字的基本结构分为形符与声符。但声符并非纯粹的标音符号，它既有示音功能，也有示意功能，因此形声字的结构原则“取譬相成”，与“比类合谊”在内蕴上是相通的。其结构也可进行多层解读：符型合二形而成，从自然之象与心灵之象看皆合二象而成，而符义的生成则充分发挥了字象层上的话语隐喻述谓功能，在隐形的话语隐喻述谓中拓展字义空间。因此，整个汉字体系的形成始终以象为中介，保持了与自然、文化、生活世界最密切的隐喻关联。而且最基础的自然物象符号也是汉字体系中构字能力最强的义符。由于汉字体系对外部世界的摹写原则“以义象区，不以质体别”，同一象可以隐喻不同语域，使汉语字义场呈拓扑性特征，表意灵动，充满自然活力。

本书第二部分主要分析汉语词的隐喻特质，这是汉语诗性的进一步拓展。汉字是汉语言最基础的天然单位，在历时的角度也可把汉字作为整个汉语言的发育基因。古代并没有词这一概念，只有字与句，二者是自由、松散、灵活的关系，所谓“因字而生句”，是对这一关系的典型体认。词在汉语中作为位于字与句之间的一个语言单元，其构成规律与印欧语系语词差别极大。汉语词结构的根本特征是“非形态化”，不像印欧语系语词那样借助词缀的形态变化构词。汉语句是“积字而成”，而词作为微缩的“句”、扩展的“字”，也是“积字而成”。因此就语词的隐喻特质而言，以字作为符型载体的象仍是基本的中介，就象义单元的具体存在来看可归结为身体之维、大地之维、结构之维三个层次。汉语词在其结构中仍凝聚了与自然最密切的关联，充分发挥了象在结构及指义上的隐喻潜能,并能时时通过语词的天然话语结构——语言最活跃的动力机制,召唤源始的自然关联在场。

第三部分主要分析汉语言话语结构即句子的隐喻特质,这是汉语诗性的圆满建成。与印欧语系语言不同,汉语言的隐喻特质展现在汉语言的每一层次上,从字到语词再到句。在汉语言中,字、词、句在结构上具有同质、同构的相通性,彼此之间不存在严格复杂的逻辑化形态限制,“象”成为贯通字、词、句的生命基因。因此在汉语言话语结构中,印欧语系那种严格的系词语法意识基本缺席。这不仅因为在汉语言的成熟期并不存在真正意义上的系词,而且在白话文大兴、汉语在欧美语言影响之下进一步现代化之后,仍没出现严格意义上的系词。在汉语言的句法结构意识中,仍然把“象”作为最重要的功能单元,而“呈象”也就成为统摄汉语言话语表达意识的基本原则。汉语言话语结构以“呈象”为基本结构原则,在“因字而生句”的自由中,强调虚实转化相生,尊重自然感官的直觉体悟,淡化形式的、抽象的结构逻辑。汉语以“象”作为传意中介的句法结构,集中了汉语言自身的表达智慧,其结构意识积淀着人与自然更具本体性的隐喻关联。

总之,符号对于人类的文化存在是一把双刃剑。一方面,符号使人类的文化生存更为有效,使人类在对自然的祛魅式认知中,不断增强自身征服自然的符号力量;另一方面,人类在自身符号力量不断强化的同时,与自然的关系越来越疏远,产生许多自身难以解决的问题。但接受符号的干扰是人类的宿命,而在多大程度上弱化这种干扰才体现出人类的智慧。而汉语言文化的符号智慧就在于,它以成熟的象形符号体系,弱化了符号自身对人类的统治。汉语言这唯一秉承象形文字根基的语言,能把语言与存在的源始关联时时唤回现场,其诗性价值也许就在它保留了人类回身反顾的一面镜子。

本书第四部分，在汉语诗性研究的基础上，提出对转型期文艺学建设的反思。中国特色文艺学建设探讨已进行多年，至今鲜有大的拓展，原因之一也许在于缺少本体性的反思。汉语诗性研究为文艺学建设的本体反思提供了独特视角，笔者在此视角下，简要梳理中西本体思想的流变，分析中西文化之根的异同，进而反思转型期文艺学建设的基本问题。

目　录

绪　论

当代美学研究的最大变化应该是:审美文化研究成为学术关注的焦点。它标志着美学研究重心的下移,以美的本质为逻辑基点的体系建构,让位于以具体文化存在为对象的审美观照,它缩短了美与生活的距离。美不再高踞于现实生活领域之上“孤芳自赏”,而被还原为人类文化存在的一种状态。而人说到底不过是一种文明与文化的存在,从文明着眼,“人作为一种‘类存在’,至少具有使用和制造工具(包括一切科技手段)、依赖和凭借社会关系(包括一切社会制度)、渴望和追求情感慰藉(包括一切精神享受)这三个基本特征”①。而文化“是指人在改造客观世界、在协调群体关系、在调节自身情感的过程中所表现出来的时代特征、地域风格和民族样式”②。从这样的观点来看,我们不妨这样认为,文化不过是文明的一种符号化表征。而 L. A. 怀特直接把文化表述为“工具 × 符号 = 文化”③。在他的这一表述中,“制造与使用工具”这一人类最基础的文明存在,通过符号化的整合与扩展而生成为文化。“全部文化或文明都依赖于符号。正是使用符号的能力使文化得以产

---

① 陈炎:《陈炎自选集》,广西师范大学出版社 2002 年版,第 4 页。

② 陈炎:《陈炎自选集》,广西师范大学出版社 2002 年版,第 5 页。

③ 〔美〕L. A. 怀特著,沈原等译:《文化的科学——人类与文明研究》,山东人民出版社 1988 年版,第 40 页。

生，也正是对符号的运用使文化延续成为可能”，而“音节清晰的语言是符号表达之最重要的形式”①。卡西尔也明确指出：“符号系统的原理，由于其普遍性、有效性和全面适用性，成了打开特殊的人类世界——人类文化世界大门的开门秘诀！一旦人类掌握了这个秘诀，进一步的发展就有了保证。”②“人不再生活在一个单纯的物理宇宙之中，而是生活在一个符号宇宙之中。”③人类是一种文化与文明的存在，也是一种符号化的存在。符号是人类存在与表达的基本媒介，正是借助符号人类才能构造出自身深刻而广泛的存在状态。就人类的符号形式来说，语言则是最高级、最基础的符号系统，它是构造人类文化与文明状态的最重要、最具本体意义的媒介。因此，人类的存在也可表述为：人类以符号为媒介而进行的不同层级的文明与文化建构。审美文化以人类的具体文化存在为观照对象，作为构造文化存在的符号及其机制，广义上同样属于文化存在，理应成为审美文化研究的题中之义。

因此，审美文化的研究对象事实上也可以被看作是：不同层级文化的符号建构。美作为人类生活存在的一种状态，必然表现为不同层次的符号表达。而按照结构主义的观点，不同层级的存在往往呈现出一种结构上的关联。因而语言文字符号之诗性特征的揭示，对审美文化的研究来说，具有“元研究”的性质，对于拓展审美文化研究的深度具有重大价值。这虽然是一个难以实现的目标，却是一个值得努力的方向。就目前仍然保持强大生命力的语言文字家族来说，汉语言文字唯一秉承着象形根基，而且其历史最

① 〔美〕L. A. 怀特著，沈原等译：《文化的科学——人类与文明研究》，山东人民出版社 1988 年版，第 33 页。

② 〔德〕卡西尔著，甘阳译：《人论》，上海译文出版社 1985 年版，第 45 页。

③ 〔德〕卡西尔著，甘阳译：《人论》，上海译文出版社 1985 年版，第 33 页。

为古老,从未中断。相对于割断了象形文字根基、把一段历史掩盖起来的印欧语系的语言,这或许是更带本原性的一种符号样态。正是基于这样一种思考,本书试图通过汉语言文字隐喻特质的研究,揭示文化符号活动机制的审美特征。

一个时期以来,汉语言文字符号特质研究成为焦点,虽然这些研究未必有审美文化研究的自觉意识,但他们的研究取向已经关联到有关问题。像研究成果最卓著而学术历史又比较久远的汉字、汉语文化研究,当是这一研究方向的典型代表。它最早可追溯到 20 世纪初罗常培、张世禄等人有关汉字、汉语文化的研究,此后则有郭绍虞、陈望道等人的有关探索。到新时期这一研究则蔚为大观,像申小龙的《中国语言的结构与人文精神》《汉语与中国文化》,王作新的《汉字结构系统与传统思维方式》,赵虹的《蛮野文化的追捕手——古汉字品格说》《出发即归宿——混茫中的汉字文化》,臧克和的《汉字单位观念史考述》等都是此方向研究的力作。这些学者大多来自语言文字学界,具有扎实的语言文字学功底,并横跨哲学、文学、文化及现代脑科学、心理学等相关领域。其研究的一个着力点就是在汉字、汉语符号结构与汉语文化特征(包括汉语文化思维方式)之间寻找结构性对应点,并由此阐释汉语文化存在状态。这些研究严格说不属于美学研究领域,但有关研究与审美文化研究的旨趣相通。其次是有关语言美学、文学语言学的研究。这些研究主要属于一般美学、文学研究范围。通过对既有美学、文学文本语言材料的研究,总结此类语言组织的基本形态和规律。这些美学、文学领域的有关著作,并不是对汉语言文字符号诗性特质的研究,而只是一些论述涉及有关问题。比较有代表性的著作像骆小所《艺术语言学》、吴晓《意象符号与情感空间——诗学新解》、雷淑娟《文学语言美学修辞》、陈植锷《诗歌意象论》、陈振濂《空间诗学导论》等。三是有意识的语言与文学的比较研究。这些研究一般涉及两个层面的比较，即中西语言与文化特性的比较，及语言文化特性与文学特性的比较，张卫中的《母语的魔障——从中西语言的差异看中西文学的差异》是比较有代表性的著作。另外以精神生态研究著名的学者鲁枢元的《超越语言——文学言语学刍议》也是这方面值得注意的力作。这些研究往往综合利用语言学、文字学、人类学、哲学、美学、符号学、心理学等多种理论资源，在具体方法上注重比较，一般视野开阔，在跨学科的互动中，突破了既有研究方法、材料的局限，展现了汉语言诗性的诸多特征，有力推动了人们对汉语言自身特点、价值的体认。

综合这些研究，显然也存在诸多不足，突出表现为以下几点：其一，缺少对汉语符号机制诗性反思得以彰显的语境体认，不能从更高角度把握研究对象的价值。其二，割裂作为整体的对象，由于受传统语言理论偏见的影响，往往把汉字与汉语分开，或者虽同时关注了汉字与汉语的文化诗性，但显现不出在二者之间的有机联系。其三，从美学、文学角度对汉语言进行的研究，往往偏离了对作为对象的语言本身的关注。而从语言文字开始的有关研究，在提升力度上又相对欠缺。其四，比较视野的表面化与方法论的机械性，尤其表现在汉字汉语与文化、思维、文学的比较中，往往只是进行不同领域相关范畴特征的同构性阐释，却未能揭示深层的有机关联，在方法上表现出机械论的特征。其五，众多研究往往缺乏贯穿始终的研究视角，所采用的逻辑范畴往往与作为研究对象的汉语言相当疏远，缺少来自对象自身特点的支持。因此对研究对象的论述缺乏系统整体性，难以展现汉语言文字作为一个整体符号系统的诗性价值。最后需要提及的是目前国内一些有关隐喻理论的研究，像耿占春的《隐喻》、季广茂的《隐喻视野中的诗性传统》、张沛的《隐喻的生命》等都涉及汉语言的隐喻特质问题,但尚没有针对汉语言文字符号机制之隐喻特质的专题研究。

本书基于对上述不足的体认,尝试从隐喻这一理论视角对汉语言文字符号的诗性机制进行分析。隐喻首先是一个语言学修辞学范畴,而且在现代认知语言学中,隐喻作为一种认知结构,成为除逻辑语义学之外一个最重要的部分。隐喻与逻辑在语言的符号结构及运作机制上都是相对的。在结构上,隐喻语言符号在能指与所指之间引入了一个阐释性语境符号——意象,弱化了二维符号结构的机械与刚性,强调同与异的统一与联结。在运作机制上,悬置以严格逻辑程序和词典语义为基础的符号表达,强调以相似性和语义更新为基础的隐喻跨越与创造,使符号组合具备虚实相生的表达张力。而且在发生学上,隐喻比逻辑的历史更为古老,人类最早的思维方式是隐喻。隐喻中展现了人类语义空间与自然物象符号的本体性关联,是人类最早语义符号之文化诗性的基本表征。

因此以隐喻作为理论视角,具备如下优势:首先,从中介性的最基本要求看,隐喻作为一种述谓方式,具有最基本的语言基质,以此作为切入视角解读汉语言的诗性特质,有来自对象自身的范畴支持,在论述上能自然地实现不同语域的逻辑整合。其次,隐喻作为一种思维表达,以突破日常的逻辑语义系列为特质,具备向更高层次提升的符号张力。最后,相对于印欧语系的语言文字,汉语言文字继承了人类最早语义符号的结构根基——象形,天然具有隐喻特质,并且展现在从文字、语词直至话语句子的各个层次。以隐喻作为切入视角,能克服众多汉语文化研究将语言与文字机械割裂的弊端,把汉语言及文字作为一个有机的整体进行研究。

本书的基本思路可概括为,以隐喻作为理论视角,以文字的象形作为论述的起点，利用现代隐喻理论的几个关键范畴作为基本叙述框架，在历时的逻辑推进与共时的结构分析中，展现汉语言隐喻特质的诗性价值。象形是文字的最早形态，也是所有自源文字不约而同的选择，而且汉字又是唯一秉承象形根基、至今仍充满强大活力的由自源文字发育而来的文字。象形（其更宽泛的表述是“象”）不仅是汉字结构的根基，而且它在汉语语词及句子中都是一个十分重要的表达单元。虽然就严格的发育历程着眼，在象形之前是原始语音形态，但这种语音形态显然已经无法复原，所以正是“象形”第一次使语言具有可确切把握的形态。因此象形（或曰“象”）作为本书解读汉语隐喻特质的逻辑起点，也可以被看成汉语言文字符号历时发育的起点。而隐喻理论的几个关键范畴则构成了本书对汉语言文字符号进行共时分析的逻辑框架，因此在绪论部分需要对这几个关键范畴进行简要描述。

当代隐喻理论研究，不再仅仅把隐喻当成语言的一种装饰，当成使语言生动、富有说服力的一种语言技术，而是与当代哲学的生存论反思相联系，与人类的生存状态相联系，极大地扩展了隐喻研究的视野。与本论题有关的几个关键范畴如下：

1. 相似性范畴。这是隐喻理论最关键的范畴。何谓隐喻？据考证，“隐喻”一词“metaphor”来源于希腊语的 metaphora，其字源是 meta——超越，以及 pherein——传送。它是一种特殊的语言学过程，即一个对象的诸方面被“传送”或者转换到另一个对象①。这种转换与传递在语词语义学与话语语义学的层面上即指“语义的转移与更新”，而“转移与更新”赖以实现的中介就是类比与相似。“什么是隐喻中所包含的特征变换函数呢？其答案是：或者是类

---

① 〔英〕霍克斯著，穆南译：《隐喻》，北岳文艺出版社 1990 年版，第 1 页。

比,或者是相似。”[1]其实类比的基础也是相似性,“类比又指两种事物有相似之特性者,推而论其另一特性也相似”[2]。在隐喻中,“相似性又被看作同一性与差异性的统一体”[3]。现代新批评强调“异质原则”,即比喻的喻体与喻旨之间的差异越大,述谓结构的语义张力越强,含义也就越丰富,但这种差异是有一定限度的。也就是说“同”的存在使隐喻的产生成为可能,而“异”所造成的意义间距,又使隐喻的生成成为必要。隐喻的实现存在于同与异的结构性张力中,“同”与“异”的融合与渗透,构成隐喻的相似关系。“作为隐喻方式的内在结构,相似关系乃是隐喻之所以可能的绝对前提”[4],“隐喻这门天才的艺术始终在于发现相似性”[5]。

相似性是隐喻理论的关键范畴,它建立在一个更深刻的基础上,这个基础即人与自然的相似性,“隐喻的基础是:人与自然的基本相似性”[6]。其实这并不神秘,人本身就来自于自然,失却了自然的禀性,也就失去了存在的基础。当然,这并非指狭隘的生物学意义上的等同,而是结构意义上的相似性。语言作为一种符号,作为人与自然相联系的中介,其所以可能,从发生学的角度考虑,也是

---

① 涂纪亮编:《当代美国哲学论著选译·第三集》,商务印书馆 1991 年版,第 92 页。

② 何中华:《哲学:走向本体澄明之境》,山东人民出版社 2002 年版,第 127 页。

③ 〔法〕利科著,汪堂家译:《活的隐喻》,上海译文出版社 2004 年版,第 286 页。

④ 何中华:《哲学:走向本体澄明之境》,山东人民出版社 2002 年版,第 126 页。

⑤ 〔法〕利科著,汪堂家译:《活的隐喻》,上海译文出版社 2004 年版,第 33 页。

⑥ 耿占春:《隐喻》,河南大学出版社 2007 年版,第 4 页。

由于它本身体现了与人、与自然之间“现象”上的某种相似性。自然最初也只是以“象”示人，而所谓象，并非实体，实体不同，在外部“现象”上却完全可以“相似”。人类成长的初期，远离具体感性事物的抽象逻辑尚不发达，对自然的认知主要建立在对于“象”的“相似性”的发现上，在此基础上，人类才逐步跨入自然的纵深处。相似性体现了一种发现和创造的能力，亚里士多德认为“我们必须从适当但不明显的事物中得出隐喻，正如在哲学中发现相距遥远的事物的相似性证明了人的睿智一样”①。

2. 形象、意象范畴。与相似性相联系，隐喻的另一关键范畴即形象与意象。在相似性基础上，隐喻与形象的关联是丰塔尼埃与柯亨等新修辞隐喻研究关注的一个焦点，强调隐喻的话语机制是形象化表达，“在隐喻中则是以一种相似性来表示这种事物……以一种可以感知的迂回方式来表示事物：这一动机是‘形象化表达的灵魂’”②。“对文学批评来说，探询作者的隐喻也就是发现其熟悉的印象，理解他的视觉印象、听觉印象以及一般的感觉印象。在此，相似性便由抽象过渡到具体。”③也就是说，隐喻表达中的相似性，无论“以感知的迂回方式”，还是“从抽象过渡到具体”，都必须依赖形象，都必须以形象作为中介。隐喻的相似性就是靠形象建立起来的，“形象描述包含建立、扩大类似结构的能力”④。而意象

---

① 〔法〕利科著，汪堂家译：《活的隐喻》，上海译文出版社 2004 年版，第 264 页。

② 〔法〕利科著，汪堂家译：《活的隐喻》，上海译文出版社 2004 年版，第 202 页。

③ 〔法〕利科著，汪堂家译：《活的隐喻》，上海译文出版社 2004 年版，第 264 页。

④ 〔法〕利科著，汪堂家译：《活的隐喻》，上海译文出版社 2004 年版，第 260 页。

则是勒格恩《隐喻与换喻的语义学》中研究的一个问题，认为“隐喻中的内涵功能通过‘联想的意象’所起的作用表现出来”。意象在隐喻内涵的生成中具有非常重要的作用，因为“意象的伴随物会非常丰富”①，“意象的展现就是‘发生’的某种事情。意义向它不断开放并为解释提供了无限广阔的领域”②。就内在基质来说，形象与意象都以“象”作为语义核心，而“象”本质上存在于客体之形与主体之意的互动中，是主客体相互关联建构的产物。只是相比较来说，“形象”以“形”为修饰语，更偏向客体的方面，“意象”以“意”为限定语，更偏向主体的方面。它们的要义都是借助相似性，使“不可说者”说，使“不可见者”见，这正是隐喻表达的灵魂。“形象的本性是让某物能看见……真正的形象作为景象让不可见可见，而且这样在与它陌生的物中想象了不可见。”③

3. 悬置与指称范畴。在弗雷格等分析哲学关于科学与日常语言的语义分析中，意义与指称不同，特定的意义与符号对应，而特定的指称与意义对应。换句话说，一个指称可用多个符号表示，而这多个符号所指的意义并不相同。例如“昏星”与“晨星”这两个符号不同，表示的意义也不相同，但指称相同——太空中的同一颗星。而人为什么于意义之外还要寻求指称，那是源于人类心灵对真实的一种渴望，“对真实性的追求与渴望推动我们从意义过渡到

---

① 〔法〕利科著，汪堂家译：《活的隐喻》，上海译文出版社2004年版，第252页、第255页。

② 〔法〕利科著，汪堂家译：《活的隐喻》，上海译文出版社2004年版，第289页。

③ 〔德〕海德格尔著，彭富春译：《诗·语言·思》，文化艺术出版社1991年版，第197页。

指称”①。弗雷格等分析哲学将指称限定为科学语言与日常语言的特权，把人类对真实性的追求局限为物质的、现实的、实体的真实。这种真实反映了人类借助知识、技术不断祛魅自然的认知冲动，显然这并没有代表真实性的全貌。更深刻的真实应是对日常真实的超越，它指向更高的存在境界，能够引导人类不断突破现实的束缚，不断完善、进步。而利科等人的诠释学隐喻研究，就是要极力恢复隐喻的语义学指称。隐喻、诗歌语言作为人类特有的一种话语活动，应该有其特有的话语指称，这源于人类心灵对更高真实的一种追求。

隐喻指称范畴与隐喻活动的另一种机制——悬置范畴是相辅相成的。“文学作品只有在悬置描述性活动的指称的条件下才能通过它特有的结构展示一个世界。”②换句话说，文学话语把第一指称悬置起来，将其指称指向第二指称，这第二指称即人类心灵的隐喻世界，通过悬置确立隐喻话语的指称地位，从而满足隐喻的本体欲求。“隐喻并不限于悬置自然的现实性，相反，在敞开想象物的意义时，它也打开了现实性的维度，这种现实性维度与日常语言在自然现实性的名义下所涉及的东西并不一致”③，也就是说：“它既是表达的形成过程，也是我们的存在的形成过程。在此，表达创造了存在。”④这种表达即为隐喻表达，此处的存在即相似性存在，它

---

① 〔法〕利科著，汪堂家译：《活的隐喻》，上海译文出版社 2004 年版，第 299 页。

② 〔法〕利科著，汪堂家译：《活的隐喻》，上海译文出版社 2004 年版，第 303～304 页。

③ 〔法〕利科著，汪堂家译：《活的隐喻》，上海译文出版社 2004 年版，第 290 页。

④ 〔法〕利科著，汪堂家译：《活的隐喻》，上海译文出版社 2004 年版，第 296 页。

"开辟了通向新境界的道路"①。

隐喻以相似关系为基本结构,以形象与意象进行话语的述谓运作,并通过悬置,抵达话语指称的本体层面,这是隐喻活动机制的几个关键范畴,它集中体现了隐喻作为一种话语、思维活动的结构性特质。这几个关键范畴构成本书对汉语符号及运作机制进行共时分析的基本逻辑框架。

为适应本论题的实际需要,本书认为可以把语言本身的存在形态分为四个层次:文字、语词、句子、语音。而语音则和前三者紧密联系在一起,因此具体到本书对汉语诗性的分析,在整体结构上,分文字、语词、句子(或曰话语)三大部分,将语音结合在这三部分中,不另列专章。这三部分既反映了一般语言的共时结构,同时对本书来说,又反映了汉语诗性从文字到语词到句子的发生发展。

汉字、汉语词与拼音文字不同,汉字、汉语词本身作为句子、话语的基本结构单位,又可在具体的阐释活动中被还原为一个小型的、凝缩的话语结构,具备隐喻生成的基本条件:不同语义单元之间进行的语义的转移与更新。因此对这两部分主要以它们所具备的隐喻式的话语结构为基本的脉络展开论述。西方隐喻理论反复强调"词典中没有隐喻"。印欧语系文字、词在基本形态上不具备隐喻生成的基本条件:基本的话语结构。而汉语言隐喻特质恰恰在这一层次就充分展现出来。对句子来说则有所不同,因为任何语言在话语表达层都具备隐喻生成的基本条件,仅从隐喻话语进行分析,并不能展示汉语言在这一层次的隐喻特质,故句子层次的

① 〔法〕利科著,汪堂家译:《活的隐喻》,上海译文出版社2004年版,第317页。

隐喻分析主要集中在两个层次上:首先,符号组合意识上的隐喻特质;其次,符号逻辑的深层隐喻价值。

本书最后部分是在前面几个部分奠定的内在学理的基础上,通过汉语本体符号的考论,比较中西文化之根的异同,从而对转型期文艺学建设的可行性路径提出个人的反思。

第一章　汉字的隐喻性：汉语诗性的基础

从历时的角度考察，文字分自源文字、借源文字。自源文字是世界上最早的文字，它是在没有任何现成文字可资借鉴的情况下自然产生的。而世界上所有的自源文字，如古埃及圣书、苏美尔丁头文（又叫楔形文）、中国汉字等，皆为象形文字。文字作为人类的文化产物，其最初的媒介是自然物象。自然（此指自然感知）构成文字取象的源始动机，自然也为文字提供了媒介资源，在这个意义上，可以说象形文字隐喻了人与自然的源始关联。大约在公元前1300年左右，人类文字史发生了一次对整个人类历史影响极为深远的文字分化，"在距今三千几百年前，'字母'终于默默地诞生于大地"①。在这个时期，以甲骨文为代表的中国汉字，以象形为根基，经过进一步调整、整合，其体系已趋于成熟；古埃及、古巴比伦的象形文字则由于社会的巨变及象形文字与语言之间的龃龉，逐渐走向衰亡。而以比拨罗字母为基础的古希腊拼音文字也诞生了，拼音字母在文字的构成中，割断了自身的象形根基，成为纯粹的记音符号。正是这一个从当代共时角度看来很微小的变化，使一种文字毫不犹豫地出走，远离人与自然的源始关联。对于这一变化，有语言文字学家认为，拼音文字使人类从此摆脱了玄学，走

① 周有光：《比较文字学初探》，语文出版社1998年版，第272页。

向科学，标志着历史的进步。此处，玄学即指一种诗性的、隐喻式的思维方式。但这种进步以割断文字的象形根基为代价，在走过了近代的技术辉煌后，今天已受到质疑。

印欧语系属拼音文字语言，具有极为精确的语法技术与逻辑。印欧语系语言的这一特点与科学、技术的精确性品格相适合，而人类科学技术的辉煌又进一步加剧了印欧语系语言的技术化、形式化倾向，这使它的天然缺失开始逐步彰显。“通过形式化，语言被‘带到概念和名称的单义性，其精确性与技术操作的精确性不仅相符合，而且与它具有同一个本质来源’”，“人被安排进技术估计的本质，并逐步放弃‘天然的语言’”①，“由于语言的这种技术化，真正的丰富的语言必定萎缩”②。而技术化的“这种被技术合理性蒙蔽日益增长，结果人们也不再能够看到，‘人类和地球的欧洲化如何在源泉那里消耗着一切本质性的东西，看来这些源泉就要枯竭了’”③。这样，印欧语系语言在新的存在维度上开始受到质疑，“当文字的拼音化——作为科学条件、认识条件的哲学的历史来源和结构可能性——支配世界的文化时，科学已不再满足于它的这些进步。这种彼此不合拍的现象早已出现”④，“它表明，表音文字、西方形而上学、科学技术以及经济学大规模进行冒险的环境，

① 〔德〕绍伊博尔德著，宋祖良译：《海德格尔分析新时代的技术》，中国社会科学出版社 1993 年版，第 150 页。

② 〔德〕绍伊博尔德著，宋祖良译：《海德格尔分析新时代的技术》，中国社会科学出版社 1993 年版，第 152 页。

③ 孙周兴、高士明编：《视觉的思想：“现象学与艺术”国际学术研讨会论文集》，中国美术学院出版社 2003 年版，第 218 页。

④ 〔法〕德里达著，汪堂家译：《论文字学》，上海译文出版社 1999 年版，第 4 页。

在时空上受到了限制”①。而拼音文字的最大缺失，就是在技术化、逻辑化的膨胀中，逐渐失去了“天然语言”突破逻辑限制的隐喻力量，“拼音文字对象征关系的过滤，已经从文化符号的层面上消解了隐喻的先天优势”②。在这样的语境转换中，汉语言文化就成为西方文化的一个强有力的参照，如孔狄亚克曾指出汉语言这种“‘带有象形文字特色的方块单字’更是‘充满着讽喻、比拟和隐喻’”。加拿大现代批评家弗莱也认为，解读汉字需要某种“隐喻性思维飞跃”③。汉语文字是目前世界上唯一保留了象形根基而且历史最悠久的自源文字。这一象形根基得到充分发育，在语言与文字的互塑中，使汉语言成为最具隐喻特质的语言、诗性的语言，这是汉语诗性生成的基础。

第一节　象形文字如何记录了人与自然的源始关联

一、象形——人类最早的文字

在世界几大自源文字中，延续使用至今的唯有汉语言文字。关于自源文字的起源理论，主要有四种假说：图画记事起源说，刻画记号起源说，原始记事方法说，黏土标志说。关于图画起源说，有些学者认为：“埃及文字的、图画的、造型的性质，以及对其他民族象形文字体系的研究，表明了图画文字是象形

---

① 〔法〕德里达著，汪堂家译：《论文字学》，上海译文出版社 1999 年版，第 13 页。

② 何中华：《哲学：走向本体澄明之境》，山东人民出版社 2002 年版，第 134～135 页。

③ 张沛：《隐喻的生命》，北京大学出版社 2004 年版，第 130 页。

文字的出发点。”①古文字学家姜亮夫认为汉字的先驱是绘画。考古文化资料表明：距今二十至三十万年前的河套人已有雕刻用器；距今一万八千年前的山顶洞人已有雕花的与染色的装饰品，“雕刻、花纹正是象形（或绘画）汉字的基本手法与成分”②。距今约五千年的仰韶文化，已出现了极像甲骨文象形文字的符号，辛店期陶瓮详细花纹中有四个形体：。这四个形体总体特点是过于写实，“‘画’得太多，‘写’得太少”③，但已近于绘画文字的马、日、人、鸟诸形。刻画记号起源说，即指事符号起源说。指事符号指一切有表意作用的原始刻画符号，如一条短线代表一，两条短线代表二，三条短线代表三等。其实，原始记事方法起源说，与刻划记号起源说并没有很大区别。比较有趣的是黏土标志起源说，美国学者斯迈特·彼塞特提出了“苏美尔文字起源于黏土标志”的假说。考古发现，西亚地区在一万年前后就出现了一个用于清算账目的黏土标志系统。这一系统大约有 15 种主要类别的黏土标志，这些标志又可根据大小、制作、色泽及组合的不同，大约又分为 200 个小类，分别代表不同的数目与实物。而在两河流域乌鲁克所发现的苏美尔泥板上的许多表意文字，几乎是在平面上精确地复制了这些黏土标志。表示数字的压印，就是表示羊、衣服、金属等的泥板字符，都有相应的黏土标志。考古曾经发现过一个蛋形泥泡书版，表面的印文旋转着看是一张列有 48 种牲口的清单，而里面恰巧装有 48 个黏土标志，书面清单与黏土标志结合在一起。进

① 〔俄〕伊斯特林著，左少兴译：《文字的产生和发展》，北京大学出版社 2002 年版，第 100 ~ 101 页。

② 姜亮夫：《古文字学》，云南人民出版社 1999 年版，第 6 页。

③ 姜亮夫：《古文字学》，云南人民出版社 1999 年版，第 7 页。

一步的发展就是用黏土标志的平面压印来代替立体标志本身,“黏土标志的压印形象很快取代了标志本身,这一突变导致了两河流域出现了人类文明史上最早的文字”①。

从这几种文字起源假说中能得出什么结论呢?第一,这几种假说的重要性不同,最有价值并比较接近事实真相的是图画起源说。潘诺夫在《信号·符号·语言》中指出:“起初的文字是表意符号,或称为句子符号。刻在石头或雕在潮湿泥土上的每个符号都代表整个一句话。既然这些最初的图形符号在整体上具有象形性,我们就不难看到,原始文字起源于原始的绘画艺术。”②从文字的功能看,文字的发展是以全氏族或部族能知乃至于部分能读为基础的③。文字发展的最初,决不会有权威能够进行符号约定这样复杂的工作,而诉诸人的直接视觉形象的绘画最有资格承担全氏族能知的功能。著名古文字学家唐兰也用生动的语言描述过这一过程,他认为文字的产生是一个自然的过程,而最自然的过程莫过于从图画到文字:“当我们的祖先,才会用肢体来描写一种物形的时候,他们对于物的观察,还不很正确,描写的技术也很笨拙。经过长时期的训练后,才能把各个物体画得逼真。当一个巨象的图画完成后,瞧见画的人,不约而同地喊了出来‘象’,于是‘象’这个字,在中国语言里,就成了‘形象’‘想象’‘象效’‘象似’等语的语根。当其他物体也都描写得肖似后,一见图就能叫出他们的名字,

① 参考李葆嘉:《理论语言学:人文与科学的双重精神》,江苏古籍出版社 2001 年版,第 69 ~ 71 页。

② 〔苏〕潘诺夫著,王仲宣、何纯良译:《信号·符号·语言》,生活·读书·新知三联书店 1991 年版,第 314 页。

③ 参考姜亮夫:《古文字学》,云南人民出版社 1999 年版,第 8 页。

于是语言和图形就结合起来而成为文字了。"①第二,这几种文字假说有一个共通处,即它们所暗示出的文字形体,特别注重与外部事象、物象的相似性。因而学者一般都认可这样一个结论:自源文字作为世界最早的文字类型,都是象形文字。例如苏美尔丁头文字,又叫楔形文字,最早也是图形体。男、女丁头字的图形体极像男女的生殖器形状,足的图形体像脚的简笔画,山、水、鱼的图形极像实物形体。古埃及圣书文字是三种字体的简称,这三种字体分别是圣书体(又称碑铭体)、僧侣体、人民体,这些名称都是希腊人的说法,不是埃及人自己的说法。圣书字又泛指任何其他非字母文字,出现最早,属图形体,类似甲骨文、金文和篆书。圣书字的结构一般由三类符号构成,即意符、音符、定符。意符、音符、定符在文字结构中所起的作用应该是不同的,但他们的形体都具有极大的象形性②。象形之为"象",根本之处是"似",而不是与外部物象的绝对等同。由直接取自外部的实体符号,到间接的实体之象,是符号发展里程的巨大飞跃,也是人类思维的伟大创造。这种创造向外部世界的延伸逻辑就是"似",或曰"象",这种植根于自然本性的方式也就是隐喻思维。

二、隐喻——人类最早的思维方式

人类最早的文字为什么不约而同采取了象形文字?按萨丕尔的观点,语言的本质是人的思维模式。共同的文字选择标志着某种共同的思维方式,这种共同的思维方式即隐喻或隐喻思维。比

---

① 唐兰:《古文字学导论》,齐鲁书社 1981 年版,第 72 ~ 73 页。

② 参考周有光:《比较文字学初探》,语文出版社 1998 年版,卷三有关章节。

如赫尔德指出:“人类最初的语言是诗,诗通过隐喻发放神话、寓言而具有天然的隐喻性,它(包括隐喻、象征、神话)在健全的人类社会中发挥着重要的作用。”①卡西尔也指出,神话王国和语言王国的巨大结构,在漫长的发展过程中都受着一些同样的心理动机的制约和引导,它指向二者借以发挥其功能的某些原则的共同性,而这种共同性即隐喻思维,“语言和神话的理智联结点是隐喻”②。

隐喻最基本的定义按亚里士多德的观点,即人类发现相距遥远的事物之间的相似性的能力。而对这种相似性的发现必以形象、意象为中介。美国学者在其《右脑思维》一书中,认为在语言文字诞生之前,人类有一个漫长的用右脑思维的时期,它帮助人类渡过了一个漫长的生存期。而右脑思维的主要特征是以形象为中介,诉诸自然感官的直接的自然的感知。这一点正说明了人与自然之间漫长的源始关联期。潘诺夫也指出,自然界智力水平最高的动物,在完成其目标时,甚至能够制定一些较为复杂的计划,但所有这一切的基本前提是“它们追逐的目标总处于它们的感觉器官可及的范围之内”③。直接感官感知,是动物生存的基本武器,这使它们只能局限在一个极为狭小的范围、视野之内。视野的进一步扩大,必须依赖能力的发展。所谓符号即以一个事物来代表另一个事物,符号能把不在目前的、遥远的(空间的或时间的)、脱离感官直接可及范围的事物,带到目前、感官可及的范围之内,大大拓展了活动的范围、视野。符号的这种特性,美国语言学家霍基特

---

① 张沛:《隐喻的生命》,北京大学出版社2004年版,第167页。

② 〔德〕卡西尔著,于晓等译:《语言与神话》,生活·读书·新知三联书店1988年版,第102页。

③ 〔苏〕潘诺夫著,王仲宣、何纯良译:《信号·符号·语言》,生活·读书·新知三联书店1991年版,第41页。

称为“时空位移性”①。语言无疑是最高级、最优秀的符号体系。

无论是符号的位移性，还是以一个事物来代表另一个事物，在符号发展的初期，必须具备的认识前提是符号与所代表的事物的相似性，这种相似性可以说是语言隐喻特性的最初始形态。人从自然进化而来的事实，决定了人在自然感知方面的某些动物性根基。这种根基即物的具体存在与形象存在，而右脑思维为人类走过这一漫长时期提供了基本生理前提和制约。因而语言与文字必定从这样一种隐喻式的语境中起源。在语言起源问题上，有一种影响深远的“象声说”，曾被共时语言学家斥为无稽之谈。其实，从人类符号能力发展的历时过程考察，“象声”起源说，能从人类最初的思维状态——隐喻获得支持。如叶斯柏森把有关语言起源的理论归纳为四个学说：摹声说、感叹说、声象说、喘息说。莱布尼兹也认为原始语言是根据摹声原则创造的②。卢梭也认为：“绝大多数的根词的发音或是对激情之语调的摹仿，或是对可感对象之感受的摹仿。”③“象声说”强调了语音形象与意义之间的直接关联性。语音形象作为最初的语音符号，必须紧紧依赖具体感官的可直接感知性，依赖具体符号形象的可感知性，即语音形象与意义之间必须具备一种可以感知的相似性，或者说“听觉表象总是力图使语音与语义尽可能形成某种同构”④。这种相似性正是一种隐喻式的思

---

① 〔苏〕潘诺夫著，王仲宣、何纯良译：《信号·符号·语言》，生活·读书·新知三联书店 1991 年版，第 54 页。

② 李葆嘉：《理论语言学：人文与科学的双重精神》，江苏古籍出版社 2001 年版，第 118 页。

③ 〔法〕卢梭著，洪涛译：《论语言的起源：兼论旋律与音乐的摹仿》，上海人民出版社 2003 年版，第 23 页。

④ 李葆嘉：《理论语言学：人文与科学的双重精神》，江苏古籍出版社 2001 年版，第 132 页。

维脉络，这也是隐喻的最源始形态。随着人类语义空间的不断扩大，随着逻辑思维逐渐代替隐喻思维成为人类生活的主角，声音与意义之间的形象可感性逐渐淡化，甚至消失，但并不意味着它们从未存在。共时语言学的约定性、选择任意性，并不符合语言的历史。

所有自源性文字，最初的表意手段皆为象形，其原理与语音符号的象声性相同。文字作为语言的另一种符号形象，其产生及认知前提也必然是隐喻式的，即文字形象（或形体）与意义具有可感知的直接关联性。“文字的最初形式并不描绘语音，而是要么像墨西哥人那样直接描绘对象自身，要么像古埃及人那样以象形的方法来描绘对象。”①“凡是最初的民族都用象形文字来达意，这是一种共同的自然需要。”②一般的考察，象形文字都以字形与实际物象的相似性为特征，似乎字形直接模拟了外部物象。但深入分析，并不如此简单，因为每一字形与直接的对象相比都进行了极度的简化，虽然保留了某些重要的形象特征，但这些形象特征绝不是直接的机械模拟所能做到的，它实际展示了思维的巨大成就，或者说是最初人类思维的巨大创造。这种创造是隐喻式的，留给人类的记忆异常深刻。中西神话都叙述了文字诞生这一重要文化事件绝非偶然，如《圣经》认为语言是上帝创造的，“全智的上帝在给人类的一切启示中使用的语言由图画和象形文字所构成，它再现在诗歌般的语言中，并且在现代条件下很像梦境的隐喻表达，而不像清醒时的散文诗”③。《淮南子》记叙“仓颉造字，天雨粟，鬼夜哭”。

---

① 〔法〕卢梭著，洪涛译：《论语言的起源：兼论旋律与音乐的摹仿》，上海人民出版社 2003 年版，第 25 ~ 26 页。

② 〔意〕维科著，朱光潜译：《新科学》，商务印书馆 1989 年版，第 218 页。

③ 〔法〕德里达著，汪堂家译：《论文字学》，上海译文出版社 1999 年版，第 21 页。

象形与象声诞生的思维背景是隐喻,它反映了文字起源时期人类的基本思维形态,其主要特征是注重语言表达的形象性,它在人类学家对现代原始民族语言的研究中得到证实。比如列维-布留尔在《原始思维》一书中对北美现代原始民族的语言进行了充分的调查研究,发现北美印第安人所操语言一个最触目的特征,即特别注意表现那些为我们的语言所省略或不予表现的具体细节,如"朋卡族(Ponka)印第安人想要说'一个人打死了家兔',就应当这样说'人,他,一个,活的,站着的(用主格),故意打死,放箭,家兔,它,一个,动物,坐着的(用受格)'"①。这种表述因强调过多细节略显烦琐,但具有具体鲜明的形象性、可感性。另如被列维-布留尔作为北美语系代表的克拉马特语"有一个极为特出的倾向,这就是盖捷特所说的'绘声绘影的'倾向,也就是如画地描绘出说话人想要表现的那种东西的倾向"②。克拉马特语对式或时的范畴注意很差,但特别注意位置、距离等空间范畴,甚至时间也是借助那些最初是位置格的词来指出,总之"首先力求表现空间关系,表现那一切可以由视觉记忆和肌肉记忆把握住并再现出的东西"③。因此,原始民族的语言"永远是精确地按照事物和行动呈现在眼睛里和耳朵里的那种形式来表现关于它们的观念"④。它们着重描写客体那种能够感知和描绘的东西,把可画的和可塑的因素结合起来,

---

① 〔法〕列维-布留尔著,丁由译:《原始思维》,商务印书馆1981年版,第132页。

② 〔法〕列维-布留尔著,丁由译:《原始思维》,商务印书馆1981年版,第139页。

③ 〔法〕列维-布留尔著,丁由译:《原始思维》,商务印书馆1981年版,第140页。

④ 〔法〕列维-布留尔著,丁由译:《原始思维》,商务印书馆1981年版,第150页。

力求“如画一般地说”，显示原始民族语言天然富有一种诗意。

这种如画地说，反映在语言的结构上即一种隐喻式的述谓表达。比如“塔斯马尼亚人（Tasmanians）没有表现抽象概念的词，他们虽然对每种灌木、橡胶树都有专门的称呼，但他们没有‘树’这个词。他们不能抽象地表现硬的、软的、热的、冷的、圆的、长的、短的等等性质。为了表示‘硬的’，他们说：像石头一样；表示‘长的’就说大腿……同时，他们说话时总要加上手势，力图把他们想要用声音来表现的东西传达到听的人的眼睛中去。”①这种原逻辑的思维表达，体现了布留尔所说的神秘的互渗，“对他们的思维来说，没有哪种知觉不包含在神秘的复合中，没有哪个现象只是现象，没有哪个符号只是符号；那么，词又怎么能够简单地是词呢？任何物体的形状、任何塑像、任何图画，都有自己的神秘力量：作为声音图画的口头表现也必然拥有这种力量”②。这种神秘的互渗，其实就是隐喻思维，在这种思维境况中，自然界的万事万物不再是一些孤立的存在，彼此之间充满了相似性。

象形与象声作为语言文字的起源，反映了语言的初始表达形态必须选择“绘声绘影”地说，必须诉诸人类的自然感知力。这是符号对人类进行启蒙的必经之路，现代人类的一些实践也从侧面说明了这一问题。美国盲人作家海伦所描述的一种文字感受很有启发性，“我们沿着小径走向井棚。我们是被在那里遍地开放的忍冬花的芳香吸引到那里去的。有人正在抽水，我的老师把我的手放到喷口下面。当冰冷的水流经我的一只手时，她在我的另一只

① 〔法〕列维－布留尔著，丁由译：《原始思维》，商务印书馆 1981 年版，第 164 页。

② 〔法〕列维－布留尔著，丁由译：《原始思维》，商务印书馆 1981 年版，第 170～171 页。

手上拼写水这个字。先是慢慢地写，以后就快起来。我站着不动，全神贯注地盯着她的手指移动。突然间，我感到一阵朦胧的意念：一种直到那时为止已被遗忘的东西——正在恢复的思想活动。不知怎么一来，语言的秘密展示在我的面前。我当时懂得了'w－a－t－e－r'(水)表示流到我手上的那种妙不可言的、冰冷的东西。就是这个活生生的字，唤醒了我的灵魂，给它以启示、希望和喜悦，使它得到了解脱"①。海伦作为一个盲人，无法借助视觉把握"水"的文字形体，但水流经她的手上，那种更自然的充满了感官刺激力的触觉，开启了到那时一直对它封闭着的符号世界。我们有理由这样认为，"水"作为一个声音符号，借助于一种自然感觉对盲人海伦所进行的语言启蒙，在一定程度上，隐喻了原始人类所走过的超越蒙昧的诗意之路。

第二节　汉字字象的隐喻述谓模式

一、自源文字符号的分化

超越蒙昧的诗意之路后来发生了分化，这就是古希腊字母拼音文字的出现，两大自源文字古埃及文字、苏美尔文字也摆脱了象形向拼音化方向发展。这种变化对印欧语系语言来说，既是一种无奈，又是一种必然。根据文化人类学家对原始语言及文化思维的研究，原始语言的诗性逻辑之所以用象形文字来表达，与原始语言的特点有很大关系。原始语言主要特点是单音节，"它们通常都

① 〔美〕L. A. 怀特著，沈原等译：《文化的科学——人类与文明研究》，山东人民出版社 1988 年版，第 38 页。

是单音节的词。土人们借助这些词来表现由某种景象、声音或观念使他们引起的突然的直接印象，或者描写什么动作、幻影、闹声。只要听到几次黑人们的那种完全自由的、无拘无束的谈话，就可以发现他们拥有的这一类的词多得多么惊人……正是在这种绘声绘影的语言中反映了种族的天性灵活而机敏的智慧”①。“名词是逐渐形成的……我们列举了很多在拉丁区域生长起来的名词，从拉丁人野林生活开始，经过乡村生活到最早的城市生活，它们都由单音词形成。”②毋庸置疑，单音词的语言更适合如画地说，正如象形文字适于如画地表意。而苏美尔语、古埃及语在后来的发展中，没能把单音的语言特点作为主流延续下来，却成为多音节语。象形文字无法适应多音节语的表达要求，这样，其抛弃象形实在是一种无奈而又必然的选择。而以希腊语为代表的印欧语系语言为多音节语，自然也不可能选择象形作为语言的文字表达。对这些语言来说，字母拼音文字似乎是唯一的选择。在拼音文字中，字母只是记音符号，本身并不表意，可以随着语音的流转而交替，从而把多音节语义单位记录下来。虽然当代一些研究者曾考证出各个字母的原始含义，但这对理解拼音文字无任何帮助。因为字母的含义并不能直接带入拼音文字的构成中，对文字来说它不具有任何直接的示意功能。文字形体脱离了与外界物象、与自然的直接关联，成为“符号的符号”，成为表音文字。曾有人认为：“拉丁字母和阿拉伯数字是科学技术得以发展的重要条件。字母有开拓科学思维的作用。离开字母，人类将退到玄学时代去。”③人类将退到玄学时

① 〔法〕列维－布留尔著，丁由译：《原始思维》，商务印书馆 1981 年版，第 160 页。

② 〔意〕维科著，朱光潜译：《新科学》，商务印书馆 1989 年版，第 232 页。

③ 周有光：《比较文字学初探》，语文出版社 1998 年版，第 289 页。

代倒也未必,但印欧语系文字从此失去了一种诗性表达媒介是事实。"当表意文字被音节或字母的书写所替代时,这种记号与所意味者之间一对一的宝贵联系就似乎不可挽救地遭到了破坏。"①

二、象形——作为字象的原型隐喻述谓

文字的象形,以外部物象为表达媒介,显示了人与自然之间的亲和性,但这一根基在印欧语系文字那里丢失了。字母文字逐渐把人类带离与外部自然的和谐关联,这一变化隐含了后来人类所取得的巨大进步和面临的严重危机。但值得庆幸的是汉字一直在"象",象形文字在汉语言中得以延续发育成长,这是一个具有独特价值的文化事件。"象形文字为初民同具之思想。然吾国文字,独演象形之法,绵延至数千年,而埃及象形之字不传于后,此实研究人类思想之一问题也。"②

现代以文字为总称,但在古代"文"与"字"是有区别的。比如《说文叙》云:"仓颉之初作书,盖依类象形,故谓之文,其后形声相益,即谓之字。文者物象之本,字者言孳乳而浸多也。"③据此,许多文字学家得出的结论是:"则独体曰文,合体曰字。"④而独体之文实即"单体象形"字。关于"象形",《说文叙》曰:"象形者,画成其物,随体诘诎,日月是也。"高亨先生对此作了进一步解释:"按象形字乃字形象其物形者也。画成其物者,谓某字之形,即是画成某物

---

① 〔美〕阿恩海姆著,郭小平、翟灿译:《艺术心理学新论》,商务印书馆1994年版,第122页。

② 柳诒徵编著:《中国文化史·上册》,中国大百科全书出版社1988年版,第30页。

③ 高亨:《文字形义学概论》,齐鲁书社1981年版,第3~4页。

④ 高亨:《文字形义学概论》,齐鲁书社1981年版,第4页。

之状也。诘诎，犹曲折也。随体诘诎者，谓随其物体之状而曲折其笔画……要之，象形近于图画，其初皆为独体字。”①“吾国文字何为而作者？曰自然发生，未尝作也。缘何而自然发生乎？曰绘画也而适于用，习用之而形态简略，遂发达而为文字耳。”②

简言之，象形字的发展有一个从绘画到象形的演化阶段，这一点与前面所述世界自源文字演变的状况是一致的。甲骨文、金文的实例中那些绘画与文字杂糅的情况，直接见证了这一演变。比如【甲二四二二】上的“虎”字，写实性非常强：圆头、大口、利牙、花纹、利爪等，表现得很细微；到【前四四五】虎字只剩下圆头、利牙、花纹、利爪③；到【佚六七一】只表现利牙、利爪；而在金文【旅虎】里，只剩利牙特征④。此外，羊、豕、凤等字都有一个从极写实复杂的绘画体到逐渐简化的象形体的演变过程。在这一演化中还有一种情况，即有些图符兼具绘画、图腾、文字三种性质。据姜亮夫研究，殷周青铜器铭文中，往往在文前或文末有一个很难认识的字，过去研究款识学的人未能解释。这类字往往比正文稍大一点，或稍偏一点，并且大半不可能实指为某字某音，其实这是古代氏族社会的图腾。但有一些可以辨识，如羊、豕、鱼、虎、凤等图腾的形体字，而一些不可辨识的，都可断为动植物之属，与图腾条件相合，并且出现位置与羊、豕等字相同。以文例推论，其中应有不少属于绘画文字，或者说这种绘画文字就是图腾标志。特别“殷人信鬼”，祭祀是先民一项极为重要的日常活动。周以后所谓明堂、辟雍、世

① 高亨：《文字形义学概论》，齐鲁书社1981年版，第76~77页。

② 潘文国：《字本位与汉语研究》，华东师范大学出版社2002年版，第32页。

③ 姜亮夫：《古文字学》，云南人民出版社1999年版，第9页。

④ 刘志成：《文化文字学》，巴蜀书社2003年版，第70~72页。

室、重屋等，皆为祭祀之所。因此金文中有大量的亚形()符号及等符号，其实这都是氏族时代人们崇拜祖先的庙堂，他们生活中的许多活动都在这里举行。这类图形中往往文字与绘画混合使用①。

随着绘图性逐渐减弱，文字性质便越来越成熟，终至演化出最早的象形文字。最早的象形字主要是独体象形字，它侧重对外部物象的静态摹写，并且这些物象所代表的事物与人类生活的关系密切相关。如甲骨文中水作，草作，木作，人作，山作，火作，雨作。此外，日、月、禾、麦、鸟、鹿、犬、马、龟、宅、门、户、廪、囿、刀、斧、戈、弓、矢等，都是人类最初与外界发生有意识的对象化活动时的必要中介。甲骨文为学界公认比较成熟的文字，在甲骨文中这些与人类日常生活极为密切的外界事物，在释读的时候基本上都能由形而知字义，原始先民睁眼观自然时的文化场景，仍在甲骨文中保存着。

独体象形字之后，便是合体象形字，现代有些学者将其称为象事字，但其基本特征还是象形，只不过是以两个以上的形象来表示一件事。事不可画，故集画以表之。这种现象姜亮夫先生称之为“画事群”，画的可能是一件事、一个语句、一首诗、一个最高概念。由一事、一语凝固净化而成一字。大体由画面即能明了其真意所在，它以画面表层意义为基础，所不同于象形者，一个象的是物，一个象的是事。象事字的另一特点，即其词性十之八九是动词，正因为动不可画，所以往往只好把进行这个动作过程的那句话、那件事画下来。独体象形主要是对外部物象的静态描摹，但人类不仅仅

① 参考姜亮夫：《古文字学》，云南人民出版社 1999 年版，第一章第三节的有关论述。

驻足在物的静态世界,还必须行动于动的事件世界。而象事字的要义,就在于以一个字象把一件事的动态过程摹写下来,或者说一个字就是几幅画像的组合与凝化,把一个事件的动态过程浓缩为一个字象符号。例如,祭祀是原始先民的一件大事,虽有些蒙昧,但非常神圣,这样一个神圣事件凝化为一个汉字“祭”。祭在甲金文中写作或、①,这像手持肉洒酒,表祭事。狩猎是先民谋生的主要方式,“射”是一个重要事件,在甲金文中写作、或②,乃矢在弓上,弓已满弦的图画。“召”,甲金文写作、或③,这是招人领酒之象,此字浓缩了先民一个重要活动场景。遗弃所生之子,在古初是常见的事,如后稷为其母所弃,故名为弃,类似事件凝化为“弃”字。“弃”,甲骨文写作,“像手执箕盛倒子而弃之”④。

汉字是世界上目前唯一还在“象”的文字,全部汉字在一种自然状态下,完整地由象形根基发育而来,我们寻找汉语隐喻性述谓的根基或原型应首先关注象形字。单个字象,尤其独体象形能够称为一种述谓吗?隐喻从语词语义学讲主要是语义转移,从根本结构看,则是两种具有一定间距的对象之间存在相似性。无论怎样,述谓关系成立的前提是在两个对象之间,或主词与述词之间形成了某种关系。以往对象形字的解释,侧重表层的“画成其物,随体诘诎”,把理性成熟时代对象形的解读,等同于象形诞生时的理性,并不能真正把握象形诞生的文化价值。从隐喻的视野看,象形

① 姜亮夫:《古文字学》,云南人民出版社 1999 年版,第 38 页。

② 姜亮夫:《古文字学》,云南人民出版社 1999 年版,第 38 页。

③ 姜亮夫:《古文字学》,云南人民出版社 1999 年版,第 38 页。

④ 参考姜亮夫:《古文字学》,云南人民出版社 1999 年版,第 77 页。

字搭建了人与自然的最初始的诗性系连。独体象形字在其尚未进入语言的述谓结构时,就包含了双层圆圈式的隐喻述谓。这种隐喻述谓由三个要素组成,即人、象形、自然。每一要素都可作为中介环节,通过隐喻式的述谓关系,沟通人、文化、自然的圆融共生。首先,人在字象中主要作为不在场的主词出现,字象作为述词,是人类的一种文化创造,其空间形体不仅仅是一种技术性的产品,而且昭示了人的某种认识、激情与愿望。其次,字象作为主词,与自然界的外部物象构成了一种述谓关系。字象不同于外部自然物的具体存在,但与之存在一种相似性关系。前面已经谈到,象形字尽管"象形",但毕竟已进行了极度的简化。这种简化,就是对相似关系的创造。这种相似关系,又以形象为媒介,在字象中呈现出来。这正是隐喻生成的基本特征。这种形体与拼音文字的形体不同,拼音字母仅仅记音,字母在字形中呈机械的线性排列,不具备形象的基本要素——空间性;字形无直接的示意功能,不具备隐喻生成的基本机制。同时象形字的这种双层述谓又是圆圈式的,在圆圈式的换位中,自然也可作为主词,人类的心智作为述词,受其启示,在人与自然之间生成某种相似性。这种相似性则凝结在象形这一实体性的文化存在上。在汉语言文化中,自然一直是非常关键的文化参照。

合体象形字或曰象事字,要义在于以一个字象浓缩了一个动态的生活场景。对它的结构分析,实际已进入了一种语言的述谓结构。如"弃"字,在甲骨文中,字形结构可分析为一个述谓句"像手执箕盛倒子而弃之";"祭"字则"像手持肉洒酒"。但它与独体象形的相通处在于几个象形构件,搭建了一个有机的字象整体。这一字象整体作为人类文化的实体创造物,与一定的社会生活事件、场景形成了相似性的隐喻建构。在这一述谓结构中,作为主词的字象，与具体的生活实境无疑有很大差异，但又确实存在相似性。字形能够直接示意，它与“比类合谊”“取譬相成”的造字方法仍有很大差别。它仍在象形，虽因摹写的是一个动态场景，构形更为复杂，但仍属汉字原型式的隐喻述谓。一般的隐喻述谓主要发生在一个话语结构中，在实际的话语事件中，发生了语义的更新与转移。而原型述谓主要植根于人与自然的原始隐喻关系。符号、文化使人得以从自然中启蒙，人似乎成了迥异于自然的存在。其实这只是一种表象，因为人作为肉体性的一面本来就是一种自然存在物，而人从自然进化而来的事实也决定了人与自然之间的相似性仍是人之存在的基础。人与自然的原始隐喻关系并不是玄思，它虽然充满诗意的构想，但更展示了生命的本根。

三、“比类合谊”“取譬相成”——作为字象的话语隐喻述谓

汉字在象形的基础上不断发展，象事字的出现进一步展示了汉字象形体系自我完善的创造智慧。这种创造智慧充分发挥了隐喻思维的创造性。隐喻思维以形象为基本媒介，主要诉之于人类直觉的感性生成与创造。象形、象事以人与自然的源始隐喻性关联为根基，奠定了汉字字象隐喻的述谓原型。随着汉语语义空间的不断拓展，汉字字象的隐喻模式便由原型述谓发展为话语述谓。原型述谓更带一种本体论色彩，它是在人、符号、自然之间直接进行的一种意义生成与交换。进入话语述谓后，人与自然的源始关联仍是最基本的源泉，但在语义生成的显性层面已退居为背景。话语述谓的基本结构是一种语言的符号操作，主词、谓词、宾词（或说主词与述词）进入一种述谓关系。在这样一种述谓框架中，通过隐喻填补语义之间的断堑，进行语义的转移与更新，不断扩大汉字

体系的语义空间。指事字、会意字、形声字字象的形成就是一种话语述谓的成果，其基本的隐喻原则可用会意的“比类合谊”与形声的“取譬相成”来概括。“比类合谊”与“取譬相成”从隐喻的功能与实质看是相通的，都是把可拆分的字象构件放到一个述谓框架中，把理性成熟语境中的技术构件还原为原始文化现场的心灵意象，通过“比类合谊”或“取譬相成”的符号操作，反观字义的隐喻式生成。

关于指事，许慎释为“指事者，视而可识，察而见意”。高亨先生把指事字的结构分为四类：其一，加体指事，取一固有之字，而增加笔画以指示某物特定之处或一种意义；其二，减体指事，取一固有之字，减去其笔画而另成一字；其三，反体指事，取一固有之字，而反书之，或倒书之，另成一字；其四，变体指事，取一固有之字，变动其笔画，另成一字。加体指示字如：“并”，甲骨文作，其固有之字为“从”，“从”犹二人也。以二画或一画连之，以示其合并之意。再如本、末、朱，皆从木、象形，“一”在木下曰“本”（），“一”在木上曰“末”（），“一”在木中曰“朱”（）。“朱”，许慎释为“赤心木”。高亨认为，朱即株，木干也，木之下部为本，上部为末，中部为株①。减体指事字，如“了”作，从子无臂，象形。“了者，束婴儿两臂也，故从子无臂。妇人养婴儿，清理其卧具既毕，则束其两臂而裹之，故了引申为终了之意。《广雅·释诂》‘了，讫也’”②。

仔细分析，指事字的语义生成其实已经进入了话语述谓结构。话语述谓结构的隐喻功能主要是语义的转移与生成，其基本前提

---

① 高亨：《文字形义学概论》，齐鲁书社1981年版，第169～170页。

② 高亨：《文字形义学概论》，齐鲁书社1981年版，第171页。

即构成话语结构的要素本身必须具有意义。四种指事字皆以一固有象形之字为本，其本身携带语义毋庸置疑，关键是它增加或减去的一些指示符号，这些指示符号又是怎样的呢？这些指示符号，如“刃”字：刀上之一点；本、末、朱之中间一横等，虽抽象意味较浓，但非无意可表的纯符号，而是“‘有意可指，而无声可言’的笔画”①。姜亮夫先生曾分析了点画的表义功能，指出：“‘ ’形，可作雨、尘、水、血、酒、米诸义之用，故雨字作 、盥字作 、血字作 、祭字作 、鬯字作 等，皆各各代表雨、尘、水、血、酒、米等形，作为符号使用，不能读音，而确有含义。不仅如此，‘ ’还可以作为一种想象中的代表符号。如眔字，甲文中作 若 、 等，眔训目相及。这些点‘ ’正代表相及的一种意象。又如彭字，作 ，或 ， 若 ，是鼓声嘭嘭的代表符号。”②这样固有象形之字与指示符号就具备进入话语述谓的基本要求。而“反体”“变体”的在场正召唤缺席之“正体”的出场，二者其实也在隐性的层面进入了话语的述谓结构，指示字正是在话语的述谓结构中完成了语义的转移与生成。话语述谓的隐喻成就，最后又凝结为一个有机的字象整体。一字、一形、一个简化的空间形态，就浓缩了一个人生场景，与象事字一样，呈现出很高的符号智慧。

所谓会意，按许慎的解释谓“会意者，比类合谊，以见指㧑”。比，犹并也。类，谓字类也。谊，即字义之义。比类合谊者，谓并二字、三字或四字而会合其义也。以见指㧑者，谓以此表现造字者意所指挥之点也③。如“筋”字，《说文》曰，肉之力也，从肉、力、竹。

① 姜亮夫：《古文字学》，云南人民出版社 1999 年版，第 79 页。
② 姜亮夫：《古文字学》，云南人民出版社 1999 年版，第 80 页。
③ 高亨：《文字形义学概论》，齐鲁书社 1981 年版，第 79 页。

竹物多筋,用竹的属性以示动物之肉的力量,由物质联类而成。再如所谓止、戈为武,人、言为信,已脱离了物质的形象,而必须从物质的属性去会意。另如“孙”字,从子、从系。系者,续也,意谓子之续。“季”字,禾之幼小者,从禾、从子。子为人之小者,转借其幼小特义而用之。“悉”字,从釆、从心。釆是分别之义,心能分别,则事物详尽得知。此一类字,须委曲以求其义①。会意字的字义为会合二字、三字或四字而成。所谓“类”,即指进入述谓结构的要素(各个作为字形构件的字)具有内在脉络的深层相似性,但在字义表层又存在断堑。而借助“比”,进入一种隐喻的生成语境,以隐喻智慧的直觉创造性,跨越断堑,达到“合谊”。印欧语系中几十个字母能够记录一种语言,但字母本身无法携带意义进入文字能指的结构。因此拼音文字缺少隐喻式的生成机制,只是“能指的能指”。“所有能指都是派生的,文字能指尤其如此。文字能指始终具有技术性和典型性。它没有构造的意义。”②

人类诗性文字的象性根基独在汉字体系中保存下来,并经历了一个缓慢的有机的发育过程。象性根基隐喻了人与自然的源始关联,其发育固然是人类的一种文化创造,但由于它的发育主要依靠人类最具自然灵动性的直觉智慧,因此它的成长就像一种自然生态系统的发育,能时时进行系统内的自我调节,不断适应人类逐渐扩展的意义空间,又能始终保持自身的承续基因。汉文字发展到会意字阶段,基本的所谓“无声”的象形文字大约有一千字左右。这里的无声并不是说有所谓的无声汉字,只是指汉字的形体结构

① 姜亮夫:《古文字学》,云南人民出版社 1999 年版,第 98 ~ 99 页。

② 〔法〕德里达著,汪堂家译:《论文字学》,上海译文出版社 1999 年版,第 15 页。

没有示音符号。据王作新统计，《说文》正篆9353字，单体文428个[①]。无"声"复体字，共计829个[②]。所谓无"声"复体字即会意字。两项合计，则所谓的无"声"字已有1257字。这些统计依据《说文》小篆体系，如果还原到历史现场，虽不会如此确定，但界定为一千字左右，还是比较客观的。如台湾学者李孝定先生统计，在殷商甲骨文中，形声字约占27.24%[③]。而甲骨卜辞中单字总数约4500字，能辨识确定的1000多字[④]。徐中舒主编《汉语古文字字形表》，收甲骨文和少量金文共1016字，其中形声合成字257个，其他无声字当约759[⑤]。由于尚有诸多的字未能释读，此数字必定还会增加，因此千字左右的无声字当为可信。姜亮夫曾说"象形字是全部汉字的基础"[⑥]，这是定性地谈。如果把它量化一下，所谓全部汉字的基础大概就是这一千左右的无"声"字。汉字体系完善的标志是形声字急剧增加，在小篆体系的9353字中，形声字占据了绝对多数。如果说全部汉字的基础是一千左右的"无声"字，那么形声字的庞大字义群，就应是在这一基础上形成的。

按传统观点，所谓汉字的"有声"文字，包括形声、转注、假借，但目前许多学者大而化之，以形声代表汉字发展的最高阶段，如唐兰先生把汉字的有"声"阶段界定为形声。所谓形声，《说文叙》曰

---

① 王作新：《汉字结构系统与传统思维方式》，武汉出版社1999年版，第28页。

② 王作新：《汉字结构系统与传统思维方式》，武汉出版社1999年版，第44页。

③ 曾昭聪：《形声字声符示源功能述论》，黄山书社2002年版，第5页。

④ 徐朝华：《上古汉语词汇史》，商务印书馆2003年版，第15页。

⑤ 王作新：《汉字结构系统与传统思维方式》，武汉出版社1999年版，第44页。

⑥ 姜亮夫：《古文字学》，云南人民出版社1999年版，第89页。

"形声者,以事为名,取譬相成"。也就是说,形声字乃合二字而成,取此字之形与彼字之声者也。所以高亨先生认为:"形声字之条件有二:一、其形乃合二字而成;二、乃取此字之义与彼字之声。"①简单地说,形声字的结构分为两部分:形符与声符。而转注字、假借字虽定义有别,但基本结构其实也是两个部分,即形符与声符。这也是可将三者合而为一的基本理据。但高亨认为形声字的字义"乃取此字之义与彼字之声",极易引起误解,好像在形声字中已有了纯粹的示音符号,这是极端错误的,因为在汉字中声符同样表意。

声符表意在古代语言学中差不多是一种常识。如许慎在《说文解字》中的解说。姓,人所生也,古之神圣母,感天而生子。故称天子。从女从生,生亦声。娶,从女从取,取亦声。婚,妇家也,礼,娶妇以昏时,妇人,阴也,故曰婚。从女从昏,昏亦声。姻,婿家也,女之所因,故曰姻。从女从因,因亦声。亦声字也即形声字,显然在这几个亦声字中,声皆表意。再如刘熙所著《释名》是我国第一部语源学著作,就是以声训的方法,来探求事物名称的来源。所谓声训,就是根据音同音近的字解释字义,充分利用声符示意的特点。如山夹水曰涧,涧,间也,言在两山之间也;注沟曰浍,浍者,会也,小沟之所聚会也②。近人对声符表意的认识更为明确,例如黄承吉先生认为:"谐声之字,其右旁之声必兼有义。"刘师培先生说:"谐声之字必兼有义,音义相兼不必尽属于形声兼会意之字。"唐兰先生指出:"形声字的声符所代表的是语言,每一个语言不论是拟声的,述意的,抒情的,在当时总是有意义的,所以每一个形声字的

---

① 高亨:《文字形义学概论》,齐鲁书社 1981 年版,第 80 ~ 81 页。

② 李国英:《小篆形声字研究》,北京师范大学出版社 1996 年版,第 32 页。

声符,在原则上,总有它的意义。”①李圃先生也指出:“验诸甲骨文字,绝大多数通常所说的‘形声字’的声素首先是表义的,而只表音不表义的单纯声素却是寥寥无几。”②绝大多数声符皆表意,如《说文·非部》:“非,违也。从飞,下翅,取其相背。”借“非”形表示“隐蔽”义,从“非”得声的一组形声字皆有“隐蔽”义。如“腓”字,《广雅·释诂三》:“腓,避也。”《诗·小雅·采薇》:“君子所依,小人所腓。”《毛传》:“腓,辟也。”“悱”字,《集韵·尾韵》:“悱,心欲也。”《论语·述而》:“不愤不启,不悱不发。”朱熹注:“悱者,口欲言而未能之貌。”“篚”字,朱骏声《说文通训定声》:“车前后蔽也。”即车前后遮蔽物③。“隹”字,本义为“鸟之短尾总名也”,假借为“围”,从“隹”的一组形声字皆有“围”之义。维,《说文·糸部》:“维,车盖系也。”引申为纲维。惟,《说文·心部》:“惟,凡思也。”即周密思考。淮,《释名·释水》:“淮,围也。围绕扬州北界,东至海也。”帷,《释名·释床帐》:“帷,围也,所以自障围也。”④“隹”是以借字的身份携带“围绕”义参与形声构字⑤。

在汉字体系完善的形声阶段,“音”化成为主流,但汉字没有单纯的记音符号,成为字象构件的声符都作为“声兼义”的述谓单元,进入形声字象的话语述谓结构。当然这种述谓单元进入字象,也不完全是任意的,而必须存在某种相似性。可以说,许慎以“取譬相成”界定形声的造字原则,就基于这样一种相似性的体认。“取

① 曾昭聪:《形声字声符示源功能述论》,黄山书社 2002 年版,第 11 页。
② 曾昭聪:《形声字声符示源功能述论》,黄山书社 2002 年版,第 12 页注 2。
③ 曾昭聪:《形声字声符示源功能述论》,黄山书社 2002 年版,第 28 页。
④ 曾昭聪:《形声字声符示源功能述论》,黄山书社 2002 年版,第 60 页。
⑤ 曾昭聪:《形声字声符示源功能述论》,黄山书社 2002 年版,第 60 页。

譬”,以两个述谓单元的相异性为前提,如果完全相同,“取譬”就成为无效的劳作,相异性是形声字义生成的必要条件。能够“相成”,必有一种隐含的、深层的相似性,如此字象的述谓运作才成为现实。我国有悠久的小学传统,小学传统的一个重要方面就是对汉字字象结构的释读。通过历代学者汉字字象的释读实践,可以明显地感到在单个字象的结构中隐含着话语的述谓运作。字象结构中的述谓运作与日常话语的述谓运作又有显著的差别,如单个形声字象虽然可拆分为两个述谓单元,这两个单元各自都是一个“形”、一个“字象”,但又实际并存于一个有机的字象整体。因此字象中的话语活动实际为一种意象运作,意象之间存在较大的意义间距,不可能如言语层面的话语运作那样顺畅地进行意义的传递与会集,必须依赖诉诸直觉的隐喻运作,进行意象之间的意义缝合与创造。汉字以象形为发育根基,利用人类自然感官与外部自然形象、意象之间天然的可沟通性,充分发挥了人类自然感官感受、捕捉意义的能力。这也意味着汉字的每一次扩展,都不可能是抽象思维进行协商约定的结果,而是一种诗性创造。在一千多个无声字的基础上,生成庞大的形声字义群,也只有富有创造性的隐喻智慧才能完成。

从象形作为汉字字象的原型隐喻述谓到指事、会意、形声作为汉字字象的话语隐喻述谓,显示了汉字所独具的隐喻性特质。同时这两种述谓结构又有一个共同点,即构成述谓单元的是字形、字象(即形象、意象),而述谓运作的结果也淀积在一个有机的字象上。述谓运作过程不依赖关系词的限制、勾连、传递,而以“象”为媒介,借助隐喻思维实现跨越与融合。汉字符号的这种潜质实际隐喻了或者说规定了整个汉语符号的隐喻特性。

第三节　共时状态下汉字隐喻机制分析

一、原型隐喻述谓的积淀

前面通过汉字象形根基的发育历程，探讨了汉字的隐喻性本质。象形文字符号的诗性根源，在于它保留了人与自然的源始性关联纽带——形象。就汉字的实际演进看，早期汉字从甲骨文、金文、石鼓文，一直到秦代的小篆，作为汉民族日常语言交际的文字形体，其图画性非常强，文字的形象性一直非常明显。秦代文字进一步简化，首先出现了隶书，随后是楷书，而自楷书出现后，所谓方块汉字就基本定型。此后汉字还时有简化，但只是在方块范围内的布局调整，并没改变这一基本布局框架。汉字楷化，从字形看，汉字的图绘性减弱，更便于日常的书写交际，但仍保留了汉字布局的空间感、图绘框架。象形演进的历程就积淀在汉字的楷化结构中。

首先，从汉字字象的原型隐喻述谓看，象形作为原型述谓隐喻了人与自然的源始关联性。与人类生存最密切的外部事物的形象、意象成为汉字最基础的形体，这些形体就是后来整个汉字体系发育演化的基元和起点。在共时状态下，这些形体的绝大部分又作为整个汉字体系的偏旁部首积淀下来。“《说文解字》的部首不仅是为了查检，而且是许慎确立的基础字，也就是说，全书所收的10516个形体，都是由这批基础字再度组合而成的，它们的本义，也都与这批基础字的意义直接或间接相关。”①也就是说，从共时的角

① 邹晓丽编著：《基础汉字形义释源——〈说文〉部首今读本义》（修订版），中华书局2007年版，第6页。

度分析，许慎所列的540个部首，构成了到《说文解字》为止全部汉字的基础，在此基础上生成了庞大的汉字体系。邹晓丽通过深入分析，把整个《说文》的部首分为七类，分别是人体、器用、动物、植物、自然界、数字、干支。这些部首中，"近取之于身"的有："人"、"页"（《说文》："页，头也。"）、"目"、"口"、"手"、"足"。"远取之于物"的，在动物类部首中分飞禽、家畜、走兽、爬虫、鳞甲，在器用类中分祭祀、战争、衣、食、住、用等，植物类中分草、木等。另有"取象于天"的"天象"类与"观法于地"的"地舆"类。而对这些部首的解说，则生动地展现了以文字为符号中介的人与自然的源始性隐喻关联。

与人形有关的部首。"企求""企望"所表达的极度希望的状态，从"企"得义，而"企"在甲骨文中的字形"上从人、下从止"（古文"止"即"脚"），为人踮起脚直立之形，以此直观之象表达"一种渴求得到某种东西的姿态"①。"变化"乃一抽象义，摹写此字的"化"字，在小篆中为""，《说文》："变也，从倒人。""变化之大莫过于倒转，故取人形倒转以表示变化之意。"②殷被周灭亡，殷朝贵族的身份不如从前优越，需向周称臣，无论殷人的失落，还是周人的兴盛，这都是一个重大的文化事件，汉字以"身之反"的表象回应此一事件的余响。《说文》曰，㐆："归也。从反身。""所以'㐆'在周初，字形是'身之反'；读音为归依的'依'，字义是'归'（归顺）。"③

① 邹晓丽编著：《基础汉字形义释源——〈说文〉部首今读本义》（修订版），中华书局2007年版，第1页。

② 邹晓丽编著：《基础汉字形义释源——〈说文〉部首今读本义》（修订版），中华书局2007年版，第3页。

③ 邹晓丽编著：《基础汉字形义释源——〈说文〉部首今读本义》（修订版），中华书局2007年版，第13页。

“好”在甲骨文、金文中“是女抱子之形”，有女、有子，即有后代，对个人、对种族都是幸事，于是此直观表象使“好”由思维的表象落实为实体的存在。“思”在篆文中作，《说文》：“从心，从囟。”“囟，头会脑盖也。象形。”“心”：“人心土藏也。在身之中，象形。”心在甲骨文、金文中皆是心脏的象形，“思”的知性内涵便与头脑盖、心脏的直观表象合一。虚词“毋”，小篆作，《说文》：“止之词也。从女一。”按邹晓丽先生考证，“毋”与“母”同源，字形从“女”，且有二乳。母早就被作为否定词，如兮甲盘：“母敢不即市……”因此“‘毋’字之来源，则是因母亲对孩子最有权威（特别是母系社会），故‘母’被借为禁止词。后来字形改写成‘毋’”①。“毋”仅仅是一个表否定的虚词，也浓缩了人类一小段很实在的历史。

与“页”有关的。“显”，金文从日、从丝、从页。直观事象：“日光照射下，丝缕看得清清楚楚，故有明显的意思。”②无论因思而显，因看而显，皆须从“页”，以“目”“视觉”引领。“圣”乃精神领域的引领者，汉字的直观事象也不过“以耳就口”，表示“博学多闻的意思”③。

与“口”有关的。虚字“乃”小篆作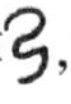，古文作，《说文》：“曳词之难也。象气出之难也。”其弯曲的笔道是“出气之困难”的直观表象。在古文献中“乃”可作代词、副词、连词、发语词，也相当于今天的系词

---

① 邹晓丽编著：《基础汉字形义释源——〈说文〉部首今读本义》（修订版），中华书局 2007 年版，第 28 页。

② 邹晓丽编著：《基础汉字形义释源——〈说文〉部首今读本义》（修订版），中华书局 2007 年版，第 37 页。

③ 邹晓丽编著：《基础汉字形义释源——〈说文〉部首今读本义》（修订版），中华书局 2007 年版，第 39 页。

表示判断。“不管词类如何，凡用‘乃’都有表示经过慎重思考而郑重其事的意思”①。虚字“只”，《说文》：“语已词也。从口，象气下引之形。”“只”的直观表象乃“气已下咽”，以此表示完成时态的“语已了”之意。“欠”，小篆作。《说文》：“张口气悟也。象气从儿上出之形。”甲骨文作。邹晓丽先生认为：“像一人张大嘴打呵欠之形。”此一表象显示“人精神欠缺，故以为‘欠缺’的‘欠’”②。

与“手”有关的。“异”在甲骨文中作、金文中作、石鼓文作，是一人头戴“甾”之形，即头戴面具。古人行祭祀等礼仪时，常戴面具而舞，字形的直观表象是“双手拿起面具戴在脸上”。因“面具与本来面目不同”③，此直观表象可表示“奇异”“差异”之“异”。“杰”，甲骨文作，字象是“一正面的人（大）站在树上”④，人站在树上的直观之象，可表示才能、品德等的“杰出”之意。“来”，字甲骨文作，小篆作，是麦子的象形。《说文》：“周所受瑞麦……天所来也。故为行来之来。”“西周早期金文‘𩾁’……的字形从‘鸟’，也可以证明古人认为麦种是鸟从天上衔来的。”⑤于是“麦”之象，可表示“行来之来”，由植物到表示人类之行动的隐喻

① 邹晓丽编著：《基础汉字形义释源——〈说文〉部首今读本义》（修订版），中华书局 2007 年版，第 52 页。

② 邹晓丽编著：《基础汉字形义释源——〈说文〉部首今读本义》（修订版），中华书局 2007 年版，第 56 ~ 57 页。

③ 邹晓丽编著：《基础汉字形义释源——〈说文〉部首今读本义》（修订版），中华书局 2007 年版，第 72 页。

④ 邹晓丽编著：《基础汉字形义释源——〈说文〉部首今读本义》（修订版），中华书局 2007 年版，第 73 页。

⑤ 邹晓丽编著：《基础汉字形义释源——〈说文〉部首今读本义》（修订版），中华书局 2007 年版，第 79 页。

跨越可谓十分独到。

与“战争”有关的。“勿”字，小篆作。《说文》：“州里所建旗。象其柄，有三游……所以趣（趋）民，故遽称勿勿。”古时州里召集民众所用的一种旗，柄上有三游，游的颜色单一则说明事缓，游的颜色杂则说明事情紧急。“勿在卜辞中已借为否定副词。”①“辅”字从车、从甫，其象为“用工具使直木附于轮上”，“用以帮助车轮负重”，可表示“辅助”②。

与“用”有关的。“匿”字，其表象为女子梳洗于内室隐蔽之处③。主，为灯、灯上之火头的象形，火头为“灯中最主要的部分，故称‘主’”。酋，“酒坛中酒已酿熟香气外溢之形”，“因而有成熟老练之意”④。由“酒之酿熟”到“人之老练”再到“部落之长”，几乎每一个字都是人之自然成长史的隐喻超越。

与动物有关的。学习之“习”，甲文从“羽”、从“日”，其象为“日出之时鸟扑翅振羽欲离巢飞去”。因是屡次振翅，故有重复之意，此即“学习”。“率”，金文字形作，从“行”、从“”，字象由行道、绳索组成，此象即为“率领”⑤。

与草木有关的。以“斤”（斧）劈木之象，可表示“分析”之

① 邹晓丽编著：《基础汉字形义释源——〈说文〉部首今读本义》（修订版），中华书局 2007 年版，第 106 页。

② 邹晓丽编著：《基础汉字形义释源——〈说文〉部首今读本义》（修订版），中华书局 2007 年版，第 108 页。

③ 邹晓丽编著：《基础汉字形义释源——〈说文〉部首今读本义》（修订版），中华书局 2007 年版，第 149 页。

④ 邹晓丽编著：《基础汉字形义释源——〈说文〉部首今读本义》（修订版），中华书局 2007 年版，第 151 页。

⑤ 邹晓丽编著：《基础汉字形义释源——〈说文〉部首今读本义》（修订版），中华书局 2007 年版，第 170～171 页。

“析”。果实成熟之象，可表示“结果、终结”之意。而“乐”字，周谷城以为其象为“玩的小鼓，用绳系起来悬在架子上”①，该字像一幅减缩了的古代娱乐场景，故有“欢乐、音乐”之“乐”意。“束”字，《说文》：“缚也。从口木。”其字象从“‘木’上加一个‘○’”，像用绳捆住，因而表示一切束缚②。“才”字，《说文》：“草木之初也，从丨上贯一，将生枝叶也。一，地也。”古文字学家李孝定据《说文》认为“才”像ψ（草）在地下初出地上之形。尽管说法有别，要之，皆以草木之象或初生或刚生枝叶，表示“刚刚”这样一种人类独立于自然时才具有的时间感。而邹晓丽先生的释解更别致，甲骨文五期“灾”作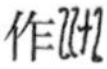，从“川”从“”，是水道刚有堵塞之形，即水灾刚刚（才）出现，这个“”就是“才”字③。以“水道刚有堵塞”之象，表示“刚刚”这一人类独具的时间状态。水在上古时代与人类的生活记忆十分密切，中西都有大洪水的神话。“才”之象摹写了人类初遇大洪水的惊异感，也隐喻了人与自然源始关联中的诗意与坎坷。“昔”字，甲骨文一期作，“”为洪水横流之形，则“昔”字之形为上古可怕洪水的表象，“‘’加‘日’表示这已是成为过去的日子”④。“昔”的字象以“洪水横流之象”表示“往昔”这一时间表象，既见证了人类对洪水的恐惧，也见证了人类摆脱洪水的欣慰。比如“不”

① 邹晓丽编著：《基础汉字形义释源——〈说文〉部首今读本义》（修订版），中华书局2007年版，第187页。

② 邹晓丽编著：《基础汉字形义释源——〈说文〉部首今读本义》（修订版），中华书局2007年版，第188页。

③ 邹晓丽编著：《基础汉字形义释源——〈说文〉部首今读本义》（修订版），中华书局2007年版，第189页。

④ 邹晓丽编著：《基础汉字形义释源——〈说文〉部首今读本义》（修订版），中华书局2007年版，第189页。

字，甲骨文像花蒂之形，“因为花蒂是‘枝叶之所由生、万物之所由发’……所以有最早、最原始（亦引申为最大）的意思。如‘丕’……‘胚’（‘胚胎’也是最早的）”①。而“花蒂”之象，后来反被借为否定词，实因花蒂虽为繁盛、生机之象，又确能包含对生命历程否定的意旨。而“坏”字，从土从不，本意为“未烧的砖坯”②，也从花蒂之象得义，以后也有否定义。花蒂之象，能表示如此之多且复杂的意义，正显示了感性创造力的发达。诚如近代大学者刘师培所说：“古人观察事物以义象区，不以质体别。”③“以义象区”，便能跨越具体质体的限制，实现不同“类象”之间的相似性跨越，这正是一种隐喻智慧。

与地舆有关的。“堕”字，甲骨文字形从倒子，其象为“一人头向下从山下跌落”，此象可表“堕落”之“堕”。“危”字，其象为“人在崖上”④，即《说文》所谓“在高而惧也”，可表“危险”之“危”。“永远”之“永”字，《说文》：“水长也。象水泾理之长永也。”以“水流不会枯竭”示“永远”之意⑤。

大自然为汉字提供了鲜活的源泉和背景，作为汉字基础构件的每一个偏旁部首，都蕴涵了汉族先民与自然的一个隐喻故事，都是汉字字象的一个原型隐喻述谓。但在共时的汉字体系中，它又

① 邹晓丽编著：《基础汉字形义释源——〈说文〉部首今读本义》（修订版），中华书局 2007 年版，第 190 ~ 191 页。

② 邹晓丽编著：《基础汉字形义释源——〈说文〉部首今读本义》（修订版），中华书局 2007 年版，第 191 页。

③ 刘师培：《清儒得失论——刘师培论学杂稿》，中国人民大学出版社 2004 年版，第 147 页。

④ 邹晓丽编著：《基础汉字形义释源——〈说文〉部首今读本义》（修订版），中华书局 2007 年版，第 202 页。

⑤ 邹晓丽编著：《基础汉字形义释源——〈说文〉部首今读本义》（修订版），中华书局 2007 年版，第 208 页。

成为汉字字象话语隐喻述谓的一个单元,可以说庞大的汉字字义体系就是字象话语隐喻述谓劳作的结果。汉字以象形为媒介沟通人与外部世界的意义联系,重在充分利用人类的感性直观。字如凝缩的“画”,直接通过形的显象,启发人类的直观跨越与意义把握。虽然在第一批简化汉字已经通用的情况下,这些象形性的积淀似乎已不很明显,但我们不能否认的一个事实是,简化的汉字只有几十年,与汉字三千多年的“如画”史无法相比。而且这批简化字所以能够最终被汉字体系接纳,根本原因还是由于它最大限度地保留了汉字的象形特征,属于汉字体系的自我完善。而第二批简化汉字的被废止正好为此提供了一个反面的说明。

二、拓扑性的隐喻字义场

字象的话语隐喻述谓运作生成了庞大的汉字字象体系,它在形式上并不展现为一个线性的单元排序,而是凝缩为一个有机的字象整体。换句话说,共时状态下字象的话语隐喻述谓只能是隐含的,但字象的释读实践及理论分析能够把它召唤出来,这恰恰可为一个问题的解决提供线索。这个问题就是,与印欧语系语言相比,汉字数量(也即汉字字象数量)非常之少,但并不影响汉字以一个丰富的字义体系圆满实现对自然文化世界的摹写。这是因为字象的生成依赖于话语隐喻述谓,与之相应,字义的生成则存在于述谓单元因差异而形成的张力结构内。虽然由于隐喻相似性结构的制约,决定了字义的发散性不会是无限的,但“意象的展现就是‘发生’的某种事情。意义向它不断开放”①。因此隐喻述谓的张力结

① 〔法〕利科著,汪堂家译:《活的隐喻》,上海译文出版社 2004 年版,第 289 页。

构，又使字义能够游走于一个区域内，而不会阻断意义的传递，并“富含生命冲力”①。这其实就是汉字隐喻字义场的拓扑性。字象与字义之间的关系，不是机械的一对一的线性关系。“在拓扑几何学的空间之内，没有距离的规定。据拓扑几何学的观点，一滴水和地球完全相等。”②拓扑心理学反对行为主义者的行为反映模式，强调“行为是人与环境的函数”③。此处把“拓扑”这样一个科学术语用于本论题对汉字隐喻字义场的描述，主要借用“拓扑”这一概念所揭示的在当代生存论视野中广泛存在的一种共性：进入述谓过程的两个单元之间，不再存在传统逻辑所信仰的决定论的关系，而是充满了不确定性的可变参数。因此，文化行为作为人与环境之间的一种述谓运作，仅仅依靠抽象逻辑，诉诸机械决定论的游戏规则，就难以成功地进行。

因此，汉文字的字义空间，作为隐喻述谓运作的结晶，字义场边界的模糊性、可变性，很难用经典物理学、欧几里得几何学的空间观进行描述。语义空间既非平直也非均匀，不能用距离、数量等二维、三维参数描述，而是多维、不均匀、不可量、弯曲。李国英曾利用统计学的方法，对小篆形声字义符、声符的构字频度进行量化分析。根据他的分析，378 个义符共构成 8233 个形声字，平均构字量为 21.78 个。其中 1 号“水”到 72 号“尸”为高频义符。“高频义符的义类分布覆盖社会生活的方方面面，这些义符大部分是古今

① 赵虹：《出发即归宿——混茫中的汉字文化》，贵州人民出版社 2003 年版，第 103 页。

② 〔德〕勒温著，高觉敷译：《拓扑心理学原理》，商务印书馆 2003 年版，第 55 页。

③ 〔德〕勒温著，高觉敷译：《拓扑心理学原理》，商务印书馆 2003 年版，第 5 页。

一贯的常用字和高频构件，它们单独使用时一般也是记录古今相对稳定的语素或基本词汇"①，其累计构字量达7151个。而其中，构字量在20～30个的有12个义符，构字量在30～40的有9个义符，构字量在40～50的有7个义符，构字量在50～60的有8个义符，构字量在60～70的有4个义符，构字量在70～80的有2个义符，构字量在80～90的有5个义符，构字量在90～100之间的只有第26号义符"车"，构字量是92个，构字量在100～200的有16个义符，构字量在200～300的有6个义符，在构字量在300～400的没有，但构字量超过400的则有3个义符。在他对声符构字频度的分析中，8233个形声字由1670个声符构成，平均构字量为4.93个。其中1～576号为高频声符，累计构字6255个，平均构字量为10.86个。577～1670号为低频声符，累计构字量1978个，平均构字量为1.81个。从单个声符构字量的分布看，从1～34个不等，各声符构字量的差异不像义符那么剧烈，这说明义符的构字能力大大高于声符。从对义符声符的简单列举可很清楚地看出不同的构字符构字量差异极大，也就是说每一个义符或声符作为一个述谓单元，其述谓组合能力极为不同。因此，围绕各述谓单元形成的语义密度必然极不均匀。就整体看，汉字字义场空间就有一种动态"弯曲"的特征。从各字义场之间的关系看，隐喻述谓的基本结构是相似性，相似性是"同"与"异"的辩证统一，"同"使隐喻述谓成为可能，而"异"又使隐喻述谓成为必要。基于"同"的制约，由同一义符述谓单元构成的不同述谓活动，便聚集在这一单元周围形成义符述谓义场；声符同样有示意功能，不同的述谓活动又会围绕声

---

① 李国英：《小篆形声字研究》，北京师范大学出版社1996年版，第58页。

符述谓单元，形成声符述谓义场。而在这两个述谓义场之间，必然形成意义的交叉与叠合。由于隐喻述谓的拓扑性，位于这两个整体述谓义场之内的各个子义场，其语义当然不可能等同，但基于“象”“异”而形成的隐喻跨越，又使其语义边界必然存在模糊性、可变性。子义场之间，同属一个更大的述谓义场，各自都具有召唤“不在场”之大义场“出席”的功能。

另外，从义符构字频度的分布统计看，在汉字这一大字义场中，还存在许多超强字义场，三个构字频度最高的分别是“水”旁构字 460 个，“草”旁构字 439 个，“木”旁构字 404 个。其他“手”旁构字 264 个，“心”旁构字 263 个，“糸”旁构字 251 个，“言”旁构字 242，“人”旁构字 236，“女”旁构字 226 个①。这几个超高频义符合计构字 2785 个，而“水”旁、“草”旁、“木”旁三个义符合计构字 1303 个。显然围绕这些述谓单元构成的义场最强。这几个统计数字放在汉字体系中，很能说明其非同寻常之处。另外其他高频字符如“金”旁 197，“邑”旁 179，“口”旁 175，“月”（肉）旁 138，“土”旁 126，“走”旁 117，“鸟”旁 114，“马”旁 110，“目”旁 108，“火”旁 106，“车”旁 92，“阜”旁 89，“页”旁 88，“禾”旁 84，“足”旁 84，“攴”旁 75，“日”旁 64，“示”旁 61，“京”旁 59，“革”旁 58，“贝”旁 56，“山”旁 55，“门”旁 50，“石”旁 47，“雨”旁 43，“网”旁 29，“田”旁 27。现在所列的这部分高频字符，共构字 2431，两项合计为 5216 字。还特别值得一提的是，在 1670 个声符中，构字量最高的是“且”。“且”有人“释为男根象形”，它又像“石柱”，香港大学教授陈炳良也从世界洪水神话中石头变人、石破生子、在圣石旁交合

① 李国英：《小篆形声字研究》，北京师范大学出版社 1996 年版，第 95 页。

以再造人类等情节，证实石头曾是生殖器官、力量及活动的象征①。还有人认为“象神主之形”②，此“且”即后来之“祖”。甲骨文记载先民大量祭祀占卜活动，对族类的先祖一律称“祖某”，如祖乙作，祖辛作③。其实这些解释有一点是相通的，即无论是“男根象形”，还是以“神主之形”尊称先祖，要皆与人作为一个族类的延续有关。虽然其构字量仅为34，与义符相比差距很大，但它排在声符构字量的第一位，已很能说明问题。因此，我们说汉字原型述谓隐喻了人与自然的源始关联性，并非臆想。来自自然之启示的述谓单元水、草、木、糸、土、鸟、马、火、阜、禾、日、山、石、雨和来自人类之回应的述谓单元手、心、人、女、金、邑、口、走、目、车、页、月(肉)、足、攴、示、且、京、刀、革、贝、门、网、田，正标志着人与自然之间源始述谓关系的建立。它们作为沟通人与自然之间隐喻述谓关联的字象单元，也顺理成章地成为汉字体系中构字能力最强的构件。这些意象单元以自然界域内形象关联的有机灵活性为背景，不刻意俯就某种抽象法则，必然进一步加强汉民族与自然进行述谓对话时的意象活动频率和“以象显意”“形入心通”的语义传递规程。由此也生成了整个汉语符号体系的隐喻性特质，使汉语言文化世界的符号表达始终充满与自然相契合的文化诗性。比如古代许洞命题作诗难倒九位著名诗僧，记载：“当时有进士许洞者，善为词章，俊逸之士也。因会诸诗僧分题，出一纸，约曰：‘不得犯此一

① 赵虹：《蛮野文化的追捕手——古汉字品格说》，学林出版社1991年版，第85页。

② 赵诚编著：《甲骨文简明词典——卜辞分类读本》，中华书局1988年版，第41页。

③ 赵诚编著：《甲骨文简明词典——卜辞分类读本》，中华书局1988年版，第24页。

字。'其字乃山、水、风、云、竹、石、花、草、雪、霜、星、月、禽、鸟之类，于是诸僧皆搁笔。"①这虽是一则诗话趣事，但也显示汉语符号表达机制的特征。在汉语符号体系中，上述自然物象符号是汉语诗化表征体系中最具结构及表达潜能的符号单元，去除这些表达符号，无疑阻断了汉语符号机制的诗性根基，其无法进行符号表达也是必然的了。

三、脑神经机制研究为汉字隐喻特质提供的证据

人类的思维形式可以分为两种：一是抽象的逻辑思维，一是形象的隐喻思维。逻辑思维可以使人类的生活富有条理，充满理性；而隐喻思维则使人类的生活富有创造性，充满诗意。目前脑科学、思维科学、心理学研究在大脑两半球的功能区分上基本达成共识：大脑左半球主管抽象逻辑思维，人类的口头语言、说话听话的能力归左半球管；右半球主管形象思维、直觉思维。形象思维、直觉思维即隐喻思维。

许多学者从很早就进行语言文字与大脑运作关系的研究，西方学者基本以拼音文字为对象，他们的研究结果证实拼音文字的阅读和书写均偏向左脑，属偏向左脑的"单脑文字"，西方科学家根据这些研究结果逐渐形成了"开发右脑"的理论②。中国学者则以汉字为对象进行了相关研究，心理学家刘廷芳 1921 年就在哥伦比亚大学首次对中国汉字进行实验研究，其结果表明："汉字字形对字义的影响，大于字音对字义的影响……字形所产生的联想作用，

① 毕桂发等编：《精选历代诗话评释》，中州古籍出版社 1988 年版，第 22 页。

② 李敏生、李涛：《昭雪汉字百年冤案——安子介汉字科学体系》，社会科学文献出版社 1994 年版，第 97 页。

远较字音的作用为大。”①《心理学报》1990年第2期发表《藏族、维吾尔族在表音、表意文字辨认上大脑两半球的功能特点》，其中的一个研究结论指出：“对汉字的信息处理方式，不仅有‘形—音—义’语音转录的声音编码方式（它主要是左半球的功能），也有‘形—义’的形态编码方式（它主要是右半球的功能），故此对汉字的辨认就必须大脑两半球共同参与，于是出现两半球均势作用。”②另有学者则从信息思维着眼，指出拼音文字民族主要运用脑操作系统－3，利用符号记录语言时不知不觉间抛弃了形象信息，只重视音义信息。两翼大脑有明显分工，因拼音文字未能很好开发右脑，造成了自然进化资源一半的浪费。而表意文字民族运用脑操作系统－4，利用符号记录语言时，重视形象信息形成方块汉字，形义、音义两套程序并重，两翼大脑均衡发展。因此汉字的“复脑效应”能充分利用联想、类比、形象、意会等思维模式，有效加强信息之间的交流和沟通③。

这些脑科学研究成果显示：汉字具有激发隐喻思维的优势。这也说明以“象形”或曰“象”作为重要结构要素的汉语言符号体系的文化诗性有科学的依据。当然，研究的重点应该是：汉字的优势如何在汉语的其他层级——语词、句子中被扬弃、完善，而这正是随后两章论述的重点。

---

① 何南林：《横行的英语》，齐鲁书社2006年版，第349页。

② 何南林：《横行的英语》，齐鲁书社2006年版，第351页。

③ 杨伟国：《信息思维与教学改革——对母语教育、右脑革命与幼婴教育的哲学思考》，《汉字文化》2001年第3期。

第二章　汉语语词隐喻:汉语诗性的拓展

汉字是汉语言符号体系最基础的天然单位,在历时的角度也可把汉字作为整个汉语言的发育基因,正是汉字的独具特性奠定了整个汉语符号体系的基本特征。古代并没有词这一概念,只有字与句,二者的关系,自由、松散、灵活,所谓"因字而生句"就是对这一关系的典型体认。如果把词看作汉语中位于字与句之间的一个符号单元,其构成规律也必然与印欧语系语词差别极大。汉语词结构的根本特征是"非形态化",不像印欧语系语词那样借助词缀的形态变化构词。汉语句是"积字而成",而词作为微缩的"句",也是"积字而成"。这样词就在一个话语结构的层次上,拓展了汉字"比类合谊""取譬相成"的结构规律。也就是说汉语词形由不同字象单元组合为一个小型话语结构,词义则是不同象义单元借助这个话语结构而生成。这样汉语词就有两种可能的组合方式:一种沿日常语言、科学语言的逻辑方向,词义由字义在零度平面的述谓连接而成;一种沿隐喻思维的方向,词义通过形象组合,由非零度平面的隐喻跨越生成。而身体之维、大地之维、结构之维就构成了词义隐喻跨越的三维。尽管在语言的长期使用中隐喻词不断遭遇耗损磨蚀,但由于汉语词特有的话语结构规律,在一个变换的视野下,仍能体验汉语词符号机制中极易召唤出的触目的诗性。

第一节　西方基本隐喻原则再检讨

一、述谓与意义

关于隐喻，亚里士多德有一个经典的概括："用一个表示某物的词借喻它物，这个词便成了隐喻词，其应用范围包括以属喻种、以种喻属、以种喻种和彼此类推。"①用另一种更准确的定义表述，则为："隐喻就是把一个事物的名称转用于另一个事物，要么从种转向类或由类转向种，要么根据类比关系从种转向种。"②后来西方漫长的隐喻界定历程都是对这一定义的转述或扩展，如 Holman Hugh 认为隐喻是："一种隐含的类比……它以想象方式将某物等同于另一物，并将前者的特性施加于后者或将后者的相关情感与想象因素赋予前者。"Northrop Frye 认为隐喻是："希腊语的'转换'……将某物运过去。故隐喻将某物视为另一物。"Alex Preminger 认为隐喻是："一种紧缩的语词关系，其中某一观念、意向或象征可能通过另一(些)观念、意向或象征的存在而提高含义的生动性、复杂性或广度。"M·H·Abrams 认为："在隐喻中，本义指示某一事物、行为的语词或表达，被应用于另一明显不同的事物或行为而并不自认为是比较。"George Lakoff 认为："在当代隐喻研究中，'隐喻'一词的用法已有所不同。如今它意谓'概念系统中的跨领

---

① 〔古希腊〕亚里士多德著，陈中梅译注：《诗学》，商务印书馆 1996 年版，第 149 页。

② 〔法〕利科著，汪堂家译：《活的隐喻》，上海译文出版社 2004 年版，第 8 页。

域映射'。"[①]根据以上定义，可把隐喻的基本原则归结为：隐喻是一种意义的转移与更新，而进行转移与更新的前提是各个单元必自身携带意义，并由此进入一种述谓过程。如利科认为："隐喻要按照活动来定义。"[②]"被转移的意义是从别的地方来的。"[③]迪马尔赛指出："正是通过形象，名词（我宁可说单词）的字面意义被转嫁给只有通过内心比较它才可能获得的另一种意义。"[④]这里对"活动""从别的地方来""内心比较"等的强调，实即意味着只有在述谓过程中，才能发生意义的交锋与碰撞、亲和与拒斥及转移与更新。

而最源始的意义传递，必定发生于人与自然之间。人觉醒的意识刚萌芽，就把自己与自然置于一种述谓框架，自然以其自身的全部神秘与生动启发着人类，而人类也以自身全部强旺的感觉回应着这一启示，进入为自然命名的过程。如卢梭所说："人们不是从推理开始而是从感觉开始。"[⑤]这是一种本体性的述谓方式，这种述谓方式的基本单元是感觉带给心灵的一种意象（印象）。其表义过程虽不明确、直接，但以人类的强旺的感觉力为述谓背景，必然富有启示性，因此是隐喻式的。如弗莱伊所言："我们在文学经验的源头找到神话和隐喻，这是同一本体的两个方面。……隐喻中，

① 张沛：《隐喻的生命》，北京大学出版社2004年版，第2页。

② 〔法〕利科著，汪堂家译：《活的隐喻》，上海译文出版社2004年版，第14页。

③ 〔法〕利科著，汪堂家译：《活的隐喻》，上海译文出版社2004年版，第17页。

④ 〔法〕德里达著，汪堂家译：《论文字学》，上海译文出版社1999年版，第399页注1。

⑤ 〔法〕德里达著，汪堂家译：《论文字学》，上海译文出版社1999年版，第398页。

往往既涉及人的事情，又涉及与自然环境有关的事；我们理应意料，它是出现于古代社会人类最缺乏自我意识的年代，当时人们并不清楚或并不始终清楚主体与客体有什么区别。”①德里达曾指出：“在经验中或语言中不存在先于隐喻的东西。”②因此我们的确可以这样设想：“在我们人类的历史上必然且确实有过这样一个时期：那时，任何超出日常生活的狭隘视野的思想都非得凭借隐喻手段才有可能表达出来。”③

随着人类语义空间的不断扩大，人类就进入以语言为中介的述谓模式中，人类与自然的源始述谓活动就退居于一种隐性的背景。以语言为中介的述谓有两种模式：一种是逻辑的述谓方式，这是日常语言、科学语言的表达策略；一种是隐喻的述谓方式，这是诗歌语言的表达策略。逻辑的述谓方式，以工具化、技术化的方式对自然进行解蔽。在使语言变得透明时，也使自身与源始述谓越来越隔膜，从而把言说主体越来越牢固地置于语言的技术座架中，“把我们引向一种与物的单纯联系——人对物，以及人对人的统治、探索、控制的联系”④。而“隐喻便是逆逻辑而行的”⑤，隐喻的述谓方式在对逻辑述谓的悬置中，力图在更高的层次上，恢复人与

---

① 〔加〕弗莱著，吴持哲译：《神力的语言——“圣经与文学”研究续编》，社会科学文献出版社 2004 年版，第 78 ~ 79 页。

② 〔法〕德里达著，汪堂家译：《论文字学》，上海译文出版社 1999 年版，第 401 页。

③ 〔德〕卡西尔著，于晓等译：《语言与神话》，生活 · 读书 · 新知三联书店 1988 年版，第 104 页。

④ 李钧主编：《二十世纪西方美学经典文本 · 第三卷》，复旦大学出版社 2001 年版，第 650 页。

⑤ 〔加〕弗莱著，吴持哲译：《神力的语言——“圣经与文学”研究续编》，社会科学文献出版社 2004 年版，第 79 页。

自然的源始关联。“每个隐喻都是一首小型的诗,而一首诗则是一个巨大的、连续的、持久的隐喻”①。“通过作为言论能力的象征、隐喻,开始在语言中构造人类深刻而广阔的存在”②。在印欧语系语言中,语言的基本单位是多音节词,在以语言为中介时,其携带意义的最小单位都是语词,其述谓活动必定发生在话语或更准确地说发生在句子的层级上。“隐喻的提出,至少必须有一种能使两个词互相对立起来的言论的要素……要谈论的不是隐喻词,而是隐喻陈述……也可以说,正是在论断性的使用中,词自身转变成了隐喻”③。

总之,作为隐喻,它是意义之间的协商与争论,而协商争论的场所是一个述谓。对失去了形义关联的拼音文字来说,隐喻述谓必须落实在话语或句子上。因此所谓“词典中没有隐喻”,即指拼音文字的词(word)本身内部,没有发生意义交锋的空间,意义的交锋只能在词之外进行。一个孤立的多音节词,只是抽象赋义的逻辑化技术化的产品,它必须制造与自身之外其他意义的“争端”,否则不会获得隐喻的身份。语言本身的诗性也有两种境界:一种是外向的,需要艰巨的紧张与刻意的追寻;另一种则浸润于诗性的同在,所谓“不取诸邻”“俯拾即是”“与道俱往,着手成春”。而汉语言大概就属于后一种。

① 李钧主编:《二十世纪西方美学经典文本·第三卷》,复旦大学出版社2001年版,第646页。

② 李钧主编:《二十世纪西方美学经典文本·第三卷》,复旦大学出版社2001年版,第648页。

③ 李钧主编:《二十世纪西方美学经典文本·第三卷》,复旦大学出版社2001年版,第646页。

二、字象与另类述谓

汉字独演人类文字的象形根基,象形文字是一种诗性的文字,借助形与义的直接关联,成为人与自然本体性隐喻述谓的见证。如果说汉字字象的象形阶段是一种原型式的隐喻述谓,那么在其随人类思维的进展进入指事、会意、形声阶段时,仍充分发挥了隐喻性的创造力量,但已属于话语述谓。称其为话语述谓乃因为每一字象实即一个转化为空间有机形体的话语结构。说它是一个话语结构,是因为在一个字象中发生了不同意义单元的结合。指事字、会意字、形声字皆由两到数个字象构件组成,而每一字象构件都是一个意义单元,即所谓形义结合体。这种不同意义单元的结合已经具备了话语述谓的最基本条件,所以一个字象就是一个话语述谓事件。但这种话语事件,没有基本的逻辑语法关联,它以一种意象层面的深层相似性为制约,诉诸想象力的思维跨越,来更新"汉字"的地平线①,故这种话语述谓必然是隐喻的。而真正构成汉语独特性的还在于这一话语事件不再是线性的,它是一个空间展现的多向量的有机字象整体。这样就把话语的时间性转化为空间性,化合视听觉的综合创造性,把话语事件转化为话语形象。正是在这双重意义上,我们称每一个字象就是一个隐喻的具有空间有机形体的话语结构。

汉字字象作为汉语言的最小的自然单位,也是述谓的最小层次,述谓活动是一种语言现实化的基础条件。汉字的这一特征集中展现了汉语言的特征。整个汉字体系基本可以描述为一个从象

---

① 李钧主编:《二十世纪西方美学经典文本·第三卷》,复旦大学出版社2001年版,第649页。

形开始，借助字象的话语隐喻述谓，而层层生成的过程。这一点古代学者早已认识，只是表达术语不同而已。如清代学者王筠在《文字蒙求》一书中写道："苟于童蒙时，先令知某为象形，某为指事，而会意字即合此二者以成之，形声字即合此三者以成之，岂非执简御繁之法乎？"①此正显示了汉字符号的象形演历，实即一层层生成的创构过程。既然属于意义单元之间的结合，它就可以被看成一个述谓过程。这一实质性的述谓活动，不依赖逻辑的语法关联，只能是隐喻式的。它不发生于句子的层次，只发生在单个的字象上，这样我们就有足够的理由，把字象的话语隐喻述谓称为另类述谓。

三、中西语言隐喻述谓层次的简单比较

拼音文字过滤掉了人类诗性文字的象形根基，尽管一些学者考证出拼音字母诞生之初尚保有与自然的一些联系，如 A 为牛，B 为房屋，H 为篱笆，M 为水，N 为鱼……②但当它们作为记音字母，成为拼音文字的构件时，就彻底抛弃了这些源始的自然意义，割断象形根基，变成空洞的技术性符号。"文字的拼音化自它产生之日起就必然会掩盖其自身的历史"③，"文字能指始终具有技术性和典型性。它没有构造的意义"④。对拼音文字大唱赞歌的黑格尔也写道："可以听到的或时间性的东西，可以看见的或空间性的东西，

---

① （清）王筠：《文字蒙求》，大东书局民国二十二年（1933）版，第 1 页。

② 〔俄〕伊斯特林，左少兴译：《文字的产生和发展》，北京大学出版社 2002 年版，第 250 页。

③ 〔法〕德里达著，汪堂家译：《论文字学》，上海译文出版社 1999 年版，第 3 页。

④ 〔法〕德里达著，汪堂家译：《论文字学》，上海译文出版社 1999 年版，第 15 页。

各有自身的基础，并且它们首先具有同样的价值；但在拼音文字中只有一种基础，并保持特定的关系，即有形的语言仅仅作为符号与有声的语言相联系。”①因此以拼音字母记录的文字，内部只是一个不透明的封闭的语音实体，缺乏意义活动空间，意义的化生与创造只能向身外寻求，所以隐喻述谓只能发生于句子、话语层次。而汉字独演象形根基，每一字象就是一个透明开放的形音义结合体，内部是一个形义活动空间，凝结了一个人生场景。如近代启蒙思想家梁启超曾很有卓见地指出：“冥想先民生活之程度、进化之次第，考其思想变迁之迹象，而覆按诸其表此思想之语言文字，泥然其若有爪印可寻也……循此法以求之，则世人所目为干燥无味之字学，将为思想界发一异彩焉。”②因此在一个字象内同样有意义的化生与创造。所以汉语言隐喻述谓的最低层次是单个汉字，汉字隐含了全部汉语的秘密，也是汉语诗性发展的逻辑根基。

第二节　汉语词隐喻述谓展开的几点铺垫

一、汉语词能否成为论题展开的一个层次

汉语言的诗性特质，也就是它所独具的隐喻特色。诗性话语最突出的特征就是它的隐喻性，而一种语言本身的隐喻性特质则为它的诗性言说源源不断地提供力量。从人与自然的源始关联出发，中西语言都有一个本体性的隐喻述谓层，这一本体性的隐喻述

---

① 〔法〕德里达著，汪堂家译：《论文字学》，上海译文出版社 1999 年版，第 34 页。

② 潘文国：《字本位与汉语研究》，华东师范大学出版社 2002 年版，第 108 ~ 109 页。

谓反映在原始的语言及原始的象形文字上。但印欧语系语言从拼音文字诞生，就把这一源始的隐喻层割断了，“音节是没有意义的声音”①。在印欧语系语言的最基础层——语词——这个多音节的实体上，大部分单音节不携带意义，也不是言语活动的现实的单元，意义之间进行隐喻创生的活力相当欠缺。虽然大部分英语词都可以分解为词根、源词、词缀等结构成分，而词根、源词、词缀也都具有符号意义，但与汉语词相比仍有质的差别。词根或源词可以看作现实的话语单元，但与它们结合的词缀则否。词缀无疑有一定的符号意义，但这是一个抽象程度极高的逻辑化技术部件，它与词根或源词的结合不是通过灵动的话语结构，只是技术化的形态缝合。汉语言的隐喻诗性则完整地保留了从本体隐喻到话语隐喻的生成脉络，经由象形的原型隐喻述谓，到指事、会意、形声的话语隐喻述谓，汉语言完成了字象层的隐喻发育，将顺利到达下一个层次，这一个层次便是语词。

但汉语言有没有词这一层次，在目前学界还是一个引起争论的问题。英语言的天然单位是 Word，通常将其译为词，但“与英语不同的是，汉语中的词也是分析出来的，不是天然的。汉语经过几千年的发展，都没有发现相当于英语中的 Word，即‘词’这个单位”②。最早提出字词之分的是章士钊。他在《中等国文典》里第一次提出了后来成为汉语语法基础的词概念：“句，集字而成者也……是一字可为一词，而一词不必为一字。泛论之则为字，而以文法规定之则为词，此字与词之区别也。”而从那以后的汉语语法

---

① 〔法〕利科著，汪堂家译：《活的隐喻》，上海译文出版社 2004 年版，第 10 页。

② 潘文国：《字本位与汉语研究》，华东师范大学出版社 2002 年版，第 105 页。

著作,“包括王力、吕叔湘、高明凯三大家的著作,无不开宗明义,在书的一开头,先提字词之分,作为研究汉语语法之先决条件”①。但时至今日,连一些大家也对词这一问题感到困惑。如吕叔湘在20世纪80年代提出:“语言的单位,常常讲到的有词、短语、句子等等。这些是语法学家们用的名目,一般人脑子里大概只有‘字’和‘句’。词在欧洲语言里是现成的……汉语恰好相反,现成的是‘字’……汉语里的‘词’之所以不容易归纳出一个令人满意的定义,就是因为本来没有这样一种现成的东西。”②赵元任认为:“‘字’这个名称……将和Word这个词在英语中的角色相当。也就是说,在说英语的人谈到Word的大多数场合,说汉语的人说到的是‘字’。”③

其实如果抛开语法学家们的这些纯学术的争论,从汉语的话语事实及人们已经接受的惯例出发,应当给予位于汉字与句子之间的述谓单位以应有的注意,至于以什么来命名倒是次要的。即便以“词”来代表这一类的述谓单位也未尝不可。汉语言的隐喻述谓从字象层进入语词层,这些语词多为双音节、三音节、四音节等,以音节数目衡量与英语的Word有些相似。汉语言是单音孤立语,音节皆有意义,一个音节实即一个汉字,汉语的词虽也是多音节,但不是一个封闭的语音实体,而是一个开放的意义组合,一个开放的述谓单位,是汉语隐喻诗性的又一展现层次。因此我们把语词作为一个论述的层次,主要着眼于在汉语言中有相对独立性的位

---

① 潘文国:《字本位与汉语研究》,华东师范大学出版社2002年版,第105页。

② 潘文国:《字本位与汉语研究》,华东师范大学出版社2002年版,第106页。

③ 潘文国:《字本位与汉语研究》,华东师范大学出版社2002年版,第113~114页。

于字与句之间的述谓单元。

二、从字母到形态化——印欧语系语言经济化原则的形式扩张

把语词确立为汉语的一级单位，主要着眼于汉语现代化以来语言演变及语言研究的实际，也和人们已经接受的语言教育事实相一致。而且对于任何一种语言而言，必须具备基础的话语构件，“要说话，必须说到东西、动作、品质，也就必须有和它们相应的符号，独立的词或根本成分”①，这是语言的具体家当。对印欧语系语言来说，word 即词构成了最基础的话语构件，而对汉语来说，把基础构件仅限于汉字显然是不够的。因为在实际的话语交际中，与印欧语系 word 相类似的一些双音节、多音节单元已成为相对固定的语义单元，在形式上完全可以把它称为词。但语言的基础构件不能是无限的，人类没有能力也没有必要为任何一种现象命名，否则符号这一引领人类智慧飞跃的工具，就会成为一个负担。它必须遵循经济化原则，这是语言的基本原则之一。语言的基本秘密就是：“从有限数目的符号组合中构造出无数的意义。”②或如洪堡所说：“有限工具的无限运用，这就是言语的力量。”③语言的这一基本原则其实也是隐喻——话语诗性之特征形成的基本前提和动力。但不同语言都有各自的经济化原则，既保证掌握运用的简易性和有效性，又可以限制语词的无限扩张。经济化原则在语词这

① 〔美〕萨丕尔著，陆卓元译：《语言论——言语研究导论》，商务印书馆1985 年版，第 82 页。

② 李钧主编：《二十世纪西方美学经典文本 · 第三卷》，复旦大学出版社 2001 年版，第 638 页。

③ 李钧主编：《二十世纪西方美学经典文本 · 第三卷》，复旦大学出版社 2001 年版，第 639 页。

一层次主要就是语词的构造模式。印欧语系语词的构造模式主要为技术性形态化模式，这一模式极大地限制了现实的语义单元在语词这一层次的传递交流，这也意味着它在词语这一层次隐喻的施展空间很小。

简单来说，印欧语系语言经济化原则的第一步就是几十个拼音字母的发明。几十个记音符号拼写出一种语言，经济化原则发挥到了极致，但显然这是技术才能的超强发挥。技术化的下一步就是形态构词法。形态构词法即通过形态变化构词，分"构词形态"与"构形形态"两类①。所谓构词形态，实即构词的词缀，分前缀、中缀、后缀，并且他们都是黏着语素，也叫派生语素，一般是能产的，具有较强的构词能力。如后缀 - able 可以自由地用来与动词结合，构成包含该动词意义和 - able 意义的形容词，该规则可表述为"verb + able = able to be verb - ed"②。"英语中有个表示'not(不)'的语素，其形式为 - un，当它与……形容词相结合时便构成这些形容词的反义词，或者说是对这些形容词的否定……规则可表述为 un + adjective = 'not - adjective'"③。另外像后缀 - er 加于动词的后面构成名词，表示"动作者"，其构词能力也很强，还有其他后缀如 - ity、- th、- en 等。所谓构形形态实即屈折变化语素，主要取决于句法规则，有性、数、格、时、体、语态、语气、比较级、人称和词性等等的变化，"有了这些变化，一个词（或词组）常常可以

① 连淑能：《英汉对比研究》，高等教育出版社 1993 年版，第 2 ~ 3 页。

② 〔美〕弗罗姆金等著，沈家煊等译：《语言导论》，北京语言学院出版社 1994 年版，第 140 页。

③ 〔美〕弗罗姆金等著，沈家煊等译：《语言导论》，北京语言学院出版社 1994 年版，第 141 页。

同时表达几种语法意义"①。而无论是派生语素,还是屈折变化语素,都不是能够独立地在现实的言语环境中应用的单元,而且不具有形义的直接生成性。他们仅仅以非常抽象、概括的形式规定了词义延伸的逻辑方向,这是在原词基础上的一种形式扩展。这种扩展并没有打破拼音文字作为一个声音整体的封闭空间,只是这种封闭空间在数量上的增加。语素这种极抽象的符号形式,大大扩展了他们各自的能产性,但并不具备基本的述谓价值,显然是一种很形式化、技术化的策略。这种符号组合方式只是人类思维抽象的技术成果,不可能为隐喻得以生成的意义交锋提供活动空间。因此印欧语系语言的经济化原则基本上是由几十个字母和一些抽象语素作为有限工具,然后进入词汇的急剧扩张,以新词汇的不断的大量的制造,来应付人类不断扩大的意义空间。这一基本路线可概括为:由简入繁,然后以繁驭繁。拼音文字的发展基本上是一个不断否定,不断扩张的模式。一份英汉文字跨时空可读性之比较的材料显示,古英语(公元 450 年至 1150 年)书写的文献和文学作品对今天的英语读者来说无疑是"天书",中古英语(公元 1150 年至 1500 年)与现代英语(公元 1500 年到现在)仍存在一个较大的阅读断层,"据统计,1930 年版的英文《圣经》与 1960 年版的《圣经》相比,约有 50% 的单词在拼写上有差异"②。拼音文字是对语音的记录,由于语音在语言各要素中变化最快,而记录语音的英文为适应这些变化,就必须在拼写上做出相应的改变,拼写的改变意味着词的读音及文字的彻底改变。而且英文词汇的扩张也十分惊

① 连淑能:《英汉对比研究》,高等教育出版社 1993 年版,第 4 页。

② 林汝昌等:《英汉文字比较实验报告》,见《汉字文化》,1998 年第 1 期。

人,“西方拼音文字在适应日新月异的社会发展中……新词猛增,人们的记忆负荷不堪承受,据统计,目前英语单词已达五十多万”①。“汉语较少存在完全属于某一专业的词汇。与此相反,当代英语的词汇量已逾六十多万,且新词与旧词联系不甚紧密或根本就没有联系,词汇的专业性极强,仅就词汇而言,就能让人产生‘隔行如隔山’之感”②。急剧扩张的词汇,不可能给隐喻留下太多施展的空间。印欧语系语言在词汇这一层次,基本词汇的语义,以人为的约定赋义来解释最合理,在此基础上的扩张也是思维技术化、逻辑化的努力。

当然,作为一个事实,在印欧语系词汇中有些词汇的构成使封闭的语音实体产生了裂隙,这就是复合构词。复合构词是通过将词串联起来构成的。把词串联起来,实即把两个意义放到一种述谓关系中,客观上造成了一种意义张力。如 headstrong(任性的)由 head(头)和 strong(强壮的)这一述谓关系生成,highborn(出身高贵的)等于 high(高)加上 born(出生),turncoat(叛变者)等于 turn(反转)加上 coat(大衣),highbrow(自以为有高度文化修养的人)等于 high(高)加上 brow(额头),egghead(知识分子)等于 egg(鸡蛋)加上 head(脑袋),bigwig(名人、要人)等于 big(大的)加上 wig(假发套)。这些语词意义的生成,靠把两个意义单元并列,在述谓关系上,相对悬置印欧语系语言的语法逻辑。当然即便是两个语义单元的非语法连接,也可能蕴涵着日常逻辑的勾连,并非一定就可归于隐喻,但这种构词形式打破了印欧语系语词的封闭性,这就有可

---

① 李秀琴:《从中西文字体系看汉字文化与中国人的思维方式》,见《中国哲学史》,1998 年第 4 期。

② 覃学岚:《汉语的地位及其发展方向新探》,见《汉字文化》,1999 年第 1 期。

能产生一种隐喻式的跨越。这种现象的出现不妨看作对汉语词述谓模式的呼应。

三、从象形到非形态化——汉语言经济化原则的内涵式生成

“有限工具的无限运用”是语言经济化的基本原则,否则符号超重,将使人类寸步难行。就对有限工具的选用来说,作为汉语言最基础的工具是象形文字,这第一步选择似乎过于笨重,不及几十个拼音字母简捷便利。但它是人类最自然的选择,而且唯其自然,似乎也就不见选择的痕迹,所谓“未尝作也”。唯有深味汉字神韵,才能有此体会,我国第一本普通语言学著作的作者胡以鲁,在1923年就很有远见地指出:“吾国文字何为而作者?曰自然发生,未尝作也。缘何而自然发生乎?曰绘画也而适于用,习用之而形态简略,遂发达而为文字耳。故吾国文字发生之当时,代表事物之本体,非直接代表特定音声也。”①汉语言的有限工具便从象形出发,来摹写汉语言体系。著名学者钱穆曾在《中国民族之文字与文学》一文中指出:“故谓中国文字与语言隔绝,实乃浅说。”②从语言的述谓实质看,汉字与拼音文字相比,与语言的关系更为密切。其证据即在汉字非一封闭的语音实体,而是一个开放的意义空间,故在字象这一最小单位就隐含了语言单元的意义连接——这最基本的述谓前提。因此汉字的增生,从象形根基出发,就充分发挥了汉语言话语隐喻述谓的转换生成功能,未向字的无度膨胀发展。钱穆先生对此有一个很好的对比:“就英文言,其普通字书,所收单字,

① 潘文国:《字本位与汉语研究》,华东师范大学出版社2002年版,第32页。

② 钱穆:《中国文学论丛》,生活·读书·新知三联书店2002年版,第3页。

常逾四五万。而回顾吾国，则三千数百年以前，即就贞卜文字言，已有四千字之多；乃秦汉一统，都其文字，不过三千三百……民国以来，《中华大字典》所收四万余字。然亦备存体制，非关实用。至于今日社会俗用，则一千二百字便绰有余裕矣。”①因此，汉语言的语言经济化原则可概括为：由繁入简，以简驭繁，借助内涵式的生成机制，应对语义空间扩展的要求。而之所以能够做到这一点，是因为汉字符号组合方式，固然有人类的技术化努力，但它是从人类本体性隐喻述谓符号自然发展而来，充分发挥语言自身的转化生成潜能，不以技术化的细致精密为追求目标，而以“进乎技”的道境为形而上统摄，字象内部的语义空间是开放的，天然具有话语述谓的潜质，一个字象就是一个凝缩的话语述谓事件。这一特点在进入语词层时，就更以显性方式呈现出来。也就是说在语词层面汉语的构词不求助于形态变化，而直接通过汉字的自由组合而实现。刘勰在《文心雕龙·章句》中关于字与句的关系论述：“句者，局也。局言者，联字以分疆……夫人之立言，因字而生句。”在字与句的关系上，强调“因字而生句”，“句司数字，待相接以为用”。没有词的位置，也没有强调逻辑语法关系在句子中的作用，只大而化之以“相接以为用”。这种对语法的悬置，正为另类“语法”——隐喻的思维跨越留下了空间。大学者黄侃在《文心雕龙札记》中进一步申述字与句的关系，“结连二字以上而成句”②，“其实句中字数，长短无恒”③。“凡句必须成辞，集数字以成辞，字与字必相比叙也”④。

---

① 韩复智编著：《钱穆先生学术年谱（卷三）》，中央编译出版社 2012 年版，第 859 ~ 860 页。

② 黄侃：《文心雕龙札记》，华东师范大学出版社 1996 年版，第 159 页。

③ 黄侃：《文心雕龙札记》，华东师范大学出版社 1996 年版，第 183 页。

④ 黄侃：《文心雕龙札记》，华东师范大学出版社 1996 年版，第 182 页。

从这些论述中我们大体可以得到的信息是“句”——这个各种语言中必须存在的最基本的述谓结构，在汉语言中其构成十分灵活，一字、二字、三字及至数字不等。这也可向另一方面引申，述谓结构在汉语言中可存在于多个层次，从字到词及至句。虽然古代一般不言“词”这一级单位，但作为“意内而言外”的形式表现当然可以是一字或由几个字构成的所谓现代语言单位“词”。况且“局言者，联字以分疆”，“分疆”之单位，不必尽属于“句”。句必成辞，“集数字以成辞”，成辞之单元也不必一定与“句”相等，而以“词”来指代位于“字与句”之间的述谓单位也就顺理成章了。如果说一个字象隐含了在几个形义构件之间存在的话语隐喻述谓结构，需要通过释读才能把它凸显出来，那么，在词这一层级，一个词，就是几个字在一个述谓结构中生成的。它既不诉诸形态化的技术扩张，又最大限度地淡化了语法逻辑的关联，同字象一样，充分展现了自身的隐喻潜能。

第三节　汉字之单音与语词隐喻

一、汉语言与源始诗性语言又一隐含的关联

现代人类学的一些研究已经揭示，原始语言基本的诗性特质主要在于他们总是倾向于“绘声绘影”地说，用现代语言来说即他们倾向于形象化表达，特别钟情于感性世界。在原始文化世界，感性世界还不曾被人类的知识推理祛魅，远不像在现代人类知识网络中那般透明，它充满了神秘的隐喻氛围，而形象化正是完成隐喻表达的最直接的述谓媒介。每一个感性形象，在人与自然的原始述谓关联中，似乎都有某些神秘的所指，都把表达意向指向一个更

为广阔的领域。"在他们的表象中,感性世界与彼世合而为一。对他们来说,看不见的东西与看得见的东西是分不开的……因此,彼世比现世更完全地控制着他们的精神,它引导着他们的意识避开对于我们所说的客观材料的推理"①。"看得见的东西"以一种相似性直接关联着"看不见的东西",感性的现世直接就是神秘彼世的显示,这是一种直觉的把握,一种隐喻式的跨越,还没有逻辑的推理。原始的语言世界是一个诗意的世界,其思维是隐喻式的,其表达同样是隐喻式的,一切充满了感性的光辉与神秘的恐惧。恐惧与惊奇是原始诗意的必要构成成分,"它们不是真正的表象,它们表现着,或者更正确地说,它们暗示着原始人在所与时刻中不仅拥有客体的映象并认为它是实在的,而且还希望着或者害怕着与这客体相联系的什么东西,它们暗示着从这个东西里发出了某种确定的影响,或者这个东西受到了这种影响的作用。这个影响时而是力量,时而是神秘的威力"②。

"一般地说,隐喻构成全世界各民族语言的庞大总体"③。这种隐喻式的诗性表达,具体反映在原始语言上,主要是两大特点,文字上的表现是象形,象形构成了人与自然本体性的源始隐喻关系。自然物象不仅是源始述谓的表达媒介,而且以可感知性自然化解人类渴望开拓符号空间、表达意义时的紧张。语音上的表现是单音节词占据重要地位。布留尔与维科都揭示了原始诗性语言的这一特点。如布留尔在《原始思维》中关于隆加语这样写道:"有

① 〔法〕布留尔著,丁由译:《原始思维》,商务印书馆 1981 年版,第 376 页。

② 〔法〕布留尔著,丁由译:《原始思维》,商务印书馆 1981 年版,第 27~28 页。

③ 〔意〕维科著,朱光潜译:《新科学》,商务印书馆 1989 年版,第 226 页。

'一些词……它们通常都是单音节的词。土人们借助这些词来表现由某种景象、声音或观念使他们引起的突然的直接印象,或者描写什么动作、幻影、闹声。只要听到几次黑人们的那种完全自由的、无拘无束的谈话,就可以发现他们拥有的这一类的词多得多么惊人……正是在这种绘声绘影的语言中反映了种族的天性灵活而机敏的智慧……这是比较拘束的语言所不能表现的'。"①维科在《新科学》中也提出了原始语言的单音词特点:"人的文字有些是由惊叹词形成的,惊叹声是在强烈情感冲动之下发出来的。在所有的语种里惊叹词都是些单音词……他们接着就形成代名词,因为惊叹词发泄个人自己的情感,而这只要他自己一个人就行,但是代名词却用于跟旁人分享我们的意思……代名词在一切语种里大半(即使不是全体)也是些单音词。"②"小品词稍后形成,其中大部分是前置词,它们几乎在一切语种里也都是些单音词……名词是逐渐形成的……我们列举了很多在拉丁区域生长起来的名词,从拉丁人野林生活开始,经过乡村生活到最早的城市生活;它们都由单音词形成……日耳曼语是一种母语,其中词根全是单音的……最后,语言的创作者才形成动词,就像我们看到儿童们说出名词和小品词,把动词不说出而让他人意会……统摄一切同类事物的动词——例如 sum(be)之于存在,一切实体或本质,这也等于说一切玄学的题材,都可归入存在,休止的 sto(站),运动的 eo(行)可以统摄一切物体,do(给,与)dico(说)和 facio(做)可以统摄一切可行的动作;无论是伦理的,经济的还是政治的。这类动词一定先从命令

① 〔法〕布留尔著,丁由译:《原始思维》,商务印书馆 1981 年版,第 160 页。

② 〔意〕维科著,朱光潜译:《新科学》,商务印书馆 1989 年版,第 230 ~ 232 页。

语开始……这类命令语全是些单音词"①。这两位学者的研究都揭示了原始语言的单音词特性,那么这一特性的价值在哪里呢?按布留尔的看法,单音似乎更适于"绘声绘影"地说,而维科则概括地指出"各民族以上述方式形成了诗性的语言"②。他们虽没进行更细致的分析,但都肯定地暗示了单音与语言诗性的密切关联。

因此,汉语言不仅在文字上独演原始文字的象形根基,而且在语音上,也承续了原始诗性语言的单音节特征。学贯中西的林语堂曾指出中国字的最大特征是在于单音节③。而汉语言所以能独演文字的象形根基,在此也有了一种语音上的解释。古埃及、苏美尔古文字都没能把象形根基流传下来,除了历史的、社会的、政治的原因外,语言的多音节也是一个根本的制约因素。象形文字以空间形体表义,根本特质在于诉诸思维直觉瞬间整体的把握。多音节则必须在一定时段的时间流程中才能把意义表达出来,形体的空间感与声音的时间感是一对无法解决的矛盾,最终也只能抛弃文字的象形性,以"失掉一半的根基"为代价,从而选用时间感能较易与多音节契合的拼音文字。但汉字单音节瞬间表义的时间感与象形文字的空间感达到了最高度的契合。象形与单音节——这一对人类原始诗性语言的根基,在汉语言中才找到最适合其发育的环境,而汉语言隐喻特质的生成最终也归于这一根基。

---

① 〔意〕维科著,朱光潜译:《新科学》,商务印书馆 1989 年版,第 232 ~ 233 页。

② 〔意〕维科著,朱光潜译:《新科学》,商务印书馆 1989 年版,第 234 页。

③ 见陈振濂:《空间诗学导论》,上海文艺出版社 1989 年版,第 52 页。

二、单音与“1”结构模式对汉语体系的影响

汉字在象形与单音这两个关节点上，都继承了原始诗性语言的特征，但并不能由此得出汉字乃一种落后文字的结论。就人类与语言的原始起源看，象形、单音是一种最自然的选择，同时也是无奈的选择。从体质人类学的研究看，人类的发音器官也是一个逐渐进化、不断完善的过程。由于生理器官的限制，原始的人类还无法发出多音节的声音，只能以笨拙的单音来表达自身揖别猿类的惊喜，“各族人民的这第一首歌是自然地从发音困难引起的……从原因来说，这些原始人的发音器官纤维很僵硬，只能发出很少的音”①。但这只是人类语言符号能力初期的状况，是语言作为一种最高级的符号体系刚刚萌芽时期的状况。而一旦语言作为一种符号体系已经完善成熟，则不论其载体表现为单音、象形，还是多音节、非象形，都是人类的高级符号体系，都显示了人类思维能力的发达。虽然具体思维方式有差异，但并不能以高与低、落后与先进来评价，“在诗人们已经用联系个别特殊的意象来形成了诗性的语言之后，各族人民接下去就把诗性语言已联系起来的那些部分压缩成一个单独的字……这是需要绝顶天才的一项艰巨工作”②。

但从另一方面看，既然唯有汉语言把原始语言的诗性根基承续下来，并使之完善、发育成熟，也就必然形成自己独有的诗性潜质。诗性、隐喻的独特价值，就在于它以独特的语言方式，跨越日常语言无法跨越的常识、技术障碍，描述、开辟一个新的境界。只

① 〔意〕维科著，朱光潜译：《新科学》，商务印书馆 1989 年版，第 236 页。
② 〔意〕维科著，朱光潜译：《新科学》，商务印书馆 1989 年版，第 235 页。

有自由的语言才能构造一个自然灵动的符号空间。原始诗性语言以象形、单音的笨拙，显示了一种“无拘束的语言”的自然状态，但这种所谓的自然状态，实为受生理特质约束的无奈表现。而汉语言则是在一种自由状态下展现了诗性语言的自然面貌，是象形、单音历经充分发育、自我扬弃之后的逻辑回归。因此汉字最基础的天然单位——单音单字——本身可被看作整个汉语言体系的一个隐喻。正是基于对汉语言单字、单音这一特点的认识，徐通锵提出了汉语言的“1”结构模式。他认为语言是现实的一种编码体系，是人们认知现实、进行交际的工具。不同的语言都具有这样的性质。正是由于这一共同性质，不同类型的语言的结构基础或结构常数都是一个“1”，它决定控制着语言的基本结构面貌。不同语言的差异主要决定于这个控制语言各子系统的“1”处于哪一个结构层次上。汉语的“1”以“字”的结构规则为基础①。他认为“字”不光是文字的问题，而且也是一个语言问题，它不是单层次的结构，而是语音、语义、词汇、句法的交汇点。汉语字的结构基础是一个“1”，而结构格式就是 1 ×1 =1，如 1 个韵头 ×1 个韵腹 ×1 个韵尾 =1 个韵母，1 个声母 ×1 个韵母 =1 个音段，1 个音段 ×1 个声调 =1 个音节，1 个音节 ×1 个概念（意义单位）=1 个字。其实徐通锵的这个“1”模式，还可以加上几组：几个字象相乘等于一个字，1 个形符 ×1 个声符 =1 个字，一个述谓组合等于一个字。而汉语就是以“字”音型中的“1”为基础，直接编出语言中的“码”，汉字属于直接编码型的语言。而且“由于‘字’的音型短，音位的组合规则简单，它的功能负荷得到最充分的发挥，因而能直接编出来的‘码’

① 李瑞华主编：《英汉语言文化对比研究》，上海外语教育出版社 1996 年版，第 334 页。

就多,即根词的数量大,用不着什么构词法”[①]。而整个汉语的结构特点也就是以小(指字)制大(大指词、词组、句子),以“字”的特点为基础,前“1”制约着后“1”的选择,依次递进,灵活多变地组成句子的结构。“汉语的‘字’的语法功能宽泛而模糊,因而前‘字’对后‘字’的选择要求限制较小,只要字义之间的关系有现实的根据(临摹性,iconicity),符合搭配的习惯,就有可能进入选择的网络,组成语句”[②]。单字、单音、单音节皆表义,汉语的“1”结构模式基点虽然在“字”上,但“字”是一个立体的、充满活跃语义空间的开放式结构。刘勰所谓的“因字而生句”,正是这种开放性的典型体现。它使汉语言能够不借助语法的形态关联,就能生成一个述谓结构,从而成为一种最少技术痕迹、最自然、最自由的语言。

英语等印欧语系语言,它的结构常数也是一个“1”,只是它的结构基础“1”不是落脚在它的最小天然单位——词,而是在句子上,由句子的“1”控制整个语言的结构特点,其结构格式也是“1×1=1”,如1个主语×1个谓语=1个句子。在印欧语系语言中每个句子必须有一个主语,而且也只能有一个主语,即使在语义上找不到谓语的主语,也得在形式上造出一个虚位的主语,像英语的it和there就是虚位主语。每一个句子必须有一个谓语,而且也只能有一个谓语,并且“在主语的位置上只能出现一个名词,在谓语的位置上只能出现一个动词(广义的动词,即可以包括一般所说的形容词),即主语和名词、谓语和动词之间存在着相

① 李瑞华主编:《英汉语言文化对比研究》,上海外语教育出版社1996年版,第331页。

② 李瑞华主编:《英汉语言文化对比研究》,上海外语教育出版社1996年版,第439页。

互依存、相互制衡的结构关联”①。在具体的话语现实中，虽然主语位置上只允许出现一个名词，谓语位置上只出现一个动词，但实际上可以出现几个名词或动词。在这种情况下，结构关联的“1”就会自发、自动地调整名词之间的关系，于是出现了变格，不同格的名词执行各种特殊的功能。同样结构关联的“1”也会调整动词之间的关系，出现动词的变位。或通过 that what where why who when 等引导词使某些主谓结构屈居于下位层次。总之，它要通过各种语法手段，“将主语、谓语位置上的非‘1’改造成为‘1’，以维持 1×1=1 的结构格式”②。印欧语系语言的结构常数落脚在句子上，这决定了它虽也是一个“1”结构模式，但却是封闭的。为了维持语言的结构常数，句之下的单位，就必须运用复杂细致的语法逻辑的技术手段，来结构各个部件。换句话说，印欧语系语言的话语框架是固定的、不可改变的，话语实践只在于用一些技术手段把这一框架变成现实的建筑。从对现实的编码来讲，“印欧系语言从‘对立项的选择’到‘码’需要分两步实现：第一步先编出半成品——语素，它不能直接用于交际；第二步把语素组合成词，实现对现实的编码”③。其实这种编码还有第三步，即词作为对现实的第一次编码，在进入“1”模式的结构框架时，还必须进行再一次的逻辑加工，使其成为能够符合“1”模式结构要求的部件。在这种编码中，语言中成素的次序平行于实际

① 李瑞华主编：《英汉语言文化对比研究》，上海外语教育出版社 1996 年版，第 334 页。

② 李瑞华主编：《英汉语言文化对比研究》，上海外语教育出版社 1996 年版，第 335 页。

③ 李瑞华主编：《英汉语言文化对比研究》，上海外语教育出版社 1996 年版，第 330 页。

的经验或认识的顺序①,因此印欧语系语言属间接编码型语言。这种"1"结构模式,较多受到法、规则的束缚,因而是封闭的。徐通锵对此有一个形象的描述:"只有两根'柱子'(主语和谓语)一根'梁'(一致关系),其他成分只能支撑两根'柱子',因而只是句子的附属成分。每一个成分都不能越出一致关系所控制的范围。"②

三、"1"结构模式与语词隐喻

从发生学的角度,区分词与句子彼此的先后顺序,既是不可能的也是不必要的。就印欧语系语言看,结构常数的基点"1"模式在句子上,因此谈到结构常数"1"模式对语词的影响,并不意味在二者之间分出了先后。语言作为一个共时态的网络,在一定程度上,可以悬搁发生学上的顺序,所以这种选择更多还是出于逻辑叙述的方便。印欧语系语言结构常数"1"的基点是句子,句子是一个有一定长度的述谓结构,这种模式也可叫作"封闭线性时间"模式,在信息的吸收生成上依赖时间上的勾连推演。关于结构常数"1"对印欧语系语词的影响,徐通锵认为,在创造新词的时候,封闭式"1"模式语言,偏重于组合,其特点是"加"。根据构词的规则一个语素加一个语素就可以构成一个词,反正词的结构基数不是"1",一个词有几个音节、几个语素,在理论上是没有限制的③。徐先生的分析认证了我们前面的论述,印欧语系语词的扩展是技术化努力的

① 李瑞华主编:《英汉语言文化对比研究》,上海外语教育出版社 1996 年版,第 324 页。

② 李瑞华主编:《英汉语言文化对比研究》,上海外语教育出版社 1996 年版,第 344 页。

③ 见李瑞华主编,《英汉语言文化对比研究》,上海外语教育出版社 1996 年版,第 332 页。

成就。另一方面徐通锵认为词离句子较远,因而受结构常数的影响小,有相对的自由,其实这只是表面上的。作为一种语言的结构常数,它的影响无所不在,否则,就无法称之为结构常数。事实上相对自由状态下建构起来的印欧语系语词,反而是一个更加封闭的线性时间"1"模式。语素没有现实的交际价值,述谓作为语言转化生成的基本原则无法参与进出,因此词是一个更为封闭的线性语音实体。这一语音实体的制造,"掩盖了自身的历史",与经验世界相当隔膜。阿恩海姆在《艺术心理学新论》中,也谈到了拼音文字的这一缺陷:"讲话的声音使得对象与视觉符号间的直接联系发生了偏差。更糟的是,书写促使每一个词的独一无二的语音结构分解成一些小的发音成分,以致给我们剩下的只是这样一套符号,它们的部件及结合丝毫不反映它们所代表的对象。"①其特点是"加",整体等于部分之和,没有发挥隐喻式跨越的空间。

直接编码型的汉语,结构常数基点"1"模式在"字"上,这种模式的另一种描述,可以说因为它落脚在一个单一的字象上,空间感异常突出,是一"开放象性空间"模式,在信息的吸收生成上更注重空间直觉的整合。"空间之同时性使得概观的把握更为便利,从而也使得理解更为便利。因此关于事物世界的理论观念通常都起源于某种稳定状态,或者更精确地说,起源于空间中某个静止的点。这一原始的点'生长'出空间维度来"②。汉语言的结构常数"1"落脚在"字"上就类似这样一个富有"生长力"的点。词(单字本身即为一单音节词)离这个结构基点最近,所以受的束缚也最强。因此

① 〔美〕阿恩海姆著,郭小平、翟灿译:《艺术心理学新论》,商务印书馆1994年版,第122页。

② 〔美〕阿恩海姆著,郭小平、翟灿译:《艺术心理学新论》,商务印书馆1994年版,第103页。

在创造新词时偏重于“整合”或“化合”，特点是合二为一①。其实也不仅是合二为一，还有合三、合四等为一。其基本特点是整体大于部分之和，这为隐喻式的跨越留出了生成空间。

当然这种分析还是显得过于玄虚，但绝不是没有道理。从另一个角度看，汉字的“1”结构模式根本在于：单个字象、单音、单音节表意。就这一特点对汉语词隐喻特质的影响看，它有效促进了视觉、听觉、心灵图像的瞬间互动，有效解决了汉语言中声义的时间性与形义的空间性的矛盾，使汉字作为一个概念单位的空间性与声音的时间性实现了瞬间有机整合，因此使汉语言成为一种最具形象性、意象性的语言。以声音来形成一种意象，这本身就面临时空的两难。声音是线性的、流动的、时间的，而“象”则是空间的、静态的，沟通二者的媒介是“意”，是心灵图像。象与意的沟通通过视觉，是瞬间的、直接的。阿恩海姆在《视觉思维》中指出：“我们在一个个别事物中一眼便‘看’出了我们正想理解的‘道理’，与此同时又直觉到它在其他所有事物中也必定如此。这就是……我致力于研究的‘对本质的直接知觉’时所要努力恢复的人类智慧。”②同时阿恩海姆还就象形表意文字的图像性指出：“文字的历史已经告诉我们，把形象标准化和简化的要求，促使文字变成了某种具有简单明了的视觉外观和易于书写的样式。但是，即使在千百年之后，文字仍然闪烁着自己的图像意味。所以，一个现代的日本人在某个沉思默想的时刻，看到汉字符号‘东京’一词的‘东’字时，还能看到树梢后面太阳升起的景象。而且，即使这个词的视觉词源湮灭

① 李瑞华主编，《英汉语言文化对比研究》，上海外语教育出版社 1996 年版，第 332 页。

② 〔美〕阿恩海姆著，滕守尧译：《视觉思维——审美直觉心理学》，光明日报出版社 1987 年版，第 52 页。

之后，这个词中至少还会保留着一个特定的概念和一个特定的符号之间的那种对应。”①汉字的结构是空间形体的有机结合，其象性又经过了数千年，甚至可以说上万年的发育，认为它在表达经验、概念时仍具有诉诸视觉的形象性的特点丝毫不过分。印欧语系语言单音节不能表意，声意之间的沟通必须在一个流动的时段内才能实现，意、声、象的结合就难以流畅地进行瞬间整合。汉语单音节表意，把声音的时段缩短为一个点，通过“点”把时间转化为了空间，这样意、声、象，心灵图像、听觉、视觉便实现了瞬间直接的结合与互动。美国学者陈汉生在《中国古代的语言和逻辑》一书，针对汉语言的表述特点，指出：“中国人能够把描述或再现当作把语言系于事物之上的方法而不必饶一个通过心灵或精神意象的弯路。那一描述本身就是一个语言实体——汉字。”②它正确肯定了汉字在汉语言中的独特作用，但论断还值得商榷，其实汉语言不必绕过的弯路并不是“心灵或精神意象”，而是多音节表意——这个印欧语系语言的发音事实。而原始语言的单音词之最适合“绘声绘影”地说，也正因为单音节词能够做到“情动于中”而直接“形于言”，实现意、声、象的瞬间整合。汉语言能在更高的层次上把这一特征保留下来，也要归于单字、单音节表意这一根本特点。

汉语言结构常数“1”模式——空间的象、时间的点（单音）与心灵图像能进行瞬间整合的特点，使汉语言成为一种最具形象性、充分调动视听时空两种感知、注重以象表意的语言。“积字成句”，以象表意，最易制造述谓单元之间的意义间距，“象性”却足以悬搁思

---

① 〔美〕阿恩海姆著，郭小平、翟灿译：《艺术心理学新论》，商务印书馆1994年版，第121～122页。

② 〔美〕陈汉生著，周云之等译：《中国古代的语言和逻辑》，社会科学文献出版社1998年版，第58页。

维的线性，转向空间的类比，借助隐喻思维的多向量发散，飞跃语义之间的断堑。“空间联系提供类比，人们通过类比，把诸如奥伊勒表现的逻辑关系或弗洛伊德研究的心理关系等等那种抽象关系视觉化”①。“由于视觉的认识功能，所以在很多情况下，即使是事物的缺席或隐匿的部分，也会成为知觉对象的一个积极的或肯定的成分。”②在汉语言中，语词是位于结构常数基点“字”与句之间的一个述谓单位，离“1”模式基点最近，所受的制约力也最强。也许正是在这个意义上，徐通锵才认为汉字组词靠的是“字”与“字”之间的“整合”或“化合”，合二为一或合三四为一，总之都必须维持汉语言的基本结构常数“1”模式。表面上是结构常数对语词的强力制约，但这种制约与印欧语系语词相比恰恰表现出最大的自由。即它完全消解了形态化的技术束缚，按照自然语言的临摹化原则，话语的述谓结构以显性的方式提前介入，组词实际上成了一个小型的话语事件。语境场、说听双方的交际意图在事实上已渗入词的构造中，使汉语词表现出较强的隐喻生成潜质。

第四节　汉语词隐喻特质描述

一、虚与实——语词本体归类中的隐喻视角

印欧语系的语言结构常数“1”落脚于句子上，“因为结构关联的要求需要把出现在主语位置上的词和出现在谓语位置上的词分

① 〔美〕阿恩海姆著，郭小平、翟灿译：《艺术心理学新论》，商务印书馆1994年版，第195页。

② 〔美〕阿恩海姆著，滕守尧译：《视觉思维——审美直觉心理学》，光明日报出版社1987年版，第152页。

成两类，前者叫名词，后者叫动词"①，而其他词的分类也主要是为了维持这一结构常数的相对稳定，因此在印欧语系语言中词的分类非常细致严密，逻辑化技术化色彩非常强。但汉语言结构常数"1"在"字"上，单个字象、单音节能够表意，语法功能模糊而自由。因此，我国尽管有极为悠久的"字"学研究教育传统，但从未对字词进行严格细致的分类，或者说即使有分类的意识，也主要出于一种诗性的体验，而不是由于自觉的科学性意识。

如清代文字学家刘淇在《助字辨略·自序》中开宗明义提出："构文之道，不过实字虚字两端，实字其体骨，而虚字其性情也。"谢鼎卿在《虚字阐义·总论》中也指出："实字求义理，虚字审精神。字之虚实，有分而无分，本实字而止轻取其神，即为虚字；本虚字而特重按其理，即如实字。"开汉语语法欧化研究之先的马建忠也承认："自来吾国文字只分虚实死活。死活今虽改称动静，而所重则仍在虚实。"②所以启功在《汉语现象论丛》中指出："文言词类，可以说万变不离其宗，终归虚实两种而已。""从前人把字（即词）分成虚实两类，在汉语中它们的功能已经足够使用了。"③也就是说汉语言数千年来对述谓的基本单元——语词，并没进行严格的类别体认，只是笼统地以虚实概指。但古代词类上的虚实之分，和现代语法研究中的实词、虚词之分很不相同。郭绍虞对这一问题有一个简要的分析："今人的虚实之分，乃是在语法学既建立之后。在语法学既建立之后来讲虚实问题，当然只能在词类基础上讲虚实。

① 李瑞华主编：《英汉语言文化对比研究》，上海外语教育出版社1996年版，第336页。

② 郭绍虞：《汉语语法修辞新探》，商务印书馆1979年版，第458页。

③ 启功：《汉语现象论丛》，中华书局1997年版，第29页。

即使说形同虚设，也是无法避免，不得不然的。"[1]现代汉语语法的词类划分，秉承《马氏文通》开创的以印欧语系语法框架汉语的传统，进行了名、动、形、代、副、连、助、介、叹词等严格的分类。《马氏文通》之分类更细致得惊人，仅动词，马建忠就分为：外动、受动、内动、同动、助动、无属动。名词分：公名、本名、群名、通名、同字异音、双字之名、名前加字、名后殿字。马建忠在《马氏文通·序》中自叙了自己的补弊纠偏之意："余特怪伊古以来，皆以文学有不可授受者在，并其可授受者而不一讲焉，爰积十余年之勤求探讨以成此编。盖将探夫自有文字以来至今未宣之秘奥，启其缄縢，导后人以先路。"[2]但如此细致的逻辑分类是否达到目的了呢？"自《马氏文通》行世以来已经有 80 年了，何以对语文教学并不起什么有力的作用，只看见已经能写文者在讲究语法，却很少看到有人在未学语法以前不能说话写文，而在既学语法之后便能豁然开朗，写得准确、鲜明而生动"[3]。这也就是说，严格的词类划分并不能探得汉语言文字的奥秘，它在汉语言话语实践的作用也十分令人怀疑。当然我们并不能因此否认现代语法研究科学性方面的价值，但机械的科学性追求，满足于技术式的条分缕析，却无法把握汉语言的诗性。而古人对汉语言语词的"虚实"体悟，倒无意中捕捉到了汉语词在本体归类上的隐喻特质，能够化解"可授受者规矩方圆"与"不可授受者心营意造"之间的矛盾，进而抵达汉语言的诗性底蕴。

从认识论上讲，分类是最基本的认识前提，而且古人也并不缺乏分类意识。战国时期的公孙龙在《名实论》中表达的分类意识就

① 郭绍虞：《汉语语法修辞新探》，商务印书馆 1979 年版，第 451 ~ 452 页。

② 马建忠：《马氏文通》，商务印书馆 2002 年版，第 11 页。

③ 郭绍虞：《汉语语法修辞新探·下册》，商务印书馆 1979 年版，第 450 页。

非常强烈，认为："彼彼止于彼，此此止于此，可；彼此而彼且此，此彼而此且彼，不可。夫名，实谓也。知此之非此也，知此之不在此也，则不谓也；知彼之非彼也，知彼之不在彼也，则不谓也。"①大意是指：以那个名，命名那个东西，并且只是专一命名那个东西，以这个名，命名这个东西，并且专一命名这个东西，是可以的。如果以"这个名"，命名"这个东西"，而"这个名"又不专指"这个东西"；以"那个名"，命名"那个东西"，而"那个名"又不专指"那个东西"，这就不允许了。公孙龙这段非常拗口的话，其实表达了非常严格的语言逻辑思想。荀子在《正名》篇中也强调："知异实者之异名也，故使异实者莫不异名，不可乱也，犹使同实者莫不同名也。"②因此中国古代基于认识论基础的语言逻辑思想并不缺乏，而且非常强烈。在认识论上，分类具有最基础的方法论意义，认识首先在于"别异"，这也是人类符号能力发展的驱动力之一，也是科学的驱动力之一。雅斯贝尔斯认为："科学的事实知识并不是存在知识。科学知识是特殊的，是关涉一定对象而不关涉存在本身的。"③许慎《说文解字·序》："黄帝之史仓颉见鸟兽蹄迒之迹，知分理之可相别异也，初造书契。'百工以乂(yì)，万品以察'。"④为了认识这个世界，需要"别异"；但存在论的要义并不是"别异"，而是人与自然、类与类、在与在者之间的关联化一，所谓"天地与我并生，而万物与

① 吴文祺、张世禄主编：《中国历代语言学论文选注》，上海教育出版社1986年版，第1页。

② 吴文祺、张世禄主编：《中国历代语言学论文选注》，上海教育出版社1986年版，第4页。

③ 转引自何中华：《哲学：走向本体澄明之境》，山东人民出版社2002年版，第20页。

④ 崔尔平选编：《历代书法论文选续编》上海书画出版社1993年版，第3页。

我为一”(《庄子·齐物论》)。所以从存在论上讲,语言“不是为某一孤立存在的事物命名,而是为了事物间的某种关系命名,语言的本质就不是关于事物的一大堆名称的总和……语言是人类初始的形而上学,它探索命名因而昭示了存在的内在联系和相关性”①。因此超越日常知识的逻辑视野,在存在论的诗性视野下,“彼此而彼且此,此彼而此且彼”并非“不可”。就对人类的生存价值而言,它同样表达了一种真实,但这是一种诗性的真实,在这里隐喻的相似性提供了万物一体的诗性关联。它跨越类与类之间森然的技术壁障,以名的互异、互名,冲击日常世界的单调、贫乏,开启新的体验视野。因此,语言是存在的家园,虽是一个哲学的形而上命题,但并不仅仅是玄思。而人类之与美、艺术的不可分离,主要在于诗性话语实践对日常逻辑技术的悬置,会为人类开启一个崭新的体验世界,这才是语言的存在论本质。人类只有不断保持那份对于语言的敏感,才会永久拥有一份诗意的逗留。

汉语词分类的“虚实”体悟正体现了一种语言的敏感。虚实就表面的内容看,也有相对稳定的一面,如相对介词、连词、叹词等,名词、动词、形容词为实;相对动词、形容词,名词为实;相对形容词,动词为实。而就实质来讲,虚实则重在“转化”,古代汉语语法把虚实看作一体之两面,“而这两个对立面是有转化的可能的……汉语的语法是建立在朴素的辩证逻辑之上的,所以一向只强调虚实,而不重在词类之区分”②。具体来讲,所谓转化指“实词中有虚实,虚词中也有虚实……不仅是虚词和实词的相互转化,而是……

---

① 耿占春:《改变世界与改变语言》,社会科学文献出版社 2000 年版,第 119 页。

② 郭绍虞:《汉语语法修辞新探》,商务印书馆 1979 年版,第 453 页。

虚字、实字之内再有虚实转化的关系”①。如名词动化、动词名化、形容词名化以及动词、形容词的相互转化等。并且这种转化并没有任何形态标志,而是在现实的述谓组合中随机生成的,正是这种随机生成体现了语言的敏感。如袁仁林《虚字说》:“实字虚用,死字活用,此等用法,虽字书亦不能遍释……必亦由上下文知之……迨涉笔用之,而始得其虚活处。”②这种现实述谓活动中的随机转化,或者说语词的随机跨类使用,也是隐喻的一个基本特征。隐喻“它是指一套特殊的语言学程序,通过这种程序,一个对象的诸方面被‘传送’或者转换到另一个对象”③。每一个词都有一个相对稳定的词类语境,这一词类语境的蕴涵对其有相对的规约性。通过另一词类语境的蕴涵被转移到该词上,更新了对该词的固有感觉,这是汉语词隐喻转移的一种独特形式。语词是对现实的一种编码,这种编码搭建起来的就是人与自然、自然与文化、类与类之间的一种关系。汉文字诞生的根基是“取象”,取象的作用是“以类万物之情”,人与自然之间的存在关联是语言诞生的本体背景,语言在本质上就是隐喻的。“这样,我们整整转了个圈,又回到最初提到的隐喻的世界,也即比哲学家天地更为古老的诗人的天地,这个世界至今还是文明发展的语言源泉”。这个世界“即主观世界与客观世界在庞杂的心灵图景中趋向等同。隐喻表述了这种同一性”④。在语言的存在论本体背景中,汉语言词类的自由跨界,其实

---

① 郭绍虞:《汉语语法修辞新探》,商务印书馆 1979 年版,第 454 页。

② (清)袁仁林著,解惠全注:《虚字说》,中华书局 1989 年版,第 131 ~ 132 页。

③ 〔英〕霍克斯著,穆南译:《隐喻》,北岳文艺出版社 1990 年版,第 1 页。

④ 吴持哲编:《诺思洛普 · 弗莱文论选集》,中国社会科学出版社 1997 年版,第 185 页、第 172 页。

也与汉文化世界的生存体悟有关。《左传·僖公十五年》:“物生而后有象,象而后有滋。”《说文解字》:“滋者益也……益者饶也。”在汉民族的文化体验中,象本身就带有“越界”,超越分类宰制的秉性。袁仁林《虚字说》:“虚用活用,亦非修辞者勉强杜撰如此,盖天地间虚实恒相倚,体用不相离。”①

虚与实作为汉语词本体归类中的隐喻视角,其另一内涵即指汉字之“象”作为语词结构的述谓单元,在语词的意义生成中所具有的“实虚化生”功能。本书绪论就已指出现代隐喻理论认为隐喻话语的基本特质之一即为形象化表达。话语形象开拓出一个广阔的意义空间,搭建起不同领域的相似性关联。存在于共时空间中的人类、自然、文化、社会,各有其内部规律,各有其相对独立性,但又处于一个紧密系连的意义体系中,这一意义体系,使不同领域成为相似性关联的整体。而相似性意义体系的符号建立则是通过事物、事件过程“外部显象”的相似性得以完成的。譬如人类、自然、文化、社会各有其荣落、消长、盛衰的过程,其内部机理无疑极不相同,在“外部显象”上却非常相似。在“近身及物”“仰观俯察”的“取象”活动中建立的汉字符号,作为“外部显象”的载体,通过由实到虚的转化,便具备向不同领域隐喻延伸的潜质。

二、实与虚——语词隐喻中的身体之维

人在语言世界中成长的代价,就是必须接受逻辑消解隐喻的事实,隐喻在人类意义世界的逐步扩张中不断被损耗。人逐渐失去对于语言的敏感,也就是不断失去对人与自然一体化的体验。

---

① (清)袁仁林著,解惠全注:《虚字说》,中华书局1989年版,第131页。

如果我们探询语词中那日渐被损耗、已不在人类的日常言语活动中触目的隐喻,仍将发现语词中急待唤起的身体之维。正如现象学家梅洛-庞蒂在《作为表达和言语的身体》中所言:"'精神的'或文化的生活从自然的生活中获得了其结构,意味着有思维能力的主体必须建立在具体化的主体之上。在会说话的主体和听会说话的主体的主体看来,语音动作实现了某种体验的结构,某种生存的变化,正如我的身体的行为为我和为他人把某种意义赋予在我周围的物体。"①也许在整个人类都面临着生存之威胁的时候,已不必讳言身体在人类语言及精神纬度中的价值。而汉字的诞生本身就是汉民族以身体为中心的一种"近身及物"的文化活动,所谓"仰观象于天,俯观法于地,近取之身,远取之物"。在汉字的取象中,身体的活动一直是一个隐含的背景。"身体本身在世界中,就像心脏在机体中:身体不断地使可见的景象保持活力,内在地赋予它生命和供给它养料,与之一起形成一个系统"②。在第一章,我们分析了汉字的本体隐喻述谓与话语述谓,在汉字的构成中与人体有关的字象占了非常大的比重,那是汉语言身体之维的基因。在汉字"1"模式结构常数的允诺下,这些基因单元可有机进入语词的述谓组合,使以身体为中介的人与自然、人与文化的隐喻关系在语言中进一步拓展。虽然语词的这些隐喻性特质已在语言的日常使用中逐渐耗损,逐渐失去触目的特征,但如果我们能够唤醒、洞开作为语言之基础的隐喻视野,仍能体验汉语词在身体之维中的触目的活力。

---

① 〔法〕梅洛-庞蒂著,姜志辉译:《知觉现象学》,商务印书馆 2001 年版,第 251 页。

② 〔法〕梅洛-庞蒂著,姜志辉译:《知觉现象学》,商务印书馆 2001 年版,第 261 页。

汉字在一种“近身及物”的环境中成长，人首先以身体体验着这个世界的召唤，而与身体有关的各种取象，也就可能得天独厚地最先成为人与自然之间的隐喻述谓单元。当然人对身体的取象首先重在“实”的一面，但古人观察事物“以义象区，不以质体别”①，“象而有滋”，则象的根本特质还是虚实结合。尤其当与身体有关的单个字象进入语词的小型话语结构时，更充分发挥了其虚义化生功能，而语词中的身体之维也就得以隐喻式地建构。如“发”，与英语符号“hair”在身体所指物象是相同的。《说文解字》解“发”是：发，根也，从髟、犮声；又云：发，从首。而首的字象之一又“象发”。而《说文解字》中从“髟”的字共有41，其中有40字皆与人的头发有关。与“发”有关的其他取象还有“发长也”“发好也”“发多也”“忽见也”。此外，还有不同部位“发”的名称，修“发”的名称，以及与女性、小孩各种“发型”“发饰”有关的如“女鬓垂儿”“洁发也”“带结饰也”“卷发也”“丧结礼”等。足见“发”之象在古代文化世界由静到动、由人体之自然到文化的滋长。如“发，根也”，则发之象有了“源”及“生生”之力的隐喻。“头，首也，从页豆声”，“页，头也……凡页之属皆从页”。它与英语符号“head”的所指对象相同。据《现代汉语词林》统计，“头”构词215个。一般的词汇研究把“头”看作语素或词素，无论“语素”还是“词素”都是从英文morpheme翻译过来的。但英文中所谓的morpheme“只是一种‘形式’成分”②，没有现实的交际意义，只是印欧语系语言形态化构词的语法手段。所以徐通锵先生认为：“汉语中不仅没有语素这种单位，

① （清）刘师培：《清儒得失论》，中国人民大学出版社2004年版，第147页。

② 潘文国：《字本位与汉语研究》，华东师范大学出版社2002年版，第118页。

而且连这种概念也没有。"①因为汉语的构词过程不是一个技术的形态转化过程,而是一个小型述谓事件的生成过程。其基本原则就是"虚实转化",只不过语言的日常使用日渐遮蔽了虚实相生的隐喻活力。像掉头、调头(turn round),出风头(seek or be in the limelight),栽跟头(suffer a setback),来头(background;the motive behind the cause),矛头(spearhead),苗头(symptom of a trend),势头(impetus;tendency),抢镜头、抬头(rise;gain ground),想头(idea;hope),头领、头面、头重脚轻、头脑发热、头绪(main threads)等。"头"这一身体之维在语词的述谓事件中经过隐喻虚化,已经关联到人生、社会日常生活的各个方面。但英语的对译词除 spearhead 可以看作依靠两种物象组合的隐喻生发外,其他显然都属科学逻辑化的抽象赋义,难以再现汉语构词的诗性意韵。

《说文解字》释"手"为:"拳也,象形,凡手之属皆从手。""拳,手也,从手",与英语符号"hand"所指对象相同。手旁在《说文解字》中构字约 264 个。这些字所摹写的范围非常宽泛,人类的生存劳作、文化、祭祀、礼仪、合作与争斗、无奈与烦忧,皆进入与手相关的语境。从本体述谓的角度看,手的解放对人类有意识地搭建与外部世界的述谓活动具有决定性的意义,它作为一个十分重要的述谓单元,最直接地把人与自然组合在一个述谓结构中,"手"在人类最初的述谓拓展中举足轻重。而在汉语言的符号体系中,"手"指称一个最实在的物象,同时由于这一物象的本体性价值,也顺理成章地虚化为一个十分重要的隐喻符号,并依此拓展出很强的语义空间。据《现代汉语词林》统计,"手"符构词约 200 个,像白手起

① 潘文国:《字本位与汉语研究》,华东师范大学出版社 2002 年版,第 119 页。

家(build up from nothing),着手(set about),碍手(be in the way),插手(take part;lend a hand;have a hand in),缠手(troublesome;hard to deal with),棘手(thorny;knotty;troublesome),扎手(thorny),出手(dispose of;sell;skill displayed in making opening moves),得手、上手(start;begin),失手(accidentlly drop),放手(have a free hand;go all out),歇手、罢手(give up),脱手(slip out of the hand;dispose of),手头紧(be short of money; be hard up),手头宽裕(be in easy circumstances),留后手(leave room for maneuver),留一手(hold back a trick or two),高手(past master;master-hand),老手(veteran),生手(sb new to a job),熟手(old hand),里手(expert),多面手(a many-sided person),名手(a famous artist;player),拿手(adept;expert),携手(hand in hand),手足(brothers),手段(means;trick;artifice),手法(technique; trick;gimmick),手脚(underhand method;trick),手腕(artifice; finesse; stratagem),手眼通天(exceptionally adept in trickery),手气(luck at gambling,card playing),手软(be irresolute when firmness is needed; be softhearted),手忙脚乱(in a muddle),手舞足蹈(dance for joy),随手(conveniently)等。这些与手有关的词,在汉语言的文化语境中,通过“手”的隐喻虚化,摹写出广阔的表意空间。人生的起步、权利的缠绕、生活的成就与无奈、凝聚与陷阱、急迫时的紧张与得意时的忘情轻松,都可由“手”的隐喻延伸出来。在以上所举的例词中,从意义上看,英语都可转译出来,这显示不同语言表达的心灵概念世界有很多的相通之处,否则,不同语言之间的交流就是不可能的。但英语转译所用的媒介组合与汉语言差异极大,概括地说,汉语中的大部分语义,英语无法通过同样的所指物象 hand(手)符号的再组合传写出来。当然两种语言之间的部分对译词也显示出人类共同具有的隐喻趣味,如英语的 thorny 本

意由名词thorn(荆棘,蒺藜)加词尾 y 转化而来,意为多刺的、刺人的,再引申为伤脑筋的,与汉语“棘手”同。knotty 也由名词 knot(意为树节、木节)加词尾 y 转化而来,本意指“多节的(木材)”,引申“多困难的、费解的”。这一隐喻式的含义也与汉语词“棘手”异曲同工,虽然它不是“手”的所指符号再组合而成的。另外像 lend a hand、hand in hand 在词的符号结构上,可以看作英语“手”的所指符号再组合而成。在这两种语言中,虽然符型不同,但有共同的所指物象,因此不同符型背后有共同物象背景作为释义的隐喻基础,这同样显示了不同语言的某些心理共鸣。只不过在印欧语系语言中,此一类的构词在数量上极少。

《说文解字》释“心”为:“人心土藏,在身之中,象形。”在《说文解字》中“心”旁构字 263 个。人生的喜怒哀乐、悲苦愁酸、悔怨恨烦、敬慎仁静,无不与“心之象”关联。“心”与英语符号“heart”的指称相同,在《现代汉语词林》的统计中,作为述谓单元构词约 430 个左右。有隐喻人生之焦虑操劳的:熬心、操心(worry about;rack one’s brains),殚心,挂心(keep in mind;be anxious for),关心(be concerned with;care for),机心、焦心,揪心,呕心(exert one’s utmost effort),收心(have a change of heart),野心(wild ambition),糟心(vexed;annoyed;dejected)等。有隐喻人生长河中某一片段心境的:冰心、春心、芳心、凡心(desire for love),慧心(wisdom),倾心(admire;lose one’s heart to),开心(rejoice;joyful),散心、爽心、闲心等。而多心(oversensitive;suspicious),戒心,亏心(have a bad conscience),昧心(against one’s conscience),心怀鬼胎,心术(intention;design),熏心等,则指喻了人在权欲场中的浮沉。而心盛、心硬(hard-hearted;stonyhearted),心软(be soft-hearted;be tender-hearted),心窄、心宽、心高、心折、心照(have an understanding),洗心革

面(turn over a new leaf;thoroughly reform oneself),灰心(be discouraged),铁心、扪心等都以形象性、直感性非常鲜明的组合,虚化隐喻了一种人生状态。“心”之象在语词的述谓组合中开拓出很大的隐喻空间。在英语中符号 heart 所代表的“心”之象,在复合词及短语的述谓式语义组合中,也具有一定的隐喻活力,像 heart to heart, lose one's heart to, stony-hearted, soft-hearted 等短语及复合词,都展现了“心”象构词的隐喻能力,但与汉语言中“心”之象的隐喻构词能力相比却相差很远。在汉语词中,身体之维的取象是非常活跃的述谓单元,在虚实化生的语言劳作中,每一文化场景的延伸,都带有诗性游戏的韵味。虽然“零度平面”的冷漠,不断销蚀着语言的敏感,以致人们不再能够感受那份隐喻性的生机,但语词天然所具有的话语结构,却得天独厚地使自己能够重新恢复为一个话语事件,从而释读出那份隐喻诗性。“足”与英语符号“foot”所指称的对象相同,“足”在《说文解字》中的解释为:“人之足也,在下,从止、口。”而“止”在《说文解字》中的释义为:“下基也,象草木出有址,故以止为足。”人之有足,如草木之出有址,此即有“基”,对人对自然都是生存的根本。人之足,把人与自然,人与社会、文化的联系建构起来。在隐喻的世界中,物质与精神、主体与客体、形而上与形而下并非壁垒森严。“足”字构词约 70 个,像插足(participate),鼎足(three rival powers),高足(your brilliant disciple),立足(have a foothold; base oneself upon),立足点(foothold; standpoint; stand),涉足(set foot in),失足(take a wrong step in life),蛇足、知足等。在这些词汇中,汉语言符号“足”所代表的“足之象”能够跨越不同的经验领域,其语义生成显现出超越零度平面的文化诗性。英语中代表相同指称的符号“foot”,虽也显示出部分隐喻扩展潜能,但远不如汉语灵活。“口”《说文解字》释为:“人所以言,食也,象形。凡口之属皆从口。”口与英文符号mouth所指称的身体物象相同，它在汉语中构字约175个。饮食是基本的生存前提，人类的一切活动基于对这一基本生存前提的思考，为了“它”人类需要伦理、需要诗、需要哲学、需要权威、需要高尚。从“口”之字，就摹写出了人生的诸多方面。据统计以“口”为述谓成分的词约150个，像缺口（breach、insufficiency），转口（transit），口风，口径（statement），口紧（close-mouthed；tightlipped；secretive），口惠（empty promise），进口、出口、关口（strategic pass；juncture），十字路口（crossroads），夸口（boast；brag；talk big）等。汉语言的这些词汇语义，都可追溯到口之象的跨越转换，也同样蕴涵了超越零度的诗性。但英语言中相同的指称却难以进行如此自由的跨越转换。“目”与英文符号eye的指称相同，《说文解字》释“目”为：“人眼，象形。重童子也。凡目之属皆从目。”目旁构字约108个。“足”的直立行走，“手”的功能解放与扩展，再到“目”的平视，使人与自然之间的述谓关联更为宽阔，而“目”所搭建的述谓结构也更为深远。“从目”之字，从“儿初生瞥者”时的懵懂，到“小儿白眼也”的天真，到“视近”“视高”“视远”“直视”“大视”“惊视”的认真、郑重，还有“美目盼兮”“目相戏也”的美丽柔情，及“目无常主”“目少精”“目无精”的茫然，“恨视”“目有所恨而止”的妥协，还有“目冥远视也”的洞彻。“目”构词约140个。像一叶障目、掩人耳目（deceive the public），触目（conspicuous；attracting attention），夺目（dazzle the eyes），醒目（catch the eye；attract attention；be striking），耳目（what one sees and hears；information），耳目一新（find everything fresh and new），目击（witness），目标（target），目前（at present；at the moment），目光短浅（short-sighted）等。在这些词汇中，汉语言中目之象代表的不仅仅是一个实体的器官，它在实与虚的转化中，获得很宽泛的概念义场，构词能力很强，其述谓组合无不喻指了种种人生情态。即便像“目前”“目标”等完全属于零度平面的日常语词，在把它重新恢复为一个述谓结构的语义事件时，也不难体验到目之象的诗性扩展。英语中“目”之象的隐喻式构词体现在像 catch the eye、dazzle the eye 等短语中，但构词的自由度及数量仍有限。汉语符号“眼”也与英语符号 eye 指称相同，它在汉语中构词约 140 个。像白眼（supercilious look），法眼、冷眼（cool detachment），青眼，肉眼（naked eye），着眼（see from the angle of），眼界（field of vision; outlook），眼光（foresight; insight; view），眼高手低（have grandiose aims but puny abilities），眼红（covet; be envious），眼光短浅（short-sighted），眼下（at the moment; now），眼线等。在这些例词中，以汉语符号“眼”之象作为述谓单元的语词组合，形象鲜明，其语义则是建立在形象性基础上的隐喻扩展，但在英语中类似物象述谓的生动性，很多被转换为抽象的符号所指。

因此说身体之维构成汉语词隐喻特质一个极为重要的方面，并非要把一种文明标志的符号体系，简单还原为某些生理的隐喻。它所试图展示的是那些指称人类身体的物象符号，在语词的述谓组合中所具有的创造意义事件的能力。在这方面，以象形文字为基础的语言与以拼音文字为基础的语言，表现极为不同。下面继续以汉语与英语语词的对照，集中展现这一差异。汉语符号“身”与英语符号 body 指称相同，汉语构词约 140 个。像前身（predecessor），投身（throw oneself into），献身（devote oneself to），修身（cultivate one's moral character），身手（skill; talent），身外之物（external things; mere worldly possessions），持身等。符号“耳”与符号“ear”指称相同，构词约 60 个。像执牛耳、耳边风（unheeded advice），耳软心活（credulous and pliable）等。符号“舌”与“tongue”指称相同，构词约 40 个。像口舌(quarrel; dispute; talking),喉舌(mouth-piece),饶舌(too talkative; garrulous),学舌(parrot; gossipy),舌耕等。符号“眉”与“eyebrow”“brow”指称相同,构词约 35 个。有眉飞色舞(enraptured; exultant),眉开眼笑(be all smiles; beam with joy),眉来眼去(flirt with each other),眉目(logic; sequence of ideas)等。符号“齿”与“tooth”指称相同,构词约 17 个。像不齿、不足挂齿(not worth mentioning),齿冷(scorn)等。符号“牙”与“tooth”指称相同,构词约 23 个。像佶屈聱牙、武装到牙齿、老掉牙(obsolete;out of date),牙碜(jarring; coarse),牙惠等。符号“胸”与“chest”“bosom”“thorax”指称相同,构词约 20 个。像成竹在胸(have a well-thought-out plan, stratagem,etc),胸襟(mind;breadth of mind),胸无城府(having nothing hidden in the mind)等。符号“腿”与“leg”指称相同,构词约 14 个。像抱粗腿(latch on to the rich and powerful),扯后腿(hold sb. back from action;be a hindrance to sb.),腿子等。符号“脚”与“foot”指称相同,构词约 67 个。像蹩脚(inferior; poor)、根脚、露马脚(give oneself away; let the cat out of the bag),挖墙脚(undermine the foundation),做手脚(mess about with),站住脚(be tenable; hold water),阵脚(position; situation),脚踏实地(stand on solid ground),韵脚(rhyme),注脚(footnote)等。符号“指”与“finger”指称相同,构词约 60 个。像染指(encroach on),指手画脚等。符号“掌”与“palm”指称相同,构词约 30 个。像掌握(grasp; master; know well; control),执掌(wield; be in control of),掌舵、掌故(anecdotes),掌权(be in power)等。符号“面”与“face”指称相同,《说文解字》释“面”为:“颜前也。从百,象人面形。”构词约 165 个。像面前(face of; in front of; before),面具(mask),装门面(maintain an outward show; keep up appearance),上面(the higher authorities; the higher-ups),情面(feelings; sensibilities),撑场面(keep up appearances),洗心革面、黑暗面等。符号“首”与“head”指称相同,构词约70个。像回首(look back;call to mind),翘首(raise one's head and look),为首(with sb. as the leader; headed by;led by),首领(chieftain),首脑(head),首创(initiate; originate),首先(first;first of all; above all)等。符号“脸”与“face”指称相同,构词约60个。像唱白脸(pretend to be harsh and severe),唱红脸(pretend to be generous and kind),变脸(suddenly turn hostile),丢脸(be disgraced),黑脸、露脸、赏脸、嘴脸(look; features; countenance),脸色(facial expression),脸面(self-respect; sb.'s feelings)等。符号“脑”与“brain”指称相同,构词约40个。像电脑、主脑(control center; leader),脑力、脑筋(brains, mind; ideas),脑汁(brains),土头土脑(rustic; hillbilly; unsophisticated),缩头缩脑(recoil in fear; be timid; shrink from responsibility),滑头滑脑(crafty; artful, slick),脑海(brain; mind),脑际等。符号“腰”与“waist”指称相同,构词约17个。像抱粗腰(latch on to the rich and powerful),撑腰(support; back up),点头哈腰、折腰、腰缠万贯(very rich),腰杆子(backing; support),伸直腰(strighten oneself up)等。符号“骨”与“bone”指称相同,构词约40个。像风骨(strength of character),反骨、露骨(undisguised),媚骨(obsequiousness),傲骨(lofty and unyielding character),主心骨(backbone; mainstay; definite view; one's own judgment),骨架(framework),骨气(strength of character; moral integrity),骨肉(kindred)等。符号“肩”与“shoulder”指称相同,构词约16个。像并肩(shoulder to shoulder; side by side),肩负(take on; undertake; bear; shoulder)等。这一部分所列的对照词,表现出与前面相同的特点。每一个指称身体的符号,实

际为一个实体虚化之象。最初当然可以认为主要表达对身体本身的符号认知，但在人与自然之间本体性的述谓扩展中，既然主要是人类的身体引领了人类的文明进步，人以身体体验与周围世界的意义碰触，那么指称身体的“象形符号”，也自然能够超越“实象”的限制，以经验世界中的关联性为线索，扩大自身的指义空间。而每一个指义空间，都以某一定的身体之象为意义归属中心，这不仅使汉语言中身体物象符号具有强大的构词能力，而且词义大多能够通过语词形象暗示出来。不否认英语中，指称人类身体的一些物象符号，具有一定的隐喻式构词能力，语词组合具有很强的形象性，像tongue—loose tongue、bone—backbone 等。但大部分汉语词的形象化表达，都被英语转换为抽象的概念语义。综上所列主要是身体之维的部分静态取象，构词量约在 2400。《现代汉语词林》共收常用二字、三字、四字词约 5 万，其所占比例已达 4.8%，这个比例已经是相当大了。

汉语言中的身体之维，构成了汉语词隐喻诗性的一个极为重要的部分。汉字由象形根基演化而来，其生成的根本动力是取象，外物之象与身体之象这是汉字之象的两大来源。人的一切活动必须从身体出发，而构造人类符号活动空间的最直接媒介也是身体。因此尽管对于语言的起源人们有不同的理解，但基本承认前语言时期，有一个手势语、身体姿势语的阶段。姿势语以一个直接生动的肉体形象，象征式地喻指了一种意义。而象形文字的取象也可以说是姿势语这一符号水平的飞跃，但既然是取象，就决定了二者之间的深层关联。而从飞跃的意义上讲，取象仅仅在于“象”，而不是等同，因此进入人类思维网络中的只能是加工过的虚化之象，物也仅仅以象示人。但“象而后有滋”，正因为只是“象”，不是“质体”，也就有了隐喻关联的空间，有了超越“这里”“这时”“这一个”

的时空位移性。就身体之象在这一过程中的意义而言，不仅肉体最早最直接地引导了人类本体述谓活动的扩展，而且在这一扩展过程中人类肉体的生老病死与外物的荣盛枯衰，及文化、社会的发展演变也形成了一种结构上的关联，也即“象”上的关联。“一事一物之象可以孑立应多，守常处变”①。于是身体符号也就顺利地成为汉语言中极为重要的述谓单元。“人是天然地要从直接指示他最关重要的感官经验的少数表词出发而将这有限的表词伸展至一切领域。语言的生长是从感官所及的有形世界到思维所不及的形而上世界的触知”②。而汉语词的生长很大一部分直接就是从身体感官的取象出发，并由此而搭建起与其他意义世界的隐喻关联。但印欧语系语词却把这一宝贵的根基丢失了。拼音文字割断了象形根基，它作为语言符号固然同样能表示与身体有关的各种声音实体、心灵物象，但这些声音实体、心灵物象符号，往往囿于单一的所指对象，缺少在经验世界灵活扩展衍生的能力。虽然印欧语系语言中部分身体之象的符号在复合构词、短语组合中表现出隐喻式的语义扩展能力，但数量极少，不能充分展现身体隐喻的诗性活力。

三、实与虚——语词隐喻中的大地之维

所谓语词中的大地之维，主要指自然外部物象成为语词的有机构成要素。而外部物象作为语词中的有机构成要素，在汉语言中主要有两层意思，首先汉字取象的一个重要来源就是外部物象，

① 钱锺书著，舒展选编：《钱锺书论学文选·第四卷》，花城出版社 1990 年版，第 158 页。

② 耿占春：《改变世界与改变语言》，社会科学文献出版社 2000 年版，第 136 页。

它包括了“仰观象于天,俯观法于地……远取之物”的范围。其次这一类的取象作为述谓单元,进入语词这一层次时,经过实与虚的转化,外部实体物象符号在语词述谓组合中具有很强的语义生成能力,能够借助外部物象的画面组合来建构一个超越的无形词义世界。自然是人类共同的生活环境,人类的本体述谓就发生在人与环境之间。当语言作为一种最重要的符号媒介介入人类的存在历程时,本体述谓就不仅是语言产生的基本动力,而且是语言摹写的基本对象,并在形式的意义上提供必要的参照。就语言产生的基本动力而言,它规定了不同语言的共同本质,即每一种语言都必须借助不同表达单元的述谓结合来进行意义表达与指称。就语言的基本摹写对象而言,每一种语言都会运用自己特有的能指符号来所指外部世界,这两点都显示了不同语言具有共性的一面。但就形式的参照意义而言,语言在建构符号空间时,有两种可能的选择,要么是直接的象形的方式,要么是间接的非象形的方式。正是形式层面的本体性分歧,导致不同语言在文字、语音、语词、句子、语法等方面的巨大差异。就汉语言文字、语词与印欧语系语言文字、语词之间的差异看,印欧语系语词是一个封闭的语音实体,除极少部分合成词外,对大部分语词来讲,语言的述谓结构难以渗入进去。因此印欧语系语词符号虽也所指到自然的外部物象,但外部物象自身却无法积极参与到语言符号自身的建构。如汉语言中的符号“水”与英语的符号“water”、“木”与“wood”、“草”与“grass”在所指物象上是相同的,但符号“水”“木”“草”作为字象中的述谓单元在汉语言中分别构字 460 个、404 个、439 个,而且它们作为语词中的述谓单元其构词能力也非常强。根据《现代汉语大词典》统计,以“水”为词首构词约 169 个,“木”约 51 个,“草”约 66 个。由它们所组成的词,其词意的生成也与这些物象的进一步延伸有关,这些延伸有些是实体的日常、逻辑的延伸，有些则是虚化的隐喻延伸，汉语言在语词这一层次，大地之维的物象已经是语词述谓的基本单元。印欧语系符号及其所携带物象无法成为语词的有机述谓构件，无法发挥物象的自由组合在语词述谓建构过程中的巨大价值，在这个意义上，可以说印欧语系语词与自然物象的直接关联被隔断了。

相比较而言，大地之维的物象符号使汉语词语义空间的建构极具特色。它通过物象构件的虚化隐喻延伸，使人类精神空间的符号表达具备具体的形象的可感知性。这种具体形象的可感知性自然地在“大地与宇宙之间、物质与精神之间”建立起一种“交互参照”①，这正是人类语言诗性诉求的基本特征。汉语词的这一特征进一步拓展了汉字的象形根基。由象形到会意再到形声，一个汉字字象由一个小型的述谓事件生成，或者反过来说，一个小型的述谓事件凝结为一个字象，这是象形根基在汉字这一层次上的拓展，字义的生成则有赖于隐喻式的诗性创造。一个小型的述谓事件能够参与字象的建构，为隐喻的展现打开了空间。语言工作的第一步就是命名，通过命名外部物象进入人类语言的符号网络，成为一个个基础单元，在此基础上才有单元之间的组合与连接。汉字作为汉语言命名符号的较早形态，也是汉语言的基础单元，而语词则是在此基础上的二次生成，这已是显性意义上的述谓过程。这一述谓构成的单元是基础物象，二、三、四个物象成为一个整体表义单位。单音节表义的语言本性与印欧语系语言相比，没有任何不表意的音，每一个音都可与一个心灵表象相对应。借助语音、心灵表象的记忆延宕，多音节词的语音时间流动性，可转化为多物象画

① 〔美〕阿恩海姆著，郭小平、翟灿译：《艺术心理学新论》，商务印书馆1994年版，第211页。

面的有机生成和空间建构。“空间之同时性使得概观的把握更为便利,从而也使得理解更为便利”①。在这一基础上物象虚化的机制得以启动,从而衍生新的语义空间。从多物象空间画面的有机生成到新的语义的生成,使汉字的象形根基进一步扩展到语词这一层次。在与印欧语系语词的对比中,更能显出汉语词的这一特征。如“水到渠成”——when conditions are ripe, success will come;“水滴石穿”——constant effort brings success;“水落石出”——the whole thing comes to light;“落花流水”——like fallen flowers carried away by the flowing water; utterly routed;“落井下石”——hit a person when he is down;“水准”——level;“上坡路”——upward trend; steady progress;“上台”——assume power; come to power;“下台”——fall out of power, leave office;“下马”——get down from a horse; discontinue;“下风”——disadvantageous position;“阶级”——(social) class;“领袖”——leader;“红尘”——the world of mortals; human society;“红人”——a favorite with sb. in power;“开门红”——get off to a good start;“土崩瓦解”——disintegrate, crumble, fall apart;“土气”——rustic, uncouth, countrified;“地位”——position, status;“颠倒黑白”——confuse right and wrong;“点睛”——provide striking key points;“黑幕”——inside story of a plot;“浅薄”——shallow, superficial, limited;“浅见”——humble opinion;“深沉”——concealing one's real feeling;“深浅”——proper limits for speech or action;“深入浅出”——explain profound theories in simple language;“旁门左道”——heresy, heterodox school, unorthodox ways;

---

① 〔美〕阿恩海姆著,郭小平、翟灿译:《艺术心理学新论》,商务印书馆1994年版,第103页。

“鸡蛋里挑骨头”——look for a flaw where there is none；“鸡肋”——things of little value or interest；“鸡毛蒜皮”——trifles，trivialities；“井底之蛙”——a person with a very limited outlook；“井水不犯河水”——none may encroach upon the precincts of another；“井井有条”——in perfect order，shipshape，methodical；“门当户对”——be well-matched in social and economic status；“门路”——social connections；“天各一方”——live far apart from each other；“天经地义”——right and proper，perfectly justified；“云山雾罩”——extravagant and baseless talk；“云集”——gather，converge；“风吹草动”——a sign of disturbance or trouble，the rustle of leaves in the wind；“风情”——amorous feelings，flirtatious expressions；“风姿”——graceful bearing，charm；“风云”——a stormy or unstable situation；“风声很紧”——the situation is getting tense；“风言风语”——groundless talk，slanderous gossip；“露头角”——beginning to show ability or talent；budding；“鹿死不择荫”——a desperate man will resort to anything；“炉火纯青”——pure blue flame，high degree of technical or professional proficiency；“拘守绳墨”——stick to the rules；“居高临下”——occupy a commanding position。以上仅是部分具有隐喻性语义延伸的汉语词与英语语词的对译比较。在汉语中这一部分词，非常丰富，它们主要借助表示“大地物象”的符号组合而成。此处，大地物象并非仅仅指与大地有关的物象，而兼指除身体之外的所有物象。就符号作为对大地物象的基础认知来看，汉字符号“水”“云”“雾”“风”“石”“路”“台”“门”“井”等与英文符号“water”“cloud”“fog”“wind”“stone”“road”“stage”“door”“well”等的指称物象大致相同。但在汉语言中，每一物象并不仅仅限于对自然物象的实指，因这些自然物象在经验的形象世界中，能够通达认知

不同领域的意义表象。当它们借助符号组合延伸到这些领域时，由于符号的跨领域指涉，这些符号组合便获得很强的形象张力，而相应的意义指涉也就显得生动鲜明，饱含诗意。这部分汉语词的语义表达，主要借助外部物象语言符号的虚实转化，自然地使大地之维的物象画面成为人类文化语义的形象展现，在自然与文化、物质与精神之间建立起一种结构性关联。而英语词基本无法通过同样物象的语言符号，来进行类似的语义组合。自然物象本身的语义生成潜质在英语词这一层次无法展现，它必须把汉语言的形象化表达进行充分过滤，代之以抽象的逻辑化的语义转述。而且在进行这种转述时，表义音节急剧增加，画面的空间形象感进一步被语音的时间流削弱。

四、实与虚——语词隐喻中的结构之维

身体之象、大地之象作为一种符号，在汉语词中，由最初对外部实体之物的指称，过渡到对人类文化语义的喻指，通过实虚转化，以“象”建构起自然与文化的隐喻关联。这两个维度的客观存在，隐约释放出第三个维度，即实虚转化的结构之维。严格来说身体之维、大地之维都可用结构之维来概括，只不过前二者主要是静态结构的隐喻扩展，而此处主要指动态结构的隐喻扩展。无论静态结构、还是动态结构，作为语词隐喻扩展的基础，皆植根于自然的起点。产生于自然生活事件中的动作，首先是实体性的指称，属动作实象，但经过虚化，就可能喻指到一个非常广大的文化语义场。如“抱”本指“以手抱持某种东西”，在这一意义上与英语符号“hold or carry in the arms”的动作指称相同。这一实体性的动作之象，与人心里存有某些东西、想法，有结构上的同构性，于是有“抱憾”(have regrets)、“抱愧”(feel ashamed)、“抱恨”(have a gnawing regret）等。这几个词义，皆可看作“抱”这一实体动作之象的结构性隐喻，而相应的英语词显然丢失了这一根基。“负”作为动作之象与英语“shoulder”的动作指称相同，与符号“抱”组合为“抱负”，喻指一个人负有的远大志向，可以看作“抱”与“负”之动作的结构性隐喻。它与英语的“aspiration; ambition”的所指相同，但在英语的语言符号中难以释读出这一隐喻关联。再如“交”，《说文解字·十下·交部》解释为：“交胫也。从大，象交形。”从字象分析指“一个人两腿相交”，在基础动作结构上与英文“cross; intersect”的所指大致相同，实指相互之间发生的一种关系，如交叠、交换、互换等。它在结构上具有隐喻扩展的理据，于是有“交易”（deal; bargain）、“交谊”（friend; friendship）、“交锋”（engage in a battle or contest; fight with）、“交谈”（talk with each other）、“交情”（friendship; friendly relation）、“交涉”（negotiate）、“交往”（contact; associate with）等。汉语以“交”为单元的符号组合，基本上可以释读为“交之象”的结构隐喻延伸，由实在的动作之象，到人类文化领域的衍生脉络清晰不绝。如“扯”作为动作之象，与英文“pull; tear”的所指基本一致，从结构上分析，指“使某物离开原来的位置”。于是“谈话，漫无边际的闲谈”（chat; gossip）就成为“扯”，如“瞎扯”。实在地讲，所谓谈话也无非是使一个人内心的语言离开原来的“位置”，到达另一个“位置”，与“扯”的动作有结构上的相似性。于是“言谈”这一极文明的活动，就被不太文雅的动作“扯”喻指了。再如“了”，《说文·十四下·了部》解释为：“尦也。从子无臂，象形。”高亨先生对此字的进一步释读是“束婴儿两臂也，故从子无臂”①。从结构上看“了”有束缚之象。而“解”，《说文·四

① 高亨：《文字形义学概论》，齐鲁书社1981年版，第171页。

下·角部》解释为:“判也。从刀判牛角。”“判”即“分开”之义,从结构上看则有“解开”之象。两个实体动作符号组合为“了解”,在抽象的思维领域,显然也可解读出“解除束缚”的结构性喻指,意味着人对某一问题、难题的破释。而“解放”显然也可以看作蕴涵了一种结构性隐喻。还如“折”,《说文·一下·草部》解释为:“断也。从斤断草。”“折”原从“草”,在篆文中从“手”与英文符号“break”“snap”所指的动作状态大致相同。从结构上分析,“折”表示从一种状态向另一种状态的变化,这一结构就具有了隐喻跨越的空间。如心折(be deeply convinced)、折服(sbdue; convinced),“折”通过结构上的隐喻关联就喻指了人心理的一种状态转移。在汉语言中通过与上述类似的结构性隐喻扩展,构造出大量具有隐喻性特色的语词。这一隐喻特质在汉语言中的生成,基于人、文化、自然的同构性。人、文化、自然在生长、生成、产生的意义上,具有结构上的关联性,它们同样需置自身于一个不断运动的状态、过程中,固然其内部机理、结构极为不同,但在外部现象上却表现出相似、相通的禀性。从知识论的角度考察,符号具有认知的功能,把进入人与自然之本体性述谓过程的一切都纳入人类的符号体系中,就是为了在此基础上进一步扩大对于外部的认知,进一步扩展人与自然之间认识性的述谓过程,这是一个不断向“异”分化的出走。而从存在论的角度分析,符号的价值还在于它能通达万物一体的结构性关联。当人类认知活动的无限扩张使自身越来越远离人与自然的一体感时,通过对于符号体系的结构性体认,能够发觉语言在其“无言”之处,保存了一个伟大的秘密。这就是给人类文化自负灌注生机的自然纽带,这是不断向自然认“同”的反身回顾。

五、由意义到事件

从语词在人类语言交际过程中的实际作用考虑，语词不是话语，语词的含义是相对凝定的，只有如此它才能充分发挥自身的交际功能，因此西方隐喻理论反复强调“词典中没有隐喻”。因为说到底隐喻是一种语义事件，它是在几个语义场的交汇处形成的。对隐喻的体验脱离不了一定的语境，“在隐喻陈述中，语境活动创造了新意思，这种意思具有事件的地位，因为它仅仅存在于此时的语境中”①。当然不可否认，许多词义最初就是在隐喻事件中生成的，“当隐喻第一次被创造出来时，修饰语获得了它迄今为止尚未有过的涵义”②。“因此，突然出现的意思的更新可以被视为语言学创造”。但“如果它被语言学共同体的某个有影响的派别采纳，它就可以反过来成为惯用的意义并且增添语词实体的多义性”③。这时它就成为“死板的隐喻”，或者说日常使用的耗损，使语词失去隐喻的触目特征。印欧语系拼音文字作为一种符号，虽能以其能指记录下增添的所指，但却过滤掉隐喻诞生的所有可能痕迹。“符号始终有并且仅仅有一般的和概念的价值，因此，它不承认特殊的或偶然的所指。所有个体的东西都被排除在外。情境被看作无关的东西”④。也就是说在印欧语系语言中，语词不是一个话语结构，

---

① 〔法〕利科著，汪堂家译：《活的隐喻》，上海译文出版社 2004 年版，第 134 页。

② 〔法〕利科著，汪堂家译：《活的隐喻》，上海译文出版社 2004 年版，第 132 页。

③ 〔法〕利科著，汪堂家译：《活的隐喻》，上海译文出版社 2004 年版，第 134 页。

④ 〔法〕利科著，汪堂家译：《活的隐喻》，上海译文出版社 2004 年版，第 97 页。

语词新获得的隐喻义一旦被语言学的共同体接受，就必然被掩去诞生的痕迹，以致无法再行恢复。正是在这个意义上人们说："字典中没有隐喻，隐喻仅仅存在于话语中。"①但汉语词天然具有话语结构特征，虽然在语言的日常使用中，词义作为一种惯约被接受，词语的话语结构特征被忽略，仿佛汉语词也如印欧语系语词一样是一个封闭的语音实体。但汉语词的隐喻话语结构主要由身体之维、大地之维、结构之维的物象画面组合而成，在虚实转化的语境运作中，它的天然存在却能时时唤起对于语言的敏感，使人们能够越过意义的屏障，重新恢复沉睡的话语事件，唤醒日渐隐没的语境，体验隐喻诞生时的语言游戏。

① 〔法〕利科著，汪堂家译：《活的隐喻》，上海译文出版社 2004 年版，第 131 页。

第三章　汉语话语隐喻:汉语诗性的圆成

与印欧语系语言不同,汉语言的隐喻特质展现在汉语言的每一层次上,从字到语词再到句。而句的语言学特征主要体现为不同语义单元的关联结合,并以此服务于人类的不同需求——日常的、科学的逻辑需求与隐喻的诗性需求。客观上,在句子这一层次上,每一种语言都能以自己的特殊表达来满足人类的上述需求,否则语言本身的存在就会受到质疑。一方面,人类生活的常态需要清楚、明晰、惯约、逻辑的语义传递;另一方面,人类的进步与活跃常常需要突破常态,冲破日常语言的牢笼。而人作为一种语言存在,便需要转换自己的表达方式,在语言中全面更新自己的感觉,这就需要隐喻,需要跨越式的语义传递,去开拓语义表达空间。于是一个新的世界便在语言中得以建立,显示了语言通过隐喻"对世界进行谋划和升华的能力"①。语言问题之所以在当代哲学思考中占据越来越重要的地位,实应归因于现实世界中人与自然的疏离而造成的平庸与贫乏,由此语言中的诗性世界就成为一种必要的补偿,"意义乃是可居住的可能世界的投射"②。语言必须在这样

---

① 〔法〕利科著,汪堂家译:《活的隐喻》,上海译文出版社 2004 年版,第 126 页。

② 〔法〕利科著,汪堂家译:《活的隐喻》,上海译文出版社 2004 年版,第 125 页。

两个维度上维系人类的存在。对于印欧语系语言来说它在文字层次割断了象形根基,每一个词基本上是一个封闭的语音实体,其语义扩展也主要是形态化、逻辑化的扩展,隐喻诗性相当贫乏。在话语层次,情况有所不同,话语的本质就是不同语义单元的组合与交流,任何语言在这一层次都具备隐喻的基本条件——以“相似性”实现不同语义单元的跨越、转移,任何语言话语都具有隐喻表达的一般共性。就话语来说,它对隐喻的表达与它自身的隐喻特质应该是两个不同层面的问题。任何语言都能用隐喻进行表达,仅仅谈到这些还没触及论题的实质,论题的实质应该是汉语言话语自身在哪些方面比其他语言表现得更富隐喻性。基于这样的一种思路,笔者认为汉语言话语至少在以下三个层面展现出话语自身的隐喻性特质。第一,在基本的语法层面,系词意识淡化,每一个词都具有实体意义,基本规则是“因字而生句”,为隐喻跨越留下许多逻辑空缺。第二,在具体的句法表达中,很早就把“象”作为一个重要的功能单元,体现了汉字作为一种独特的象形文字对汉语言话语结构的制约性,表达意识中的这种自觉,体现了话语自身敏感的隐喻禀性。第三,汉语以“象”传意的句法结构集中了汉语言自身的表达智慧,在其结构意识的深处,积淀了人与自然更具本体性的隐喻关联,在深层指涉上体现出独特的阐释价值。

第一节　系词缺席与法的淡化

一、系词缺席

汉语言的基础构件——汉字独演象形根基,并承续源始诗性语言的单音特征,在源始本体隐喻述谓运作背景下,可以通过二至数个字象,通过隐含的话语运作,结构为一个新的字象,使意义的隐喻运作有了生成空间。这一特点不仅构成了语词隐喻的基础,而且对句法层面的隐喻机制也有重要影响。而最重要的影响莫过于在汉语言、汉民族思想的基本成熟期,话语的句法表达缺少“法”的意识,极力淡化语言产生之后必然面临的“技术”的缠绕。基于对语言基础——象形汉字的直觉感悟,崇尚“因字而生句”的结构自由。刘勰《文心雕龙·章句》提出:“夫人之立言,因字而生句,积句而成章……章之明靡,句无玷也;句之清英,字不妄也……句司数字,待相接以为用。”大学者黄侃在《文心雕龙札记》中对这几句的评语是:“其于造句之术,言之晢矣。然字之所由相联而不妄者,固宜有共循之途辙焉。前人未暇言者,则以积字成句,一字之义果明,则数字之义亦必无不明……所谓振本知末,通一万毕,非有阙略也。”①正是基于“因字而生句”的句法结构意识,汉语言的话语表达并无严密的语法意识,只有实词与虚词之分,没有更细密的语词分类,一直没有真正意义上的“系词”。著名学者周策纵在《弃园文粹·序》中谈到:“从古代起,我们中国人的思维方式不免有两个最基本的缺失:一个是逻辑推理不够精密……另一个缺失看来很简单,却可能更基本,我们对‘认知’的意识不够发达。就是对‘是’什么,‘不是’什么不够重视……汉语动词作名词用自然太多了,可是‘是’作为 to be 或 being 意义用作名词者,恐怕古代并不多见。”②即便在现代汉语时期,“由于英语 be 式句的影响,汉语‘是’字式SVC句占了绝对优势”③,“是”字也并非不可缺少,很多时候往

① 黄侃:《文心雕龙札记》,华东师范大学出版社 1996 年版,第 160 页。

② 周策纵著,钱文忠编:《弃园文粹》,上海文艺出版社 1997 年版,第 4 页。

③ 魏志成:《英汉语比较导论》,上海外语教育出版社 2003 年版,第 259 页。

往可以省略,或被别的词取代。而且在汉语言中“是”字的“泛滥”,反而增加表达的负担,削弱了汉语言本身的灵性。例如“在现代汉语里,差不多每一个描写句都可以变成判断句,只要在主语和谓语之间加上一个系词‘是’,再在句尾加一个‘的’字”①,“有些叙述语也可以加上‘是—的’式,使它变为判断语”②。但很多时候变换之后反会削弱表达力,或使语感变得滞涩。这种系词缺席现象在汉英对译中表现得最典型,如鲁迅《祝福》:“她仍然头上扎着白头绳,乌裙,蓝夹袄,月白背心,脸色青黄,只是两颊上已经消失了血色,顺着眼,眼角上带些泪痕,眼光也没有先前那样精神了。”这段描写没用一个系词,却极鲜明、俭省地刻画出祥林嫂二次出现在人们面前时的形象。再看这段文字的英译:“As before, she had a white mourning band round her hair and was wearing a black skirt, blue jacket, and pale green bodice. Her face was sallow, her cheeks no longer red; and her downcast eyes, stained with tears, had lost their brightness.”③英译文用了两个系词,并且都是不可省略的,而鲁迅所用的“只是”的“是”字也只是起转折作用,并非真正的系词。再如赵树理《小二黑结婚》中:“三仙姑也暗暗猜透大家的心事,衣服穿得更新鲜,头发梳得更光滑……”其中第一句的英译文是“Third Fairy-maid knew only too well what was on their mind”④。用了一个带有系词的宾语从句,在英语中这是一个固定的句型,系词必不可少。

---

① 王力:《王力文集 · 第三卷》,山东教育出版社 1985 年版,第 264 页。

② 王力:《王力文集 · 第三卷》,山东教育出版社 1985 年版,第 265 页。

③ 周志培:《汉英对比与翻译中的转换》,华东理工大学出版社 2003 年版,第 250 页。

④ 周志培:《汉英对比与翻译中的转换》,华东理工大学出版社 2003 年版,第 251 页。

而汉语中这句话也未必不可改成“三仙姑也暗暗猜透大家的心事是什么”，但显然改后的表达力大大降低。另如茅盾《子夜》中：“二小姐已完全是夏装；淡蓝色的薄纱紧裹着她的壮健的身体……”在这里用了系词“是”，英译文也用了系词，“She was already in the lightest summer clothing. Her vital young body was sheathed in close-fitting light-blue chiffon”①。同样是系词，但作用、地位显然不等。“二小姐已完全是夏装”，其中的“是”只是服从描述简洁的需要，作为一种连接构件，只表示“衣服”附着在“身体”上这一状态。同样的句法排列，完全可以被其他词取代或省略，因此“是”与“裹着”的意义相同，都是为了塑“象”。但英语中显然不是如此，第一个句子的系词既不能被取代，也不能被省略；第二个句子的“裹着”，则必须借助系词“was”把它转化为被动语态才符合英语言表达要求。因此即便在现代汉语中系词“是”也缺乏对现实话语运作的涵盖力，“现代汉语中的作为系词的‘是’，从一定程度上讲，是中国语文在现代的‘形式化’的结果，也可以是‘西化’的产物。‘西化’至此，实际上在现代汉语中也还没有形成名副其实的‘系词’”②。

系词的缺席或者说淡化作为汉语言表达的一个基本事实，显示汉语言并不注重以精确的推论式的逻辑来摹写外部世界，对世界缺乏“知识论”表达的热情，正如一些学者所言：“使用欧洲民族的语言可以得出精确的结论，对这一结论可以进行验证、证伪。凡没有被证实的东西，至少可以是‘未被证实的’。这种推论主要采

① 周志培：《汉英对比与翻译中的转换》，华东理工大学出版社 2003 年版，第 251 ~ 252 页。

② 孙周兴：《说不可说之神秘——海德格尔后期思想研究》，生活 · 读书 · 新知三联书店上海分店 1994 年版，第 96 页。

用表语式的表述形式。”①但这种知识论的表达热情却让西方“陷入海德格尔所说的‘在的遗忘’之误区”②。海德格尔关于存在的语言学考察,有一个基本的思路,大体可表述如下:德语中名词存在(Sein)出于系动词 sein,因此人们也说 Sein 是一个“动名词”,而系动词 sein 又是“不定式”。“由此看来,动词、不定式、名词就是我们的‘在’这个词赖以规定本身词性的三个语法形式……在上述三种形式中,动词和名词属于在西方语法产生时开始被认识到的形式,但也在今天还作为一般词组与语言的基本形式起作用”③。但在源头上,“存在”由不同的词根而来,因而具有具体的、确定的意义,而且是动词性的“活”的意义。海德格尔认为,动词 sein 的源始涵义由三个词根而来:一,sein 的最古老最根本的词根是 es,即梵语中的asus,意谓生命、生命体;二,sein 的另一个印欧语系词根是 bhu、bheuo,在希腊语中就是 phuo,意谓涌现、运作,与之相联系的希腊文是Physis,一般解为“自然”“生长”;三,第三个词根即 sein 的变化式 wes,意谓居住、逗留。④ 但“‘存在’的这些具体丰富的活生生的意义,在后来的语言发展中逐渐地隐失了。这种‘隐失’过程在语法上的标志就是出现了‘存在’一词的不定式形式”⑤。而“什么东西叫不定式? ……无界说的,不确定的方式,这就是说,在

---

① 申小龙:《汉语与中国文化》,复旦大学出版社 2003 年版,第 266 页。

② 何中华:《哲学:走向本体澄明之境》,山东人民出版社 2002 年版,第 134 页。

③ 〔德〕海德格尔著,熊伟、王节庆译:《形而上学导论》,商务印书馆 1996 年版,第 55 页。

④ 孙周兴:《说不可说之神秘——海德格尔后期思想研究》,生活·读书·新知三联书店上海分店 1994 年版,第 93 ~94 页。

⑤ 孙周兴:《说不可说之神秘——海德格尔后期思想研究》,生活·读书·新知三联书店上海分店 1994 年版,第 97 页。

一个动词展示其含义内容与方向的样式中是无界说的，不确定的"[①]。最后"由于在语言上把不定式改造为动名词，就把在不定式中所包含的空洞更加固定起来了：'sein'就像一个固定不变的对象那样被摆弄了"[②]。系词在西方语言中的语法地位不断得到强化，其结果是削平了由之而来的"存在"一词的源始活力，"存在"变成了知识论的一个实体对象，不再具有生命、涌现、生长、逗留等生动含义。

二、形合

海德格尔对"存在"一词的语源学考辨，非常深刻、独到，但一个词，如果仅仅作为一个语义单元，出现在语言中，则语义无论怎样改变，大概都不可能对一个民族生存体验的失落产生如此重大的影响。海德格尔的分析虽很独到，但又语焉不详，给人一种思辨的神秘感。其实系词在印欧语系语言的命运里程——从生命、涌现、生长、逗留的"活"性到含义"空的而且是漂浮不定"[③]的空洞，隐喻了西方语言日益技术化、形式化、逻辑化的归向。例如印欧语系语言话语结构的主要特点是"形合"，英语造句常用各种形式手段连接词、语、分句或从句。其连接手段和形式主要有：一、关系词和连接词。关系词包括关系副词、关系代词、连接代词和连接副词，如who、whom、whose、that、which、what、when、where、why、how等，

① 〔德〕海德格尔著，熊伟、王节庆译：《形而上学导论》，商务印书馆1996年版，第56页。

② 孙周兴：《说不可说之神秘——海德格尔后期思想研究》，生活·读书·新知三联书店上海分店1994年版，第93页。

③ 〔德〕海德格尔著，熊伟、王节庆译：《形而上学导论》，商务印书馆1996年版，第74页。

用来连接主句和定语从句、主语从句、宾语从句或表语从句。连接词包括并列连词和从属连词，如 and、or、but、yet、so、however、as well as、(n)either…(n)or…、when、while、as、since、until 等，用来连接词、词组、分句和状语从句。英语造句几乎离不开这些关系词和连接词，汉语则少用甚至不用。二、介词，包括简单介词、合成介词和成语介词。据统计英语各类介词共约 286 个，介词是英语里最活跃的词类之一，是连接词、语或从句的重要手段。英语造句几乎离不开介词，汉语则常常不用或省略介词。三、其他连接手段，如形态变化形式，包括词缀变化，动词、名词、代词、形容词和副词的形态变化，广泛使用代词以保持前后呼应的关系，以及使用 it 和 there 作替补词起连接作用等。英语常常综合运用上述的关系词、连接词、介词以及其他连接手段，把各种成分连接起来，表达严密的语法关系和逻辑关系①。关系词、连接词、介词及其他连接手段是形合语言用来整理外部经验的语法逻辑构件。"没有了这些元素，英文就不成句，有了它们，句子便因着词性的定位而定向、定义，由此(主体)指向、决定、主宰彼(客体)作单线、纵时式、因果式的追寻，语法的任务是要把人—物、物—物之间的关系指定、澄清、说明"②。语言对现实的编码，一般要包括两个步骤，首先是词，进而把词组合为句子。在词这一层级，拼音文字对现实的编码割断了象形根基，已经是抽象化了的，但词与人类的经验现实毕竟还能保持较为密切的对应关系，外部物象都可能通过词鲜明地显现出来。所以萨丕尔认为"词，作为活的言语的现实存在的单位，则适应人的实

① 参考连淑能:《英汉对比研究》，高等教育出版社 1993 年版，第 48 ~ 52 页。

② 叶维廉:《道家美学与西方文化》，北京大学出版社 2002 年版，第 7 ~ 8 页。

际经验的单位、历史的单位、艺术的单位”①。但进入句子的语法框架之后，现实的充满动感的自然经验顺序，就被“风干”为抽象的逻辑顺序。“西方常把存在概念化，没有把现象本样显现出来，反而将之隐蔽”②。因此从话语结构分析，就不难理解系词变化的巨大影响。人的存在体验必须借助语言来表达，语言可以为人们开拓一个新的体验视野，以补偿现实的贫乏。在系词的语法地位极为强化的语言中，系词作为极为重要的技术构件，更倾向于把意义单元限制在一个线性的述谓平面上，尽量减弱语境的干扰，进行清晰透明的语义传递。“一种表达，越是明晰，就越少暗示；正如一种表达，越是散文化，就越少诗意”③。这就难以制造语义的多向度跨越，它对人类的知识表达是必要的，但对负载人类的生存论体验则相当欠缺。“最后我们手头也许只剩下一个形式的系统，生命的色彩已经消失了，只是由于惰性而存留下来，重复着彼此的次要的、造句的功能，没完没了地浪费”④。

三、义合

系词在汉语言及汉文化的成熟期基本上是缺席的，而系词即便在汉末真正出现，也始终未在汉语语法中占据统治地位。而在现代汉语时期，也不能说系词“是”具有在印欧语系语言中所具有

---

① 〔美〕萨丕尔著，陆卓元译：《语言论——言语研究导论》，商务印书馆1985年版，第29页。

② 叶维廉：《道家美学与西方文化》，北京大学出版社2002年版，第12页。

③ 冯友兰著，涂又光译：《中国哲学简史》，北京大学出版社1985年版，第17页。

④ 〔美〕萨丕尔著，陆卓元译：《语言论——言语研究导论》，商务印书馆，1985年版，第86页。

的语法性质。因为汉语言的结构常数根本就不在句子这一层次，它不需要以封闭严密的句子结构来维持一种语言的稳定，也就不需要复杂的语法逻辑构件去刻意构造维持一种谨严的句子结构。王力说："就句子的结构而言，西洋语言是法治的，中国语言是人治的。"①所谓"法治"实指西洋语言的形式化，也就是句子结构上的形合法；"人治"则是指汉语句子结构的意合法。E·Nida 也认为："英汉在语言学上最重要的一个区别就是形合和意合的不同。"②"所谓意合，指的是词语或分句之间不用语言形式手段连接，句中的语法意义和逻辑关系通过词语或分句的含义表达"③。其实这也就是刘勰所说的"因字而生句"。汉语造句主要就是意合法，少用甚至不用形式连接手段，注重隐性连贯，注重以神统形。因此汉语的形合手段比英语少得多，没有英语所常用的那些关系代词、关系副词、连接代词和连接副词，介词数量少，只有约 30 个，介词和连词常常可以省略，甚至不用。高名凯认为："汉人平常说话不喜欢用太多没有基本意义的虚词，它只是把事情或意思排列起来，让人去了解这两个事情或两个意思之间所生的关系如何。"④而且汉语没有词的形态变化，没有 it 和 there 这类替补词，代词也用的少，尽量省去一切不必要的形式装置。具体采用的意合手段一般有语序、反复、排比、对偶、对照、句子紧缩等⑤。由于意合造句，最大限度地减少了形式关联因素，因此汉语的话语结构就不是定性、定向、单线推进，而是立体关联、灵活往复。这从意合所采用的具体

---

① 申小龙：《汉语与中国文化》，复旦大学出版社 2003 年版，第 274 页。
② 连淑能：《英汉对比研究》，高等教育出版社 1993 年版，第 58 页。
③ 连淑能：《英汉对比研究》，高等教育出版社 1993 年版，第 48 页。
④ 高名凯：《汉语语法论》，商务印书馆 1986 年版，第 366 页。
⑤ 参连淑能：《英汉对比研究》，高等教育出版社 1993 年版，第 54～56 页。

手段——语序、反复、排比、对偶、对照等——就能反映出来。如加尔通与西村文子引用孟子的一句话“人无有不善,水无有不下”,认为这是一种典型的汉语与日语的表述方式,其结构可表述为 A:B = X:Y①。这种结构的实质是借助话语 A:B 与 X:Y 的并置,在二者之间建立一种相似性结构,从而实现跨领域的语义传递与境界融合。这种结构往往在自然物象领域与人类精神文化领域之间建立起一种投射、映衬关系,并不把 A 与 B 限制在一个单一封闭的语境中,专断地保证在 A 与 B 之间存在着的“什么”。而只是在此之外,另提供了一种相似性结构,组成一个“象”、一个“画面”,实现不同视域的交融。这已经在暗示了“什么”,但这个“什么”是发散的,非“言”所能保证的。其实这就是一种隐喻结构,如加尔通、西村文子在《结构、文化和语言》一文中进一步指出:“中、日文具有一种隐喻的、带有文学色彩的风格,这种风格在西方往往被称为‘诗的’风格。”②

而从汉语言自身的特点分析,意合法可以看作汉字象形——本体源始隐喻述谓,与“比类合谊”“取譬相成”——隐性的话语隐喻述谓,在句子这一层次的必然发展。既然语词可以通过虚实转化,利用物象画面的有机组合拓展象形根基,隐喻式地指意,汉语句只不过是词的适当扩展,自然也会充分展现隐喻的表达机制。汉字独演象形根基,并且构成汉语言结构常数的基点,正是这一根本性的独特之处,奠定了汉语的独特面貌。正如萨丕尔所言:“从拉丁语到俄语,我们觉得视野所及,景象是大体相同的,尽管近处

① 〔挪〕加尔通、〔日〕西村文子著,关山译:《结构·文化和语言——印欧语系语言、汉语、日语比较研究》,《国外社会科学》1985 年第 8 期。

② 〔挪〕加尔通、〔日〕西村文子著,关山译:《结构·文化和语言——印欧语系语言、汉语、日语比较研究》,《国外社会科学》1985 年第 8 期。

的、熟悉的地势已经改变了。到了英语,我们好像看到山形歪斜了一点,不过整个景象还认得出来。然而,一来到汉语,头上的天都变了。"①从所谓"语言的具体家当"看,汉字独演象形根基,汉语词充分利用了外部物象组合的指意功能,注重词用的虚实转化,而不注重严密的分类,因而实现了与自然、经验感觉世界最密切的衔接。对印欧语系严密的词类划分来说,"词类所反映的,与其说是人对现实的直觉分析,还不如说是人把现实模造成各种不同形式格局的能力"②。汉语是"具有明确的孤立模形的语言"③,在句子层面强调义合、语序,不注重"形式上的一致关系",能在话语层面悬置人为规范对自然感知世界的过分切割。"说话的现实内容,它的元音和辅音所结成的各音组,原先只限于是具体的;关系原先不用外表形式表达,只是暗含在顺序和节奏里说出来。换句话说,关系是直觉地感到的,是从本身也在直觉平面上活动的动力因素里'泄漏出来'的"④。主要"凭借暗示,凭借感情的微妙作用"⑤,较大程度地实现"对具体、整体宇宙现象和全面生命未受概念左右的世界的肯定……一切可以依循物我的原性完成,不必刻意用'心',我们可以更完全的应和那些进入我们感触内的事物……完全开

---

① 〔美〕萨丕尔著,陆卓元译:《语言论——言语研究导论》,商务印书馆1985年版,第108页。

② 〔美〕萨丕尔著,陆卓元译:《语言论——言语研究导论》,商务印书馆1985年版,第106页。

③ 〔美〕萨丕尔著,陆卓元译:《语言论——言语研究导论》,商务印书馆1985年版,第115页。

④ 〔美〕萨丕尔著,陆卓元译:《语言论——言语研究导论》,商务印书馆1985年版,第102页。

⑤ 〔美〕萨丕尔著,陆卓元译:《语言论——言语研究导论》,商务印书馆1985年版,第104页。

放，无碍”①。这种表达效果印欧语系的语言很难做到，也无怪萨丕尔感到“一来到汉语，头上的天都变了”。因此汉语言话语，虽然传达西方科学思想不那么轻松，但“在表征哲学本体论时有其特别的优势”②。这种优势，更集中地表现在汉语句子的结构具有自然天成的隐喻特质，能在明言之外、之内，敞亮一个更广阔的表达视域，弥补语言“言而皆非”的缺陷。当然，这只是一个概括的、在一定意义上稍显空洞的描述，具体地说，汉语句子在什么意义上，具有澄明的先天优势呢？

第二节　象的话语述谓功能与隐喻

汉语句子的语义生成与传递不依靠语法的形态关联，系词缺乏、法的淡化、义合都是对这一特点的描述。这一特点使汉语言在表达人类心灵的诗性诉求时有天然的优势，这在上一节的结尾已概括地提到，本节将展开分析这一优势的具体所在。

一、从汉字之象到话语之象

汉语言与其他语言表意意识极为不同，汉语言文化在对语言的反思中，很早就敏锐地认识到语言自身的局限。汉语言在表达意识中，并不十分注重语言在符号学层面上的、基于能指所指结构的、固化显性的语义传递，更注重超越符号学语义传递之上的语义的随机生成。为此在句子——这一语言之存在的根本层面上，除

① 叶维廉：《道家美学与西方文化》，北京大学出版社2002年版，第19页。

② 何中华：《哲学：走向本体澄明之境》，山东人民出版社2002年版，第134页。

一般语言都具有的符号中介外,更强调位于符号之上的"虚化"的中介层。虽然它的存在是隐含的,但却是汉语表达的灵魂,这就是在汉语句义表达中运作的"象"。在汉语言的文化语境中,"象"是一个十分重要的范畴,它跨越哲学、宗教、伦理、诗学、文字语言学等诸多领域。就语言学的领域看,"象"并非一个语言功能单位,在话语述谓结构中不是一个显性的语义单元。所谓话语述谓,即指不同语义单元在一定的语句结构中进行的语义生成活动,语言的实质集中表现于这一层次。但又不可否认,"象"在汉语言的语句结构中,起着至关重要的作用,构成了汉语言话语结构的灵魂。说汉语言句子结构的一般特点表现为"义合",不依靠诸多形式手段进行语义单元的勾连,也只是表层的描述,并没触及"义合"的深层机制。在"义合"的深层机制上,主要是"象"功能机制的拓展与深化。

在汉字这一单元层次上,"象"是最根本、最基础的功能单位,"不知象类,不足与言六书八体之文"①。语言的基础符号单元——文字,其结构原则大致可分为两类,一是"象"的模式,一是"是"的模式。在"象"的模式中,人与自然、与外部世界之间最自然、直接的认知媒介凝缩为一个具象的符号形体。在"是"的模式中,文字割断了自然的象形根基,靠思维抽象力的概括,规划某个"符型"就指代某种意义。例如在英语中可以说符号"rain"是"雨","water"是"水","mountain"是"山",但不能说这些符号像"雨"、像"水"、像"山",因符型对其所指代、命名的物象并无空间形体观感的直接启发性。但汉字符号则与之不同,汉字解说必用的术语不是表判断的系词"是",而是"如""象"等表比拟的词,如

① 李新魁校正:《韵镜校证》,中华书局1982年版,第15页。

汉字符号“”“”“”则完全可以称之为像“雨”、像“水”、像“山”。“象”相对于“是”，使汉语言的表达相对于印欧系语言的表达便多了一份智慧的诗性，它不注重符号的机械判断，而倾心符号的形象启发，不仅仅诉诸符号的抽象记忆与概括，更诉诸于想象的跨越与洞彻。汉字虽然也能按索绪尔的符号理论进行能指所指的二元切分，但这种切分尚不能完全把握汉字作为唯一象形文字的全貌和精神。我国有悠久的小学传统，其对汉字的解说，除了一般的意义解释外，还有另外一种更为重要的诠释方法。如《说文解字·又部》：“取，捕取也。从又从耳。”《说文解字·草部》：“莫，日且冥也。从日在草中。”前面是对“字义”的解说，后面则是对“字象”的解说。这种解说体例体现了一种很重要的诠释学思想，它不仅仅诉诸符号学意义上所指与能指的对应，往往超越这一层面，以象为指引，把对字义的把握放到一定的语境中，充分发挥“象”的启悟功能。因此“象”绝不是可有可无的，它是汉字符号的一个有机成分。如果仅以所指能指进行切分，把汉字等同于拼音文字，对认识汉字是相当欠缺的。汉字不仅是汉语言的基础单元，而且是汉语言结构常数的基点，汉字的这一符号特点也必然会投射到汉字符号的组合——句子上。

在汉字这一层面，“象”与“符号”、符型的空间感与单音的时间感处在一对一瞬间偶合的显性层面。在句子这一层面，靠不同汉字单元的组合进行语义的生成，句子的多音节线性时间感与“象”表义空间感的即时生成、瞬间把握客观上相矛盾。在这种意义上，似乎不能说汉语言句子结构与其他语言的句子结构有什么根本的区别，而且所有语言在句法的基本规则上，都应遵循主语与谓语、主词与宾词、施动与受动这些基本的表达模式。但基本的共同性并不能掩盖每一种语言的独特性。对汉语言——积字成句的句法规则来说,"象"由汉字的"形式"要素,提升为句子的一个很重要的表达要素。无论句子之"象"作为一种语言存在显得多么"玄虚",但在汉语言的表达意识中却是真实的,至少可被称为一种不可或缺的意向性的存在。"象"能够在汉语言的句法表达中取得如此重要的地位,在形而上的层面与汉文化的语言反思有关。

二、"道"之话语句法的隐喻指向

语言哲学产生于对话语表达功能的反思,人类的思想交流、意义传递必须通过话语的生成与建构才有可能,而句子作为话语的单元,其"不确定的创造、无限制的变化,乃是动态的语言的生命"①。但话语表达理论上的无限可能性并不能掩盖表达现实中的局限性,汉语言天然具有对话语表达局限性的敏感。对话语表达局限性的敏感与反思,使古人很早就认识到"理得于心,非言不畅;物定于彼,非名不辩"②。言与名作为人类技术活动的一种,总是一种人为的限定、主观的强制,故在人们的语言意识中,言与名之外的领域更为广阔,更为根本。"道"是汉语文化最重要的哲学范畴,"道"的不可言说本性,促使话语表达必须克服自身的局限,在符号的线性组合中,为"道"塑"象",以"象"隐喻指涉不可言说的"道"意。不倾向语言对外部言说的"铺张扬厉",而主张"言简意赅""言近旨远",这在道儒两家皆如此。

《说文解字·走部》:"道,所行道也。从辵,从首。一达谓之道。"道的本义即人所行的道路。"'道'字虽然在《尚书》等古文献

---

① 〔法〕利科著,汪堂家译:《活的隐喻》,上海译文出版社2004年版,第92页。

② (唐)欧阳询:《艺文类聚》,上海古籍出版社1965年版,第348页。

中已屡次使用，但是作为哲学范畴，则始于老子”①。《老子》第一章开宗明义：“道可道，非常道；名可名，非常名。”在一般哲学的意义，这句话被看作后世汉语文化“道论”的总纲，而在语言学层面上，它也可被看作话语哲学的总纲。在“道可道”这句话中，前一个“道”即哲学上的范畴，第二个“道”则指话语活动，“道”只有通过话语才能表达出来，只是这种表达已非“常道”。在语义上由道路之道，到哲学范畴之道，再到道说之道，即是一种隐喻式的扩展。这三个领域共同具有的即是以符号“道”为载体的“通达之象”。而第二句“名可名，非常名”，则完全是针对话语表达来说的。《说文解字·口部》：“名，自命也。从口、从夕。夕者，冥也；冥不相见，故以口自名。”“名”本义所代表的就是人类自身的一种命名活动，在隐喻的意义上，要冲破意义世界的黑暗，必须借助“名”——这一语言活动。但“名”既能去蔽，也能遮蔽，这是语言的千古难题。所以“名可名，非常名”与“道可道，非常道”在话语表达的哲学意旨上是相通的。“道”“名”在本性上是不可说的，但又必须通过语言来表达，这就需要一种特殊的表达方式。这种特殊的表达方式就是以象为中介，以象作为话语表达的一个功能单元，以象来开启一个广阔的表达空间。“我们现在对某物的景象和现象的命名乃是‘形象’。形象的本性是让某物能看见……真正的形象作为景象让不可见可见”②。因此《老子》对于“道”不是以西方语言下定义的方式，而是以描述的方式，描写出一种道之“象”，如：“道冲，而用之或不盈。渊兮，似万物之宗……湛兮，似或存。”（四章）“有物混成，先

① 葛荣晋：《中国哲学范畴通论》，首都师范大学出版社 2001 年版，第 155 页。

② 〔德〕海德格尔著，彭富春译：《诗·语言·思》，文化艺术出版社 1991 年版，第 197 页。

天地生。寂兮寥兮，独立而不改，周行而不殆。”（二十五章）“其上不皦，其下不昧，绳绳不可名，复归于无物。是谓无状之状，无象之象，是谓惚恍。迎之不见其首，随之不见其后。”（十四章）“道常无为而无不为。”（三十七章）“天之道，其犹张弓欤。”（七十七章）老子之后对于道的话语表达，都表现出同样的趋向。如：“夫道，有情有信，无为无形；可传而不可受，可得而不可见……在太极之先而不为高，在六极之下而不为深；先天地生而不为久，长于上古而不为老。”（《庄子·大宗师》）“道也者，口之所不能言也，目之所不能视也，耳之所不能听也。”（《管子·内业》）“夫道者，体常而尽变，一隅不足以举之。”（《荀子·解蔽》）“夫道者，覆天载地……原流泉勃，冲而徐盈；混混滑滑，浊而徐清。故植之而塞于天地，横之而弥于四海，施之无穷而无所朝夕。”（《淮南子·原道训》）魏晋“以无解道”，王弼“道者，无之称也”。而“无”之象则为：“夫道之而无语，名之而无名，视之而无形，听之而无声，则道之全焉。”①南宋陆九渊提出：“夫道至无而动，至近而神，故藏而后发，形而斯存。”②明代韩邦奇形象地说：“如鸡鸣、犬吠、蛙鸣、蝉噪，皆化育之流行，皆道也；其小至于蝇飞蚊走皆化育之流行，皆道也。”③道本不能言，言而非道，但道又必须通过语言解蔽。综合上述对于道的话语表达，共同特点在于这些话语没有一个属于以系词为中介的判断句法，都不是以言直接定义出道的内涵。但都描述出了一种“象”，一

---

① 葛荣晋：《中国哲学范畴通论》，首都师范大学出版社 2001 年版，第 163 页。

② 葛荣晋：《中国哲学范畴通论》，首都师范大学出版社 2001 年版，第 169 页。

③ 葛荣晋：《中国哲学范畴通论》，首都师范大学出版社 2001 年版，第 172 页。

种“话语形象”，以象隐喻指涉“道”义、“道”蕴。“道”的话语表达模式可归结为“言—象—道”。

儒家在话语表达模式上表现出同样的趣味。儒家经典《论语》多次谈到学《诗》，即古代最早的诗歌总集《诗经》，这是一个具有重要意义的语言趣向。《论语·泰伯第八》载：“子曰：‘兴于《诗》，立于礼，成于乐。’”《论语·季氏第十六》载：“学《诗》乎？……不学《诗》，无以言。”《论语·子路第十三》载：“子曰：‘诵《诗》三百，授之以政，不达；使于四方，不能专对；虽多，亦奚以为？’”。学《诗》所注重应当包括两个方面，内容与话语表达方式。所以朱熹对后边这段引文加的注是：“《诗》本人情，该物理，可以验风俗之盛衰，见政治之得失。其言温厚平和，长于风谕，故诵之者，必达于政而能言也。”①而孔子本人关于学《诗》之法也是兼顾以上两个方面。“小子何莫学夫《诗》？《诗》可以兴，可以观，可以群，可以怨；迩之事父，远之事君；多识于鸟兽草木之名。”（《论语·阳货第十七》）朱熹认为“学《诗》之法，此章尽之”②。学《诗》之法，“兴”为首，从语言表达角度看，“兴”强调的一种话语表达方式，即“长于风谕”。而后世对于《诗》的解释，也着重“兴”在话语表达方面的特点。关于《诗》之六义，在《周礼·春官·大师》里就已提到“教六诗：曰风，曰赋，曰比，曰兴，曰雅，曰颂”。汉代《毛诗序》同样提出“故《诗》有六义焉：一曰风，二曰赋，三曰比，四曰兴，五曰雅，六曰颂”。郑众注“比兴”曰：“比者，比方于物也；兴者，托事于物也。”周振甫认为“郑众的解释符合《诗经》的实际”③。比与兴作为《诗经》所体

① （宋）朱熹注：《四书集注》，上海古籍出版社1995年版，第170页。
② （宋）朱熹注：《四书集注》，上海古籍出版社1995年版，第211页。
③ 周振甫：《中国修辞学史》，商务印书馆2004年版，第40页。

现的话语表达模式——成为《论语》话语表达的楷模，与《老子》之“道”的话语表达模式是相通的。无论是“比方于物”，还是“托事于物”，都是一种“譬如”模式，都不是既有语义对所欲表达主题的直接定义与判断，而是通过创造话语形象，以“象”隐喻指涉。这也符合《论语》话语表达的实际情况。《论语》言“仁”曰：“能近取譬，可谓仁之方也已。”（《论语·雍也第六》）“知者乐水，仁者乐山；知者动，仁者静。”（《论语·雍也第六》）言“礼”曰：“绘事后素。”（《论语·八佾第三》）言“道”曰：“仰之弥高，钻之弥坚，瞻之在前，忽焉在后。”“逝者如斯夫，不舍昼夜。”（《论语·子罕第九》）言“德”曰：“君子之德风，小人之德草。草上之风必偃。”（《论语·颜渊第十二》）“吾未见好德如好色者也。”（《论语·卫灵公第十五》）言“礼乐”曰：“礼云礼云，玉帛云乎哉？乐云乐云，钟鼓云乎哉？”（《论语·阳货第十七》）“子在齐闻《韶》，三月不知肉味。”（《论语·述而第七》）言得道之乐曰：“一箪食，一瓢饮，在陋巷。人不堪其忧，回也不改其乐。”（《论语·雍也第六》）“饭疏食，饮水，曲肱而枕之，乐亦在其中矣。”（《论语·述而第七》）类似的话语表达模式在《论语》中比比皆是。《论语》自身对这种话语模式也有一个比喻性的提示：“子曰：‘予欲无言。’子贡曰：‘子如不言，则小子何述焉？’子曰：‘天何言哉？四时行焉，百物生焉，天何言哉？’”（《论语·阳货第十七》）天并非不言，在人与自然的本体述谓活动中，天以“四时行”“百物生”之“象”，与人类进行无言的对话。因此儒家的“不言”与道家的“不言”“道言”异曲同工，在话语表达模式上，都以“象”为中介，突破既有语义之网的束缚，在话语层面凸显“象”隐喻的诗性创造。

儒、道对语言表达功能的反思，表现出同样的趋向，产生出相似的句法表达模式。“象”在它们的形而上句法表达结构中是一个重要的功能单元，它把在时间中流动的语义流，再转换为向空间中发散的语义象，以此实现语义的跨领域衔接、衍生与创造。这一特征与汉语结构常数基点——汉字的本性是一致的。汉字在“仰观俯察”“近身及物”的空间中取象，以单音、单字与一个混融整体的“象”实现最自然、紧密的衔接，使人类认知、体悟与语言表达过程中时间感与空间感的矛盾得以自然化解。而儒道对话语句法表达潜能的反思，在一个多音节的意义结构中，进一步拓展了汉字取象的本性。在这个意义上说，汉字与汉语言的距离并不遥远，而是非常之近。

三、象的述谓功能与隐喻

与“道”的话语表达模式“言—象—道”相应，汉语言更带普遍性的话语表达模式是“言—象—意”。话语表达的基本作用是表意，对言与道的表达关系的思考，直接启示了对语言日常使用中言与意的表达关系的思考。例如曾祖荫认为：“庄子对言和意的论述，是从他对中心哲学范畴——‘道’的论述中推衍出来的。”①庄子对言意关系的思考归结为他的一个基本命题——得意忘言。他用一组比喻句来说明这一命题：“荃者所以在鱼，得鱼而忘荃；蹄者所以在兔，得兔而忘蹄；言者所以在意，得意而忘言。”（《庄子·外物》）《易传》也有对言意关系的思考，它明确地在言意之间加了一个中介——象。《周易·系辞上》：“子曰：‘书不尽言，言不尽意。’然则圣人之意，其不可见乎？子曰：‘圣人立象以尽意，设卦以尽情伪，系辞焉以尽其言。’”“象”在《周易》中的具体含义是什么？它与句法表达的联系在哪里呢？《周易》中的象最直接的所指是卦象，而卦象又是对外部物象、事象的模拟。“圣人有以见天下之赜，

① 曾祖荫：《中国古代美学范畴》，华中工学院出版社1986年版，第191页。

而拟诸其形容,象其物宜,是故谓之象”(《周易·系辞上》)。“是故法象莫大乎天地,变通莫大乎四时;悬象著明莫大乎日月”(《周易·系辞上》)。“天地变化,圣人效之。天垂象,见吉凶,圣人象之”(《周易·系辞上》)。卦的取象与汉字的取象在语言学的意义上有相通之处,它们都是以空间形象作为指意符号。而不同之处在于卦象的意义,必须借助文字之象的再阐释才能传达出来。所以王树人认为《周易》是一个双重符号体系,“从形式上看,《周易》一书之奇,就奇在在文字这种符号作为基本意蕴的载体之外,它还有另外一套与文字符号密切相关的更为根本的符号系统……六十四卦画系统。这在中国和世界诸典籍中都是独一无二的”①。也就是说从整个《周易》文本来看,第一重符号系统为卦画符号系统,第二重符号系统为对卦画系统进行解说的文字符号系统。“《周易》的文字符号,是与卦画符号相应的……首先,与每一卦的整体卦画相应的文字符号是卦名……卦名之后的文字符号是卦辞……卦辞之后的文字符号,是与爻这种卦画相应的爻辞”②。而文字符号作为对卦画符号内蕴的再阐释,也不是进行定义与判断模式的符号组合,而是以描述的语言,通过文字符号的组合——语句,把卦象转化为语言之象,以语言之“象”喻指卦“象”内涵。随意翻开《周易》文本,对每一卦画进行解释的卦爻辞,其句法结构基本相似。首先以文字符号描述一个指涉卦象意蕴的场景——“象”,然后通过一个简约的一字、二字、四字句作出卜断。如对乾之六爻的解说所用的“象”分别是:潜龙勿用;见龙在田;君子终日乾乾;或跃在渊;飞龙在天;亢龙有悔(《周易·坤卦》)。坤卦六爻所用之“象”

① 王树人:《传统智慧再发现·上卷》,作家出版社1996年版,第53页。
② 王树人:《传统智慧再发现·上卷》,作家出版社1996年版,第57页。

分别是：履霜，坚冰至；直方大；含章可贞；括囊；黄裳；龙战于野，其血玄黄（《周易·坤卦》）。以上仅仅举出几个例子，此类例子在《周易》中比比皆是，可以说一部《周易》，基本由文字符号结合而创造的"象"之隐喻构成。

《周易》文本中很多隐喻指意牵强，缺乏语义过渡的合理性、有机性，但不能由此否认其作为一种语义句法、表达方式的价值。钱锺书曾言："是故《易》之象，义理寄宿之蘧庐也，乐饵以止过客之旅亭也；《诗》之喻，文情归宿之菟裘也……倘视《易》之象如《诗》之喻，未尝不可摭我春华，拾其芳草。刘勰称'易统其首'，韩愈赞'易奇而法'，虽勃窣理窟，而恢张文囿，失之东隅，收之桑榆，未为亏也。"①钱先生在此把《易》之象与《诗》之喻对举，显然有把"象"与"喻"看作一种表达方式的意思，而且明确把"象"看作"义理寄宿之蘧庐，乐饵以止过客之旅亭"，显然也是把"象"看作一个重要的表意单元。而"易"之象除了存身于卦画中，更主要的应是通过"句子之象"进行的诠释。章学诚也表达过大体相同的意思，"象之所包广矣，非徒《易》而已……《易》象虽包《六艺》，与《诗》之比兴，尤为表里"②。也是把《易》之象作为一种表达方式，与《诗》之比兴相对照。《易》之象与《诗》之喻不能相同，钱锺书对此有精到的分析："《易》之拟象不即，指示意义之符（sign）也；《诗》之比喻不离，体示意义之迹（icon）也。不即者可以取代，不离者勿容更张。"③所谓

① 钱锺书著，舒展选编：《钱锺书论学文选·第一卷》，花城出版社 1990 年版，第 69 页。

② 钱锺书著，舒展选编：《钱锺书论学文选·第一卷》，花城出版社 1990 年版，第 67 页。

③ 钱锺书著，舒展选编：《钱锺书论学文选·第一卷》，花城出版社 1990 年版，第 67 页。

"《易》之拟象不即"，即如《周易·说卦传》所言八卦各卦的取象并不局限于一，如乾卦的取象"为天，为圜，为君，为父……为大赤，为良马，为老马……为木果"。坤卦取象"为地，为母，为布，为釜……为子母牛……"也就是："言乾道者取象于木果，与取象于马，意莫二也；言坤道者取象于布釜，与取象于牛，旨无殊也。"①正是在这个意义上，王弼在《周易略例·明象》指出："夫象者，出意者也。言者，明象者也。尽意莫若象，尽象莫若言。言生于象，故可寻言以观象；象生于意，故可寻象以观意。"同时又指出："存言者，非得象者也。存象者，非得意者也。象生于意而存象焉，则所存者乃非其象也；言生于象而存言焉，则所存者乃非其言也。"②其主旨在避免"拘象而死在言下也"③。因"易"为每一卦的取象"非一"，仅仅拘守"一言一象"，当然不能得该卦之全貌，在这个意义上，言一象一意的模式似乎可表述为："得意在忘象，得象在忘言。"④而这里也不是真的"忘象"，其要义则在于获得该卦之"全象"，以领悟该卦之真义。所谓"《诗》之比喻不离"，即指在《诗》的比喻中，喻指与喻义的生成是有机的，"它仅仅存在于此时的语境中"⑤。即如钱锺书所言："取《车攻》之'马鸣萧萧'，《无羊》之'牛耳湿湿'，易之曰

---

① 钱锺书著，舒展选编：《钱锺书论学文选·第一卷》，花城出版社1990年版，第68页。

② 金景芳讲述，吕绍纲整理：《周易讲座》，广西师范大学出版社2005年版，第366页。

③ 钱锺书著，舒展选编：《钱锺书论学文选·第一卷》，花城出版社1990年版，第67页。

④ 金景芳讲述，吕绍纲整理：《周易讲座》，广西师范大学出版社2005年版，第366页。

⑤ 〔法〕利科著，汪堂家译：《活的隐喻》，上海译文出版社2004年版，第134页。

‘鸡鸣喔喔’,‘象耳扇扇’,则牵一发而动全身,着一子而改全局,通篇情景必随以变换……所谓不离者是矣。”①这就是所谓《易》之象与《诗》之喻的“貌同而心异”②。

但如果从话语表达句法的角度分析,则《易》之象与《诗》之喻在“貌同而心异”的基础上,还有更深一层的“同”。即《易》之象与《诗》之喻都必须通过文字的符号组合才能传达出来,在这一组合传达过程中,共同遵循的规则就是“以言构象”“以象传意”,“象”在话语结构中承担着重要的述谓功能。所谓“言者,明象者也”,此处的“言”虽然可以解释为:“就筮法说,指卦辞或爻辞;就哲学说,指语言或概念。”③但无论就筮法说,还是就哲学说,最终的传达载体必定是句子,此处的“言”以“话语”“句子”来解释也未尝不可。这句话就其对话语传意的启示来看,显然就是用文字符号构象,这是句子传意过程的第一步。第二步,此象作为话语结构的一个述谓单元,完成句子的最终传意功能,此即“夫象者,出意者也”。而从构思的角度看显然是“意”在先,也就是句子的话题在先,先有“有所言说的意向”,在这种意向的统摄下,构思传意之象,这就是所谓“象生于意”。有了“传意之象”,就要将之落实在“言”——句子上,以文字的组合,把传意之象表达出来,此即“言生于象”。而从接受的角度看,则首先是“寻言以观象”,然后是“寻象以观意”。而无论从那一个角度分析,“象”都是一个不可缺少的中介单元。

---

① 钱锺书著,舒展选编:《钱锺书论学文选·第一卷》,花城出版社1990年版,第68页。

② 钱锺书著,舒展选编:《钱锺书论学文选·第一卷》,花城出版社1990年版,第67页。

③ 北京大学哲学系中国哲学史教研室选注:《中国哲学史教学资料选辑·上卷》,中华书局1981年版,第382页注1。

对“象”在人类思维活动中所起重要作用的认识，中西方是相通的，如亚里士多德“没有形象的呈现，就没有理智活动”①。“真正的创造性思维活动都是通过‘意象’进行的”②。只不过由于拼音文字割断了象形根基，因而在具体的语言表达中，对“象”已不再那么敏感，大多时候，其句法表达意识是忘“象”的。

汉语在表达其特有哲学范畴——道，或者更一般地说，表达其形而上思考的两难时，产生了对语言表达功能的反思，由此形成特有表达句法：言—象—道。在一般语言学的意义上，此句法即为：言—象—意。由于象成为一个至关重要的功能单元，也就由此决定了汉语言句法表达的隐喻特质。那么这一结论的普遍性如何呢？当然这不意味着汉语言的日常现实就如此泛滥着隐喻的句子，但一般的日常语言并不是语言的全貌，在不发生语言表达障碍的语境中，并不需要语言的反思。而带给人类崭新语言体悟的恰恰是对日常语言表达的超越，它存在于哲学、宗教、文学、艺术等诗性的语境。“语言的特性主要是在文学时期以及此前的准备时期发展而成的。正是在这个时候，语言更多地超越了日常物质生活的需要，上升到纯思想的阐发和自由表述的高度”③。在这一意义上，《周易》《诗经》《老子》《庄子》《论语》等作为汉语文化元典，塑造了汉语文化的基本精神，这一基本精神也必然化为基本的语言表述，这样一种句法意识的普遍性是完全

---

① 〔美〕阿恩海姆著，滕守尧译：《视觉思维——审美直觉心理学》，光明日报社 1987 年版，第 164 页。

② 〔美〕阿恩海姆著，滕守尧译：《视觉思维——审美直觉心理学》，光明日报社 1987 年版，第 37 页。

③ 〔德〕洪堡特著，姚小平译：《论人类语言结构的差异及其对人类精神发展的影响》，商务印书馆 1999 年版，第 200 页。

可以想见的。而从中国哲学美学几个主要范畴的对待式符号结构看，像“道与器”“有和无”“动和静”“体和用”“形神”“虚实”“意境”等，落实到句法表达上，都可还原为句子的“象—意”结构，在理解体悟上，都体现了隐喻在不同领域实现的“相似性”跨越。就理论的历史进展看，“言—象—意”理论，在中国哲学、美学理论传统中，是把命题思考与语言表达反思结合最紧密的一种思维理路，它从先秦一直延伸到近代，其影响极为深远。而最为关键的还在于这种结构句法，着眼于“象”的深层中介性统摄，与汉语言的基础单元——汉字的取象特质，在精神内蕴上打通。或者说只有在以象形文字为基础的汉语言中，才有可能在句法表达中产生自觉的取象意识。

第三节 “象”作为传意中介的召唤性机制

汉语呈象句法的根本特点，主要表现为以“象”作为一个必要的传意中介。而“象”如钱锺书所言乃“乐饵以止过客之旅亭”，它表面上似乎延缓了语义的传递，但在实际的语言过程中，这一“乐饵以止过客之旅亭”，反而有助于打破语言符号线性排列的限制，拓展语义表象的衍生空间，赋予语义的生成以隐喻式的创造力。基于这样的一些特色，我们可以说汉语“言—象—意”句法表意上的特点在于，该句法独具一种召唤结构。因为“象”作为“乐饵”、作为“止过客之旅亭”，强化于句法表达意识中，必然召唤表达意识对它的自觉趋从，从而为隐喻特质的形成创造了多角度的切入空间。我们将从以下几个角度进行分析：常态性召唤机制，弱常态性召唤机制，非常态性召唤机制。

一、常态性召唤机制

“召唤结构”本是西方现代批评的一个术语，其基本指向无非是指文本进入阐释语境后，自身所具有的能够形成一定阐释张力的机制。在一个文本中，艺术形象被从多维度、多视角、多层次展现出来，为阐释的切入提供了很宽阔的空间，以“召唤结构”来描述这种状态似乎是合理的，但以此来描述汉语句法语义的生成特点，似乎首先就有辩解的必要了。其实，汉字作为汉语的基础，以象形为根基，并通过基础象形字的再度组合，形成庞大灵动的汉字体系。汉字取象乃字义生成的基础，虽然自然中每一象的生成都有其基础的语境，这一语境规定了字义的大体界限，但从“象”之为“象”的实质看，“象”的根本特点就在于它能够超越具体质体的限制，具有很强的发散性，指义空间相对“固定”但又边缘模糊、应变灵活，所谓“孑立应多”“守常处变”。而且每一个汉字都处在一定的“形符”“声符”或曰“偏旁部首”的系连中，彼此之间在字义上都有或多或少的交叠。因此每一汉字都有一个拓扑性的隐喻字义场，这一点本文在第一章已有论述，这是汉字作为语言符号的独具特征。当组字成句，即汉字进入一种符号序列，进入一定的结构中，在结构性张力的整合下，极易激活拓扑性字义场，这不妨被看作一种召唤性潜质。对拓扑性字义场的激活，应该说还属于常态下的隐喻机制。

常态下汉字在句子中所承受的结构性张力有以下几点：

第一，呈象的结构张力。一音、一字作为一个表意符号与一个语义表象相对应，在“因字而生句”的结构规则下，每一字又像空间画面里的一个有机元素，因此汉字作为语言符号的功能是双重的，不仅传意，而且“造象”。每一字都是一个完整、相对独立的“画面单元”,在结构句法上有相对的自由性。而句子是在一个线性的序列中而非多向度的空间中“造象”,这就需要召唤各语义表象的想象性亲和来弥补这一缺陷。语义表象的想象性亲和本身,已蕴涵了在各个“象”之间可能发生的相似性跨越,这便是一种隐喻性运作。

第二,虚位空缺的结构张力。汉字都具有实体性的意义,没有必不可少的、仅具语法意义的汉字。而且大部分语法性较强的词也往往是由实词转化而来,具有可以加以解说的实体性的“象义”,并随语境随时进行虚实转化。而这种转化并无形态标志,一切依语境而转移,因此它的句法组合,相对自由开放,留有许多空缺。印欧语系语言中的词,从某一角度,可以被分为两类:一类即所谓具有实体意义的词,一类是具有语法意义的词。在词的句法组合中两类词缺一不可,实体词必须服从语法词的形式规则,才能履行传情达意的功能,否则就会失败。例如一般说,在英语中这样几个要素 who when where why what how there it,以及把这些要素进一步细化、具体化、形式化的要素是不可缺少的,实体性的词必须进入这些要素所限定的语法框架中,因此英语的句子一般比较严密而封闭。而在汉语言中,这些要素无疑也是必要的,但不需如此严格、明确的语法标志来特别限定。在现实的句子表达中,只要有可能,往往就隐含着或空缺着,这样它在履行交际功能时,无形中就暗含了对接受者的一种召唤。

第三,对话性的结构张力。在把“象”作为一个重要传意单元的句法意识中,句子的结构分为言、象、意三个层次。言固然不是造句的终极目的,却是句子功能得以实现的基础,“言”的作用不可忽视。此处的“言”至少有两层意思,一是书面的文字符号组合,二是对话中的语音符号组合。相对来说,后者似乎更为重要。《周易·系辞上传》："子曰：'书不尽言，言不尽意。'"此处"书"指文字，显然把"言"看得比文字——"书"更重要。《说文解字·三上·言部》："言，直言曰言，论难曰语。"而"直"，《说文解字·十二下》："直，正见也。"以"直言"作为对"言"的解释，显然也强调"言"的对话性特征。"对话性"是俄国文艺理论家巴赫金通过陀思妥耶夫斯基诗学问题的研究而首先提出来的。他认为所谓的纯粹对话性关系，即对话者之间"同意和反对的关系、肯定和补充的关系、问和答的关系"①。而如果不是在对白中，而是在独白陈述中，在人与人的意识关系中，也出现这种同意和反对的关系、肯定和补充的关系、问和答的关系，就叫作对话性。这是一种"在各种价值相等、意义平等的意识之间相互作用的特殊形式"②。呈象结构的召唤性、虚位空缺结构的召唤性实际都是对话性的一种表现。就"言"所规约的对话性看，主要表现为行为主体的隐身，这有两种情况。首先，在叙事性的话语中，行动的主人公尽可能在叙述语中隐身，让事件场景自动呈现。比如："于路不投寺院去歇，只是客店内打火安身，白日间酒肆里买吃。在路免不得饥餐渴饮，夜住晓行。一日正行之间，贪看山明水秀，不觉天色已晚。"（《水浒传·第五回》）"见一块光挞挞大青石，把那哨棒倚在一边，放翻身体，却待要睡，只见发起一阵狂风来。……原来但凡世上云生从龙，风生从虎。那一阵风过处，只听得乱树背后扑地一声响，跳出一只吊睛白额大虫来。"（《水浒传·第二十三回》）在这样的叙事中，行动主体都承前省略，其目的不仅仅是为了叙述的简练。在上述的叙述中，插进

① 董小英：《再登巴比伦塔：巴赫金与对话理论》，生活·读书·新知三联书店1994年版，第18页。

② 董小英：《再登巴比伦塔：巴赫金与对话理论》，生活·读书·新知三联书店1994年版，第18页。

行为主体的符号,往往破坏事件场景生成的自在性,从而削弱了叙述的对话性,阻碍了读者身临其境的参与。在英语的叙述中则截然不同,如"Vaguely she knew herself that she was going to pieces in some way. Vaguely she knew she was out of connexion: she had lost touch with the substantial and vital world"(Lady Chatterley's Lover, Chapter 3).如此短的叙事,31个单词,行为主体出现了六次。

其次,在抒情性话语中,抒情主人公尽量隐匿,让感情场景自由呈现,这在中国古典抒情诗中非常普遍。对这一现象,著名学者周策纵以杜牧的《山行》与福劳斯特描写类似场景的诗《雪夜小驻林外》(Stopping by Woods on a Snowy Evening)做了简要对比。杜牧的《山行》:"远上寒山石径斜,白云深处有人家。停车坐爱枫林晚,霜叶红于二月花。"福劳斯特诗的第一节是:"Whose woods these are I think I know. \His house is in the village though; \He will not see me stopping here \ To watch his woods fill up with snow."第四节是:"The woods are lovely, dark and deep. \ But I have promises to keep, \ And miles to go before I sleep, \ And miles to go before I sleep."①中外两位诗人面对的场景有相似性,但在以"象"作为必要传意单元的句法中,表达重心是呈象,只要人生场景能够自在地呈现出来,倒不一定必须行为主体在句法表达中承担形式角色。而且在这种表达意识中,一切单元都可被整合在一个"象"的整体中,主语、谓语的角色身份无须特别限定,人、物、动作、方位等都具有主体性,都可履行主语角色而不影响达意,一切以能否原真显象为标准。在这个时候,作为抒情主体的人,往往在句子的主位上是缺席的,

① 周策纵著,钱文忠编:《弃园文粹》,上海文艺出版社1997年版,第211页。

而且恰恰由于这种缺席，才有力地召唤作为客体的读者，自由地进入语言构筑的世界。因此在杜牧的诗中，抒情主体一直是隐匿的，但在召唤性的阐释语境中又无处不在。而在福劳斯特的诗中，抒情主体始终处在画面的中心，它的语言标记无处不在，这些符号标记的强化，把一个语言事件锁定在一个具体的时间、地点，一个具体施动者的独白中，反而对读者的设身处地、主动参与形成阻碍。

三种结构性张力形成汉语句子独特的召唤结构，这种召唤性结构还属常态意义上的，它同样具有隐喻的特质。柯勒律治认为："隐喻接受者的想象性反应程度，对于隐喻的最后效果起着充分的作用。"①"它所荐含的思维形式……要求我们参与进去把它加以'完成'。它吸收了我们，把我们包容在它自身的过程当中，使我们同它一道担负起获取最后意义的创造性活动。"②诺沃蒂妮关于隐喻的语言学研究也指出："当一个词语被比喻性地使用时，其效果是预期它与类似使用的其他词语达成某种想象性的'连接'……读者也不得不亲自去体验该隐喻所比喻性地加以暗示的内容，以进行想象性的'完成'。"③以"象"作为传意单元的汉语句，虽然并不总在比喻的意义上使用语词，但语言的造"象"本身就带有比喻的潜质，所谓"比方之疑似而通"（《荀子·正名》）。而且汉语言的造"象"本身就带有隐喻虚化的性质，更需要唤起想象性的参与，才能得以完成。印欧语系句子擅长把一切转换为一个线性事件来叙述，而不擅长结构生活景象，也就缺少隐喻延伸的神韵。

这种召唤性结构，以呈象为根基，同时又充分唤起想"象"性的

① 〔英〕霍克斯著，穆南译：《隐喻》，北岳文艺出版社1990年版，第88页。
② 〔英〕霍克斯著，穆南译：《隐喻》，北岳文艺出版社1990年版，第88页。
③ 〔英〕霍克斯著，穆南译：《隐喻》，北岳文艺出版社1990年版，第127页。

参与,在固定文本与召唤性“虚化”主体的配合下,激活汉字的语义潜能,充分展现“因字生句”、组字“呈象”的灵动性,往往实象虚化,虚象实化,创造出若即若离、隐约含蓄的诠释效果。比如“云淡风轻近午天,傍花随柳过前川”(Pale clouds and gentle breeze near midday, I pass the stream by the willows and flowers)①。“云”为实象,但加一“淡”字使之虚化出一种朦胧的境界。而关于“淡”,《说文·十一上·水部》:“淡,薄味也。”“淡”本意指口味之淡,但“淡”之象的隐喻延伸很广:光之“淡”,颜色之“淡”,相对于颜色的深黑,则同一色的浅白,还有性情淡泊之“淡”等,皆可称为“淡”。“淡”进入句子结构之后,在云之实到云之虚的转换中,处于“无言”状态的意场,显然被召唤进“欲言”的状态,召唤诠释者想象性体验的合作。而且“淡”的这些状态都处在它自身的正常范围,而非依靠所谓的“异常”及“偏离”。英语用 pale 来转译“淡”,而 pale 的形容词意义指:人脸色及皮肤非正常的白,及颜色、光线不够明亮;动词的意义指“脸色变白”,及“看起来不像以前那么重要、聪明、漂亮”;综合来看,此处显然主要就颜色这一义项而言。则“pale clouds”(苍白的云)与“云淡”相比,就完全失去了隐约朦胧的意味。而且在句法上,英文中是偏正结构,“云”是被人类的语言限定的;汉语中是主谓结构,人类还给“云”一种自主。英语句法把一切都放进一个固定的框架,缺乏召唤性。“风轻”也可做同样的对比解说。《说文·十四上·车部》:“轻,轻车也。”“轻”的本义指“轻车”,也即“轻重”之“轻”。“风”本为“虚”,则加一“轻”,使虚象实化。然而“轻”之象同样有很宽阔的隐喻延伸,由重量之“轻”到动作之

① 郭著章、傅惠生等编译:《汉英对照〈千家诗〉》,武汉大学出版社 2004 年修订版,第 2～3 页。

"轻"、声音之"轻"、心情之"轻"等，所属义场不同，但在"象"的虚化层面上都能打通，都不曾偏离"常态"。这正是"象"所特有的包容性，在句子结构中能随时被召唤出场。再如"东风吹水绿参差"(Green water ripples here and there with the wind)①，"翠掩重门燕子闲"(The court full of greens and free swallows far and near)②，"绿参差""翠掩重门"都有很强的召唤性。"绿"本指颜色，但在此处又不仅仅指"绿色"，也不仅仅指"绿水""绿草"，或岸边绿草对溪水的映衬，但似乎又都有所指，这就完全依赖欣赏、诠释时对"它"的想象性补充。"翠"既可以指"颜色"，也可指初夏时满园茂盛的花草树木，及以"翠"之象显现出的旺盛生机，而这一切在"翠掩重门"——这一英语无法表象的句法中，都能召唤出场。呈象句法重在"呈象"，而作为象的整体，每一个符号单元都是平等的，都具有自身的生命自在性，在呈象的意义上都可脱离人类语法逻辑的钳制、生活实境的束缚，虚化隐喻出更具韵味的存在样态。再如"古木阴中系短篷"(僧志南《绝句》)、"也傍桑阴学种瓜"(范成大《田家》)这两句的"古木阴""桑阴"在英语中分别译为"under an ancient tree""under trees"③，显然太拘束于生活的实象。实则这种译法并非译者的失误，根本在于英语。作为拼音文字，字义没有"象"的虚化延伸，不善于在语言中"呈象"，在语义的常态组合中受制于语法的束缚，缺乏自主的召唤潜能。而在汉语中，山之北、河

---

① 郭著章、傅惠生等编译：《汉英对照〈千家诗〉》，武汉大学出版社2004年修订版，第18~19页。

② 郭著章、傅惠生等编译：《汉英对照〈千家诗〉》，武汉大学出版社2004年修订版，第30~31页。

③ 郭著章、傅惠生等编译：《汉英对照〈千家诗〉》，武汉大学出版社2004年修订版，第49、115页。

之南为阴，月为阴，阳光被遮蔽处为阴，虚无处为阴，则“阴”是十分虚化之“象”，有影无形。然则“古木阴中”如何能“系”，“桑阴”又如何能“傍”，但在想象虚化的观看中，“古木阴中”之“系”、“桑阴”之“傍”又是天衣无缝、交融无间的。关键在于它如何唤起“心灵的眼睛”，使“此情此景闪现在心灵的眼睛中”。所谓打破“眼睛的专制制度”①，就是要使语言摆脱生活实境的束缚，以符号为人类开拓更本原的存在体验。恰如柯勒律治所言：“处于这种强大的感官影响之下，我们仍然会由于看不见的东西不能成为视觉对象而不得安宁。于是就其总体而言，超感觉的系统就变得受人欢迎，这并非由于它们的真实性，而是因为它们引起了如同被看见的感受。”②

二、弱常态性召唤机制

钱锺书以比喻性的语言——止过客之旅亭，来概括“象”的传意功能，具有很高的美学价值。它抓住了汉语这一句法的要义：通过“象”的凸显，为阐释提供充分回味的空间；通过对“象”的趋从，为创作开启更为有力的表达渠道。因此“象”就超越了一般语言学、修辞学层面的意义，在更高层面上构成汉语言表达的灵魂。相对于常态性召唤机制客观自在的一面，弱常态性更突出地表现为一种主观创造性。常态性召唤机制作为表达基础，使汉语言句法自具一种自由活泼的灵性，其隐喻诗性的生成主要是同一个字在不同字义场中，借助想象进行的跨类延伸。如“云淡”之“淡”，“风轻”之“轻”，其诗性之境的创造，还属于“淡”“轻”之象的结构性隐

---

① 〔英〕霍克斯著，穆南译：《隐喻》，北岳文艺出版社 1990 年版，第 90 页。

② 〔英〕霍克斯著，穆南译：《隐喻》，北岳文艺出版社 1990 年版，第 90～91 页。

喻延伸，而且它在句法中不是围绕该句的一个核心意象，或者说该句本身只是铺垫性的，并没有一个核心意象，只是散漫随机地营造一种表达氛围。弱常态性召唤机制，主要指不同字象单元之间的隐喻粘连，并紧紧围绕一个核心意象，属经典性的隐喻表现——不同表意单元之间发生了意义的传递、转移、交融。如陆机《拟西北有高楼》："佳人抚琴瑟，纤手清且闲；芳气随风结，哀响馥若兰。"杨万里《又和二绝句》："剪剪轻风未是轻，犹吹花片作红声。"严遂成《满城道中》："风随柳转声皆绿。"李贺《天上谣》："天河夜转漂回星，银浦流云学水声。"《蝴蝶飞》："杨花扑帐春云热。"李世熊《剑浦陆发次林守一》："月凉梦破鸡声白，枫霁烟醒鸟语红。"等等。类似句象的创造，显然极不同于"云淡风轻过午天""也傍桑阴学种瓜"之类。在弱常态性的召唤机制中，不同语义单元，如哀响与馥若兰、红与声、声与绿、春云与热、鸡声与白、鸟语与红，分属不同的感觉义场，通过语义转移，悬置各自所属的语义边界，形成通感性整体意象，激发崭新的语言感受。再如舒婷《四人行》："相思成蔚/落葵泻荫/每张音叉似的叶子/都被月波/镀上深深浅浅的/风声。"《会唱歌的鸢尾花》："你呼吸的轻风吹动我/在一片叮当响的月光下。"其通感性的整体意象正是通过视觉的语义单元"深深浅浅"与听觉的"风声"、听觉的语义单元"叮当响"与视觉的"月光"之间进行的语义传递而形成。它们在悬置了各自的语义边界后，仿佛把人们提升到另一种存在境界。这些基本上是同一句子不同语义单元之间的语义转移。大量存在的还有另一种形式，即不同句子之间的语义转移。由于汉字的单音、单象、单字、单义，极易形成富有空间美感的对偶、排比句法，往往两两相对的句子就组合成一个整体的表达单元，通过它们各自营造的句"象"，实现不同领域之间的语义传递。如骆宾王《于易水送人一绝》："昔时人已没，今日水犹寒。”窦弘余《广谪仙怨》:“伤心朝恨暮恨,回首千山万山。”司空曙《喜外弟卢纶见宿》:“雨中黄叶树,灯下白头人。”欧阳修《踏莎行》:“离愁渐远渐无穷,迢迢不断如春水。”冯延巳《鹊踏枝》:“河畔青芜堤上柳,为问新愁,何事年年有?”在自然的视觉表象与人类的情感表象之间建立起结构性的隐喻关联,“引起如同被看见的感受”。再如舒婷《呵,母亲》:“我的甜柔深谧的怀念,不是急流,不是瀑布,是花木掩映中唱不出歌声的古井。”自然表象“花木掩映中唱不出歌声的古井”,借助“是”与人类的情感表象“怀念”关联。刁永泉《中秋月》:“一缕月光——一条丝线/一片月色——一张网络/年年此夜,缝补辛酸/年年此夜,打捞欢乐。”自然表象“月色”,借助自然动作表象“缝补”“打捞”,与人类的情感表象“辛酸”“欢乐”关联。其作用不仅仅赋予人类无形的情感以很强的视觉性,更重要的是它在较深刻的层次上,通过隐喻而走向自然的回归,全面更新了人类原有的感觉与体验。叶坪《独坐》:“想象红叶的火焰/一定依然暖暖的鲜红/使一些可歌可泣的故事明亮起来/如水声不绝……惟有这水上漂流的故事声声缠绵/不知将泊于何处/又由谁去收拾。”《空谷之夜》:“如水的风会将失落在昨天的微笑/开放明日的鲜花。”在人类生活故事的语义符号与自然生命语义符号的隐喻勾连中,语言悬置了日常语义的干扰,抵达更高一层的指称——一个可能性真实的世界。汉语句法以“象”作为一个重要的传意单元,“象”的作用是双重的,通过“象”使语言的深层机制保持了与自然密切的关联,通过“象”又提升、再塑了人与自然的全新整合。这一句法逻辑,于无意中捕捉了深隐于世界万象背后的纽带——存在在“现象”上的结构性关联。语言要拓展“象”的表意空间,就必然召唤主体性的创造力。在弱常态性的召唤结构中,人类情感表象与自然表象通过隐喻整合,飘散出健康的生命魅力。

三、"非"常态性召唤机制

"非"常态性召唤机制如同弱常态性召唤机制，都突出了主体创造性的一面，但它在不同语义单元之间实现的跨越更大，其语义表象当然也依赖在自然表象与人类情感表象之间实现的隐喻整合，但更带有不和谐的存在音符。自然、生命表象都带有某种扭曲的性质，其隐喻整合的表象，超越对健康生命魅力的体味与崇拜，彰显对存在分裂状态的思考。如北岛《结局或开始》："为了每当太阳升起/让沉重的影子像道路/穿过整个国土。""森林般生长的墓碑前/乌鸦，这夜的碎片/纷纷扬扬。"在这样的呈象句法中，符号表象如太阳、沉重的影子、道路、穿过、国土与森林、生长、墓碑、乌鸦、夜、碎片、纷纷扬扬等，它们之间的间距很大，其组合是"非"常态的，语义跨越当然不流畅。但作为一个整体显然符合自然呈象的隐喻规律：太阳投下长长的影子，影子长长的，与沉重、与道路都能发生结构上的关联。"森林、生长"与"墓碑"，"乌鸦"之色与"夜"，"乌鸦"之形与"碎片"，也都有"象"上的关联，而"纷纷扬扬"与"乌鸦"之散乱地飞同样如此。但它们整合后作为一种隐喻表象，显然突破了感情的常态，对常态、弱常态下的语义跨越形成一种拒弃，召唤更深一层的哲性思考。下面的一些例子，像舒婷的《墙》："我惊恐地逃到大街/发现相同的噩梦/挂在每一个人的脚后跟/一道道畏缩的目光/一堵堵冰冷的墙。"江河的《祖国啊祖国》："石头在噩梦中辗转，堆积/缓慢地长成石阶、墙壁、飞檐……只能睁大眼睛/看着青铜的文明一层一层剥落/像干旱的土地。"《古老的故事》："我被钉在监狱的墙上/黑色的时间聚拢，一群群乌鸦/从世界的每个角落从历史的每个夜晚/把一个又一个英雄啄死在这堵墙上/英雄的痛苦变成石头/比山还要孤独……祖先和兄弟的手沉重地劳动/把自己默默无声地垒进墙壁。”栗世征的《夜》:“在充满象征的夜里/月亮像病人苍白的脸/像一个错误的移动的时间……月光在屋前的空场上轻声咳嗽。”这些都可做如是解说。

第四节　汉语言“呈象”句法的深度隐喻阐释

语言与人类的生存息息相关,按语言哲学的观点:“语言的基本结构是主谓词结构,而这与实在的基本结构相关:殊相和共相。”①哲学家传统上关注人们所持的信念或所说的话是否为真,并认为:“倘若为真,那么语言似乎必须以某种方式与世界相联系。”对真实性的追求是人类永久的渴望,唯真实能使存在获得一种归宿感。就语言与存在的关联来说,弗雷格认为,主词表达式通过涵义“间接地与实在相联系”②。这种“与实在相联系”实即语言的指称功能。这样语言符号本身就呈现为一个层级结构:符号—意义(涵义)—指称。人类首先生活于语言符号所构筑的意义世界,但“对真实性的追求与渴望推动我们从意义过渡到指称”③。真实性在更深层的意义上构筑了或淀积了语言与存在的联系。但存在的真实性应该建立在两个维度所维持的张力结构内,一是知识论的维度,另一是存在论的维度,任何一个维度的缺失,都会造成张力的失衡与存在的扭曲。知识论维度的真实,与科学、逻辑的语言指

---

① 〔美〕A. P. 马蒂尼奇编,牟博等译:《语言哲学》,商务印书馆 1998 年版,第 349 页。

② 〔美〕A. P. 马蒂尼奇编,牟博等译:《语言哲学》,商务印书馆 1998 年版,第 349 页。

③ 〔法〕利科著,汪堂家译:《活的隐喻》,上海译文出版社 2004 年版,第 299 页。

称相关联,存在论维度的真实与诗歌、隐喻的语言指称相关联。就隐喻的语言本身来说,同样包括两个层次:意义与指称。就本章对汉语话语隐喻特质的分析来说,前面的部分主要是意义层次上的分析,从本节开始将过渡到指称层次上的分析。汉语呈象句法从象形根基发育而来,使汉语言保留了人类在语言中连绵不断的存在脉络,在深层指称上展示了人类本体论维度上的存在状态。

一、在语言中寻找被遮蔽的存在根基

自从语言介入到人与自然源始的本体性述谓关联中,人与自然之间的对话就少不了语言这一中介。诚如洪堡特所言:“正如个别的音处在事物和人之间,整个语言也处在人与那一从内部和外部向人施加影响的自然之间。人用语音的世界把自己包围起来,以便接受和处理事物的世界……人同事物生活在一起,他主要按照语言传递事物的方式生活。”①语言提供了人接受和处理事物世界的方式,而这种接受和处理世界的方式,落实到具体的语言活动中,实即话语结构与表达方式。而语言对人的统治,也在于它把个人全部内在的经验、感觉、情绪和思想都纳入到一定的句法结构中。语言促进了人类文明的进步,同时语言也似乎不断使人出离自己的母体——自然。洪堡特在《论人类语言结构的差异及其对人类精神发展的影响》一书中,曾发出这样沉重的疑问:“人们把观察世界时形成的表象转移到语言上,而语言在多大程度上在这些表象中保持了它们所固有的感性直观形式?”②在人类以自身的自

---

① 申小龙:《汉语与中国文化》,复旦大学出版社 2003 年版,第 7 ~ 8 页。

② 〔德〕洪堡特著,姚小平译:《论人类语言结构的差异及其对人类精神发展的影响》,商务印书馆 1999 年版,第 35 ~ 36 页。

然感官与外界进行的本体性述谓活动中，似乎不存在太多的逻辑要素。空间形体形象的直接感知，就能搭建起一个相似性的隐喻语义世界，在这个形式化相对缺乏的世界里，精神的感觉反而是强旺而富诗意的。但在印欧语系的语境中，形式看起来总是比现实更重要。然而“一种语言在语法结构的形成上向前迈进得越远，语言中需要用新的途径来解决的问题显然也就越少。于是，创造思想表达的努力减弱了；精神越是仅仅满足于运用现成的手段，它的创造本能和创造力量就越是趋于泯灭”①。这一点相似于里尔克的慨叹：“对我们祖父母而言，一所‘房子’，一口‘井’，一座熟悉的塔，甚至他们自己的衣服和他们的大衣，都还具有无穷的意味，无限的亲切——几乎每一事物，都是他们在其中发现人性的东西与加进人性的东西的容器。现在处处蜂拥而至的……是生命的冒牌货。”②也与海德格尔的反思遥相呼应：“在人的本性中威胁人的，是这种观念：技术的制造使世界有秩序，其实正好是这种秩序，把任何秩序都拉平为制造的千篇一律。因而，它自始就把一个可能出现的秩序与承认的来源破坏了。”③洪堡特、里尔克、海德格尔从不同角度发出的慨叹有一点是共同的，即反对逻辑化、技术化对于人性的钳制。逻辑、技术对于人类的生存是必要的，但过度的逻辑化、技术化，毋宁是意图切断人类之为人类的自然根基，语言在这一过程中有不可推卸的责任。“我们所探讨的人对全体存在者的

① 〔德〕洪堡特著，姚小平译：《论人类语言结构的差异及其对人类精神发展的影响》，商务印书馆 1999 年版，第 197 页。

② 〔德〕海德格尔著，彭富春译：《诗·语言·思》，文化艺术出版社 1991 年版，第 102 页。

③ 〔德〕海德格尔著，彭富春译：《诗·语言·思》，文化艺术出版社 1991 年版，第 106 页。

技术统治不是直接地、无任何手段就发生的……在这些手段中也包括语言,它甚至是最根本的最原始的'手段'……不可想象,用本来诗的语言(它使事物的表现以多种方式加以解决,不是在主体的制造的意义上加以解决,而是使事物本身的存在具有不同的表现可能性)会发生技术统治形式。"①在近代科学、技术成功的陶醉中,印欧语系语言以其严密的逻辑、复杂的形式手段成为语言的"楷模"。但在当代人类生存现实的反思视野中,一度的"语言楷模"恰恰是过分技术化的标本。其表现有二:一是基本词汇急剧扩张,语言日益被"带到概念和名称的单义性,其精确性与技术操作的精确性不仅相符合,而且与它具有同一个本质来源"②。二是符号组合手段,即句子结构手段的形式化。不断变动的事物、生活状态,日益被纳尽单一的感受、表达框架中,人作为自然一分子的生存灵性变得日益贫乏。

毫无疑问,这些慨叹皆发生于以印欧语系语言为背景的文化语境中,然则汉语言会为这种困境提供一些启示吗?汉语言话语以"象"作为必不可少的表意单位,在这种句法意识中,贯穿着"取象"与"观象"这一相反相成的活动,这一表达及感受样式会给印欧语系的表达语境带来冲击吗?其实差不多与海德格尔同时的欧美现代诗人如庞德、威廉斯等,早就在借鉴中国古典诗歌表达手段的基础上,对印欧语系语言的感受、表达模式进行了突破。我们在语词隐喻特质部分已经指出,人类作为一种自然存在的共同性,共同的生活环境构成了人类生存的前提。人类面对同样的山水、阳光、

---

① 〔德〕绍伊博尔德著,宋祖良译:《海德格尔分析新时代的技术》,中国社会科学出版社 1993 年版,第 151 页。

② 〔德〕绍伊博尔德著,宋祖良译:《海德格尔分析新时代的技术》,中国社会科学出版社 1993 年版,第 150 页。

天空、大地,不同的语言各自都有指称这一类物象的符号,而在语言进入人与自然的中介地带后,人与自然之间的直接接触就加上了一层符号的语言的障蔽。符号作为一种中介性的媒介实体而存在,则符号的性质不同,将直接影响人类的感受及表达方式。而对其做出衡量的有效标准,应是符号能在多大程度上弱化自身对人类感物状态的干扰。接受符号的干扰是人类的宿命,而在多大程度上弱化这种干扰才体现出人类的智慧。而汉语言的智慧就在于,它以成熟的象形符号体系,弱化了符号自身对人类的统治。其主要表现就是,以符号为载体的自然物象在进入人类的符号体系之后,物象本身又成为人类符号语义扩展的根基。这在汉语词语义的隐喻式生成过程中,充分体现出来。印欧语系语言的拼音文字符号体系,在语词语义的扩展中虽也显示出一些相应的智慧,但与汉语言相比则极为欠缺。

那么欧美现代诗人的语言反叛又会取得怎样的突破呢?休谟批判西方的语言为一种被科学思维所主导的语言,这种语言"以人的主观情见出发通过概念和说明性特强的语言把笔墨所不能形容的宇宙万象宰制并缩减为几个符码。科学所给我们的是一个层层剥解后的'外散的万象'……一种机械性的现实,是'内凝的万象'(万物互参的现实)的解体"①。可以说西方的语言是一种解说性的语言,而"所谓 Explain(说明、解说),顾名思义,就是 ex plane,即是把万物摊开在一平面上:解说的程序永远是剥拆开来的程序"②。休谟认为:"诗不应是这种符码的语言,它应该是'视觉的具体的语

① 叶维廉:《道家美学与西方文化》,北京大学出版社 2002 年版,第 39 页。

② 叶维廉:《道家美学与西方文化》,北京大学出版社 2002 年版,第 39 页。

言……一种直觉的语言，把事物可触可感地交给读者’。”①并提供出一种方法，当诗人被某些意象打动，把“这些意象分行并置时，会暗示及唤起其感受之状态……两个视觉意象构成一个‘视觉之弦’，它们结合而暗示一个崭新面貌的意象”②。欧美现代诗人庞德表达了同样的美学理想，他说：“诗人找出事物明澈的一面，呈现它，不加陈述……中国诗人把诗质呈现出来后便满足，他们不说教，不加以陈述……呈现一个意象或足够的具体事物的意象去激动读者……我以为应该用更多的物象。”③意象派诗人表达的美学理想与英语的本性是矛盾的，他们为了达到自己理想的美学效果，就必须在话语结构上做出创新。拼音文字、词汇本身是他们无法改变的，但改变它们的组合则是可能的。他们的句子结构策略，或说语言创新，按叶维廉先生的研究主要是两点，即“空间切断”和“语法切断”。关于“空间切断”的例子，叶维廉先生在《道家美学与西方文化》中举出庞德意象主义时期的诗“The Coming of War: Actaeon”，并把该诗按传统句法和诗人实际的句法都展示出来：

传统句法：An image of Lethe, and the fields
Full of faint light, but golden gray cliffs
And beneath them, a sea, harsher than granite

实际句法：An image of Lethe,
and the fields

① 叶维廉：《道家美学与西方文化》，北京大学出版社2002年版，第39页。

② 叶维廉：《道家美学与西方文化》，北京大学出版社2002年版，第39~40页。

③ 叶维廉：《道家美学与西方文化》，北京大学出版社2002年版，第40页。

Full of faint light

　　but golden,

Gray cliffs,

　　and beneath them

A sea

Harsher than granite

——"Coming of War: Actaeon"①

叶维廉先生认为，庞德把传统的句法断为短句而做了不同位置的安排后，达到的美学效果有五：提高意象的视觉性；使每一个视觉事象独立；使读者感应其间空间对位的玩味；加强物象的物理存在状态（海 sea 实实在在居于突出的灰色的悬岩 gray cliff 之下面）；使诗句以分段视觉层次如水银灯活动方式进行。② 叶先生的分析显示了该诗对英语句法习惯的革新价值，但更多的还是理论家自己的一种阐释。不否认"空间切断"的确是一种增强物象视觉性的句法策略，所指物象的文字符号通过空间切断，人为制造阅读中的停顿，使以该符号为载体的物象似乎暂时逃离了线性符号结构的控制，把自身突出出来，似乎增强了视觉性。但实际上，这种空间感、视觉性很机械、很技术化，因为它并非扎根于该语言的内在特性。话语意象的视觉感，并非靠机械打破话语结构，人为制造阅读停顿所达到的，它内在于话语结构的有机生成。就这一例子来说，大概也不会因为代表"海"这一物象的符号 sea，垂直位于代表"灰色悬岩"这一物象的符号 gray cliff 的下面，就增强了语言中

① 叶维廉：《道家美学与西方文化》，北京大学出版社 2002 年版，第 42 页。

② 叶维廉：《道家美学与西方文化》，北京大学出版社 2002 年版，第 42 页。

物象的物理存在状态。汉语言话语构象、取象、观象,植根于单字、单音、单象的汉字特性,并且与句子的传意机制、结构并不矛盾。这样意象派诗人在句法上对汉语意象并置的模拟,似乎在刻意打破其母语本身内在的传意机制,因此也就只能是生硬的、机械的。而且空间切断后,对诗意感受的强化又表现在哪里呢?该首诗的诗意感受也许更主要归功于这个隐喻式的结构:A sea harsher than granite("灰色悬岩下的海比岩石更粗砺")。正是这种隐喻式的表达结构,赋予这个句子以鲜明的形象性和新奇感。Harsh 的英文释义指:过于明亮的颜色、过于响亮的声音,给人造成一种不愉快的、痛苦的感觉。而海水的柔性与岩石的坚硬本属不同的感受领域,但在这个意象中,或者海的声音的刺耳、颜色的刺眼,具有岩石的硬度;或者岩石坚硬的触感,与声音、颜色的不愉快感打通。由于话语结构传意机制的内在本性,进行了空间切断,阅读仍会受到话语传意的结构性压力,难以自由玩味意象的"空间对位"。那么"语法切断"后效果又如何呢?作为语法切断例子的是意象派的经典短作《地铁车站》"In a station of the Metro":

The apparition of these faces in the crowd:
Petals on a wet black bough.

叶维廉先生认为该诗与庞德曾提及的一首日本俳句在结构上很相似:

The footsteps of the cat upon the snow:
are like the plum blossoms. ①

这两首诗在结构上的确很相似,只不过在庞德的诗中去掉了

① 叶维廉:《道家美学与西方文化》,北京大学出版社 2002 年版,第 43 页。

语法关联“is like”,“把‘are like’或‘is like’去掉就是语法切断”。笔者认为叶维廉先生在阐释欧美现代派诗人语言创新的意义时,过分看重了形式上的“空间切断”与“语法切断”。叶先生对《地铁车站》的诗句进行“语法切断”后的解释是:“切断后,两个视觉的事象,一个居于人的世界,一个居于自然界,并置,独立明澈,形成一种空间的玩味,互为修饰互为表意。”①并认为“去除这些连接元素”就能引发“逻辑的飞跃”。其实这句诗本身就是一个隐喻式的结构,即便加上了关联元素“is like”,也并不影响阅读时随机产生的逻辑飞跃。

印欧语系语言难以解决的根本难题,是“意象”的静态呈现与语音的时间流动的矛盾。现代诗人的“空间切断”与“语法切断”,在句子结构上强制性地制造时间断层,为意象并置提供一个空间,但并没有触动拼音文字单音节不能表意的本性,切断后意象符号——“声音”多音节表意的时间性,与意象瞬间视觉整体的把握仍是无法解决的矛盾。而且就印欧语系语言结构常数基点——句子的结构制约看,在语言常数的结构性压力下,也会弱化时间切断造成的表达效果。应该说,他们对印欧语系语言致命缺陷的理论分析是深刻的,只是他们对这种缺陷的根基——拼音文字是无能为力的。因而其在汉语参照下的实践反叛也必然是有限的,并没有超越印欧语系隐喻式句法带给人的崭新的语言感受,而且他们的成功更大程度上还是依赖感受理解时的隐喻式跨越。但他们在句子结构层次进行的尝试仍有极大的启示,它反映了人类心灵,力图通过语言本身与自然进行更密切接触的共性,使语言能够彰显

① 叶维廉:《道家美学与西方文化》,北京大学出版社 2002 年版,第43 页。

人类内在自然与外在自然的生命本性。虽然他们在其母语内进行的反叛不可避免地遭遇两难的尴尬，但他们对汉语言特性的感悟仍是很深刻的。“在阅读中文时，我们不像（西方那样）把符码抛来抛去，而是看着事物在我们眼前演出它们的命运。”①无论怎样，他们的努力直接得自汉字、汉语句子传意特点的启示。这也映衬出“取象”“观象”作为汉语言句法结构特点的内在本性，具有印欧语系语言所不具备的本体性隐喻维度，它在现代人类面临的困境中具有重要的阐释价值。

二、形与声、视与听辩证扬弃的深层指涉

如果说“象形”作为汉字的最初形态和汉字结构的基础，在汉字这一层次上构成了人与自然的本体性隐喻关联，那么“话语取象”则把这一本体性隐喻关联扩展到句子这一层次。“象”与“形”介入到人与自然的关联中，并不像现代理性语境所臆想的那样——只是轻松地、机械地对自然的模仿。正像阿恩海姆针对一个幼童画一棵树的活动所指出的：“就像在自然界中可以见到的那样，树木总是枝叶繁复纠连的。在这种混乱里发现简明的秩序——一棵直立的树干，枝干从上面一个挨一个、角度清晰地伸展出来，再依次成为树叶的生发点，这需要真正的创造性建构活动。理智的领悟是这个孩子从一个令人迷惑的世界上找到秩序的根本途径。”②这句话似乎也可看作人类依赖语言而成熟的一个隐喻。完形心理学认为：“‘形’的生成，是视觉瞬间的‘组织’或‘建构’的

---

① 叶维廉：《道家美学与西方文化》，北京大学出版社2002年版，第45页。

② 〔美〕阿恩海姆著，郭小平、翟灿译：《艺术心理学新论》，商务印书馆1994年版，第197页。

产物……‘形’的生成与人的基本生存活动和从外界获取信息的活动有关。”①从人文“考古学”的角度看，“象形”的本体性隐喻维度，主要在于它在现代理性语境中隐喻地显示了人类源始的生存样态，显示了语言在最初使人与自然相分离时，与自然所建立的难解的亲情。

文字是人类的一种创造，也是人与自然互动的结晶，无论它是象形，还是拼音。但文字的形态不同，它所隐喻的价值取向也不同。就象形文字来说，它固然是人类的智慧创造，但它同时也来自于自然的启发。孔子曰：“天何言哉？四时行焉，百物生焉。天何言哉？”自然总是以形示人，以形、以空间形象展示时间的流逝。“形”是自然的，也是人的，汉语言文化从不曾有对“形”的鄙视与“恐怖”。自然界“形”的展示与人类感官的自然感知，尤其是视觉，发生最自然、最直接的关联，“视觉是人类认识活动中最有效的感官”②。使人类身内的自然与身外的自然实现非扭曲的结合。

而西方文化则极不相同，阿恩海姆曾简要概述了西方文化对于“形”的敌视及对“声”的偏爱，提出：“柏氏在其《共和国》中曾倡导用音乐来培育英雄，因为音乐能达到感官无法达到的宇宙的数学秩序与和谐，对于美术，尤其是绘画，则要小心对待，因为它使人更加依赖幻觉形象。”③又指出：“在我们承继的赫伯莱传统中，对雕塑的长期敌视是从摩西击毁一个雕像开始的，摩西曾把古代以

① 〔美〕阿恩海姆著，滕守尧译：《视觉思维——审美直觉心理学》，光明日报出版社 1987 年版，第 8 页。

② 〔美〕阿恩海姆著，滕守尧译：《视觉思维——审美直觉心理学》，光明日报出版社 1987 年版，第 39 页。

③ 〔美〕阿恩海姆著，滕守尧译：《视觉思维——审美直觉心理学》，光明日报出版社 1987 年版，第 43 页。

色列人崇拜的金犊偶像放到火中焚烧。"①这些虽然并非针对文字符号而发,但它所表示的偏爱声音、注重听觉的意识则是真实的。西方近代理性主义者同样表现了声音的优越感。比如黑格尔提出:"单纯的主体性、物体的灵魂似乎是通过它的共鸣而在这种理想的运动中表现出来,耳朵以理论的方式领会这种运动,就像眼睛以理论的方式领会形状和颜色,并由此把对象的内在性变成内在性本身……相反,耳朵感知物体的内在震动的结果,而不置身于与对象的实际关系中。通过这种震动而显示出来的不再是静止的物质形态而是灵魂的最初理想性。"②理性主义者对听觉的思辨迷恋显然已经达到非常机械的程度,害怕与感官对象世界发生亲密的关系,显示了思辨理性的冷酷与脆弱。而拼音文字恰恰有助于这种幻觉的产生,并被理性主义者看成"自我关联的无限精神的文字"。由此可见:"学会阅读和书写拼音文字应被视为无限的教育手段,而这种手段尚未引起我们足够的重视;因为这样一来,远离感性具体事物的精神,就会把注意力转向更明确的因素,转向有声的语词及其抽象因素,并且在本质上有助于在主体中确立和净化内在性的根据。"③

这种思辨的推演,一方面,似乎显示了理性对人类精神的高度推崇,同时在方法论上又是很机械的,其经验的根据十分脆弱。只因为声音是属于人的,自然不会发出太多的声音,自然是无言的,

---

① 〔美〕阿恩海姆著,滕守尧译:《视觉思维——审美直觉心理学》,光明日报出版社 1987 年版,第 44 页。

② 〔法〕德里达著,汪堂家译:《论文字学》,上海译文出版社 1999 年版,第 15 页。

③ 〔法〕德里达著,汪堂家译:《论文字学》,上海译文出版社 1999 年版,第 33 页。

只有人类才能发出如此复杂多变的音节，使人类对物质的依赖尤其是外部物质的依赖降到最低，于是声音、听觉便在人类的精神及思维活动领域处于独尊的地位。这正是19世纪机械论科学思维的典型折射。西方文化的偏见、理性主义者的见解，建立在一种机械论的心理科学背景下，认为人类知识的获得基于大脑的两种能力的合作。知识是："通过感觉对原始信息的搜集，和通过大脑中枢系统对信息的加工整理。从这种观点来看，感知只限于为更尊贵的思维效力，做一些低级工作。"①因为视觉易使人类处在与具体对象的现实关系中，于是在思维的等级上，相对于听觉便低了一等级。但现代心理科学，尤其是完形心理学的发展，已经以有力的论据驳斥了机械反映论心理学的观点。知觉与思维不可能各自分离地行使其职能，"如果大脑内部的工作有如此清晰的分工，认识活动中知觉与思维的交织与合作将是无法理解的"②。

大脑对知觉材料的加工不是机械的反映模式，"视觉加工过程中的最关键的步骤并不发生在视网膜上，而是发生在整个神经系统中。不管这一系统的准确的生理机制是个什么样子，它都起着一种'场'的作用。这就是说，由刺激物激发或动员起来的一切'力'，都在这个'场'中自由地相互作用着。在这种情况下，对刺激图式的处理就不是机械的，而是按照这些力自身的倾向，最大限度地把它组织成一种最简化的整体式样"。因此在完形心理学看来，首先需要掌握的是："'拓扑关系'……就不能再盯住其中的纯度量

① 〔美〕阿恩海姆著，郭小平、翟灿译：《艺术心理学新论》，商务印书馆1994年版，第14页。

② 〔美〕阿恩海姆著，滕守尧译：《视觉思维——审美直觉心理学》，光明日报出版社1987年版，第41页。

关系。对于大脑来说,把握事物的‘拓扑特征’是它的特长。”①

在现代文化语境中,完形心理学的科学进展,现象学的“本质直观”,与汉语言文化世界的思维智慧发生了共鸣。正如阿恩海姆所言:“我们在一个个别事物中一眼便‘看’出了我们正想理解的‘道理’,与此同时又直觉到它在其他所有事物中也必定如此。这就是人们后来说的概括能力——这是一种在个别物体之内寻找‘普遍’的能力,也是我致力于研究的‘对本质的直接知觉’时所要努力恢复的人类智慧。”②胡塞尔在《纯粹现象学和现象学哲学的观念》第一卷中也坚持其一贯的立场。他认为:“本质直观的特征在于:‘它以个体直观的一个主要部分,即以一个个体的显现,一个个体的可见存在为其基础’。”③这些当代进展,显示了印欧语系语言文化世界的一个转向,即对“形”、对视觉的重新认识。而更深层的生存背景则是,借此以恢复那已变得越来越疏远的人与自然的关联、抽象判断与生活经验世界的关联,这与中国古代“目击而道存”的认识智慧异曲同工。

三、“呈象”句法个案的存在论隐喻例析

从本体性维度分析,拼音文字因割断象形根基,在文字层次上失去了人与自然之间最自然的关联。“当表意文字被音节或字母的书写所替代时,这种记号与所意味者之间一对一的宝贵联系就

---

① 〔美〕阿恩海姆著,滕守尧译:《视觉思维——审美直觉心理学》,光明日报出版社 1987 年版,第 132 页、137 页。

② 〔美〕阿恩海姆著,滕守尧译:《视觉思维——审美直觉心理学》,光明日报出版社 1987 年版,第 52 页。

③ 倪梁康:《胡塞尔现象学概念通释》,生活·读书·新知三联书店 1999 年版,第 42 页。

似乎不可挽救地遭到了破坏……更糟的是……它们的部件及结合丝毫不反映它们所代表的对象。”[①]这种所谓的“失去”，主要特征在于人以符号实现的对自然的认知，缺乏来自符号形象的自然启发。自然启发的过程是双重互动的，需要客体形象与主体感官的积极对话。而在拼音文字中只剩下机械的抽象认知，客体秩序被动地接受主体的记忆加工即可，主体的精神统治是无上的，如此我们才能理解思辨理性为什么对拼音文字那么垂青。那么，它在句子结构层次又是如何加剧了这种分离状况的呢？话语结构使印欧语系语言与自然的关联越来越远，突出表现在它“创造了一个几乎完全与事物世界相脱离的关系世界”[②]。

人们的知觉感知总是面对一个空间中的对象世界，无论它是静止的物象，还是动态的事象。当空间把这样一种形象交给知觉时，作为一个整体的“画面”，它的每一个成分都是有意义的，没有哪一些仅仅作为“关系”的成分而存在。当人类的语言把这样一幅知觉的画面叙述出来时，“事物世界”作为一个整体的形象便被切割填充在一个语言结构的“关系世界”。印欧语系语言组织的时间秉性，决定了它无法整体传达“事物世界”的空间关联，必须借助许多没有实体意义的关系词，对事物世界进行重组，也就是把自性自在的自然“塞进”一个人为的关系框架。

我们可以通过一些具体的例子来分析一下。如南宋诗人徐元杰《湖上》诗中的“花开红树乱莺啼”，从自然整体呈现的空间形象看：花开繁杂，满树皆染成红色，其间许多莺快乐地啼鸣。从视觉

① 〔美〕阿恩海姆著，郭小平、翟灿译：《艺术心理学新论》，商务印书馆1994年版，第122页。

② 〔美〕阿恩海姆著，郭小平、翟灿译：《艺术心理学新论》，商务印书馆1994年版，第122页。

的“花开、红树、乱莺”到听觉的“啼”，符合自然的感知顺序和空间呈现结构，画面以一个作为整体的形象，显示了春天自然活泼的生机。但英译为“Orioles dance and sing busily in trees red with flowers”①，虽然不能断定这就是最好的英译，但它出自有相当权威的译本中，出自权威译者的笔下，依此作为分析的对象还是有说服力的。在这句英译中，与汉语言具有共同指称的物象符号是 orioles（莺）、trees（树，复数）、flowers（花，复数），属性符号是 red（红）、busily（匆忙），动作符号是 dance（跳舞）、sing（唱歌）。但在英语世界中，仅仅这些具有实体意义的符号还不能履行语言传情达意的功能，还必须加上一些进一步起限定作用的关系符号and、in、with。而这些关系词所起的作用就是对混整一体的表象画面进行叙述切割，使自然、感性表象服从人、理性用语言制造的代表精神劳作之神圣的关系框架。而且在汉语言句法表达的形象画面中，植物生命界的存在“花开、红树”与动物生命界的存在“乱莺啼”是混整一体，不分主客、彼此、主动受动的，正是在这种浑然两忘的境界中，才充分展现自然和谐美丽的生机。但在英文句法中则强行使动物生命界的存在“Orioles dance and sing busily”（莺忙着跳舞唱歌）居于主体的位置，而植物生命界的存在“花开、红树”只是动物生命界存在的背景、衬托、铺垫。这典型地体现了近代黑格尔理性主义者关于精神存在等级的机械划分：植物界高于无机界，动物界高于植物界，人高于动物界，在人类中心灵的位置最高。在这里，英语句法隐喻出的人与自然的本体性偏离，确实带有残酷冷漠的意味。而与之相比，汉语句法的取象结构，最大可能地保持了人类直观表

① 郭著章、傅惠生等编译：《汉英对照〈千家诗〉》，武汉大学出版社 2004 年版，第 70 页。

象所摄取的自然空间呈象的原生态。

汉英句法的类似差异很多,下面另举几例。南宋诗人赵师秀《有约》:“黄梅时节家家雨,青草池塘处处蛙。有约不来过夜半,闲敲棋子落灯花。”英译第一句为:“All households are bathed in the early summer's drizzling rain.”①从自然空间呈象的自在状态分析,“黄梅时节”以空间形象表示时间状态,位于主语位置,但也并非要特意突出时间的重要,只因为它符合画面的呈象顺序。“家家雨”作为该画面的另一组成部分位于所谓谓语位置,感知顺序与句象流动统一,两个画面组成一个浑然的整体。但英译首先把“all households”(家家)突出出来,因“家家”不仅仅是空间的一个部分,它还是人类存在的标记,适合处在主语位置。而且硬把“家家雨”这一混整的画面拆分,制造出一个被动施动的关系——“are bathed”,时间“黄梅时节”便被调整到状语的修饰位置。经过英语的这番改造后,直观的自然表象因人类异己要素——思维分析的介入,而不复存在。第二句的英译是:“Frogs'croaking from ponds and green grass everywhere's clearly heard.”汉语中这一直观画面,也是从视觉的“青草、池塘”到听觉的“处处蛙”的有机结合。但英语则同样先把动物界的生命存在“Frogs'croaking”置于无机界和植物界的生命存在“ponds”和“green grass”之上,硬要在生命的浑融一体中类分出清晰的界限和位置的主次。这幅动态生命画面的观赏者无疑是人类,但在汉语句法中,人只是谦虚地居于背景的位置,任万千世界的生命自在地展现。但英语一定要把人类由背景推到前台,使人类成为画面的一个干扰因素,“is clearly heard”,被谁清

① 郭著章、傅惠生等编译:《汉英对照〈千家诗〉》,武汉大学出版社 2004 年版,第 101 页。

楚地听到？当然是“独尊”的人类了。第三句的英译是：“My friends who promised to come haven’t come after midnight.”“有约不来过夜半”乃人类生活中一个常见的“事件”画面，“有约”与“失约”也本是人类在生活中制造的一种很平常的事件。汉语句法只是让人直观或感受到这样一种事件画面即可，未必一定要把“受伤害者”及事件的制造人捧出来。实在说“无意的失约”也为人提供了感情的补偿——体验等待的况味，它体现了一种只有自然才具有的包容与大度。但英语句法一定要把“事件”的来龙去脉“分析”清楚：“my friends”（我的朋友）是“失约”的制造者，被置于主语的位置，接受“质问”；而隐含着的就是“I”（我）是事件的“受害人”。如此那些足以抚平人类自然关系之龃龉的一些情感默契也就不复存在。第四句的英译是：“I face a lone lamp and knock at chessmen in restlessness.”汉语句子也只是提供了两个事件画面，位于主语位置的“闲敲棋子”与位于谓语位置的“落灯花”，句中的位置也只是提供了直观这一事件画面的顺序，在空间画面的组合上并没有主次之分。汉语句负载的这一人类参与的自然生活画面，动作画面“敲”“落”，属性画面“闲”，物象画面“棋子”“灯花”，彼此并没有实质上的主客关系，皆在自然空间的包容下，处于一种自在有机的关联中。而且由于句子主语位置上“人”的缺席，使这一画面作为一种人生状态的隐喻，具有了广阔的参与空间与参与可能性。而在英语的句子结构中，“人”（I face……）这一所谓的“主体”生硬地占据了主语的位置，各种关系词（a、and、at、in）分割了这一有机的画面，隐喻了人的某种软弱状态的词（restlessness）在句子的最后，而自在的物象“孤独的灯”（a lone lamp）、“棋子”（chessmen）都成了人主宰下的对象，一幅充满动态活力的人生画面被英语句法裁制后便枯萎了。

另如诗人杨万里《初夏睡起》中的“梅子流酸溅齿牙”，两个物象画面符号“梅子”“齿牙”，两个动态画面符号“流”“溅”，与一个属性画面符号“酸”，按照自然的感知顺序，组织成一个有机的直观整体，呈现了一幅极富情趣的生活小插曲。英译为“The plums I see and eat still make my teeth feel sour and tart”①。在英语的句子中，“人”这一主体一定要突出，那么“梅子”——植物界的生命代表，虽然处在主语的位置，但被“人”的行动所限定（The plums I see and eat），无法逃避“被看”或“被吃”的命运。于是植物界生命的主动性——“流”与“溅”便被极大地弱化了，“人”被自然生命采取了“主动”后（still make my teeth feel sour and tart），仍不失自己的“体面”，因为在这一事件中“我”是事实上的主动者（The plums I see and eat）。印欧语系的句法结构总喜欢把自然发生的一切事件都纳入人类的逻辑框架中，置于主动被动、支配被支配的紧张中，根本无法再现大千生命的自在状态。如唐代诗人高骈《山亭夏日》：“绿树阴浓夏日长，楼台倒影入池塘。水晶帘动微风起，满架蔷薇一院香。”其中的“水晶帘动微风起”，展示的只是一幅美妙的自然画面：微风吹拂，水晶帘般透明的水面，泛起阵阵涟漪。但该句的英译为：“The water like a crystal screen ripples, for a breeze comes.”②两种物象“水晶帘动”“微风起”组成一幅有机的画面，汉语句只是把它自然地呈现出来。但英语则把这幅画切分，放进只有人类才具有的因果关系——for a breeze comes。在人类的逻辑框架中，没有“自然”的位置。

① 郭著章、傅惠生等编译：《汉英对照〈千家诗〉》，武汉大学出版社 2004 年版，第 103 页。

② 郭著章、傅惠生等编译：《汉英对照〈千家诗〉》，武汉大学出版社 2004 年版，第 113 页。

汉语句法结构的“因字而生句”，表面上非常缺乏技术上的可操作性，但并非“无技”可循，只不过它把“技”已提高到“道”——形而上的层次，不诉诸机械的技术操作、严格的形态操作。正如大学者黄侃所言：“然字之所由相联而不妄者，固宜有共循之途辙焉。前人未暇言者，则以积字成句，一字之义果明，则数字之义亦必无不明……所谓振本知末，通一万毕，非有阙略也。为文章者，虽无文法之书，而亦能暗与理合者。”①那么所谓“共循”之“途”、“振本”之“本”、“暗与理合”之“理”是什么呢？黄氏列出了许多“习而自知”的汉语表达技法，而最根本又没有明示的应该是汉语句法“取象”“观象”所遵循的，得自人类自然感官支持的内在自然逻辑。不过，他在“论句读有系于音节与系于文义之异”一段中隐约透露出一点消息，即“凡人语言声度不得过长，过长则不便于喉吻。虽词义未完，而词气不妨稽之止，验之恒习，固有然矣”②。所谓“不便于喉吻”“验之恒习”，实即“自然感知逻辑”的生理性制约。恰如洪堡特所言：“所以，不管听起来多么矛盾，我仍坚持认为，恰恰是因为汉语从表面上看不具备任何语法，汉民族的精神才得以发展起一种能够明辨言语中的内在形式联系的敏锐意识。”③这种“敏锐意识”就是句法结构暗含的“自然感知逻辑”。而这种句法结构的深层指涉已抵达人与自然的本体性隐喻层面——存在的万物一体性。

我们再释读一个更具代表性的经典例子。《春秋·僖公十六年》：“春王正月戊申朔，陨石于宋五。是月，六鹢退飞，过宋都。”它

---

① 黄侃：《文心雕龙札记》，华东师范大学出版社1996年版，第160页。

② 黄侃：《文心雕龙札记》，华东师范大学出版社1996年版，第166页。

③〔德〕洪堡特著，姚小平译：《论人类语言结构的差异及其对人类精神发展的影响》，商务印书馆2009年版，第316页。

在很多地方被认为最能代表汉语言敏锐的表达意识。《谷梁传》对“陨石”的句法解说是:“先陨而后石,何也?陨而后石也。”这里没有明言的内涵是,“陨石”是自然发生的自然事件,因“陨”而落“石”,就是大自然自身的生命逻辑和“呈象”顺序。句子作为呈象的语言,只遵循自然的顺序,把两个表象符号“陨”与“石”连接起来,就已完整地把这一事件报道出来。对“于宋五”的解说是:“于宋四境之内,曰宋。后数,散辞也,耳治也。”这里笼统地说“耳治”,并不确切,实则“陨石”作为自然发生的“天象”事件,首先与之“对话”的是听觉,所以“陨石”在先,此为“耳治”。随后才是“视觉的对话”:事件发生,详细察之,落下五块陨石。这就由“耳治”转换为“目治”。《公羊传》的解说则比较清晰:“曷为先言陨而后言石?陨石记闻,闻其然,视之则石,察之则五。”《公羊传》对“六鹢退飞”的解说是:“曷为先言六而后言鹢?六鹢退飞,记见也。视之则六,察之则鹢,徐而察之则退飞。”由“视之”到“察之”再到“徐而察之”,正像影视镜头由远景到中景再到近景的推拉,准确地再现了直观的感知顺序。积四个符号“六”“鹢”“退”“飞”而成的句子“六鹢退飞”,非常简单、朴拙,却展示了汉语言精神特有的言语“内在形式联系的敏锐意识”。《孔丛子·公孙龙》篇进一步申述这一经典例子的代表性:“《春秋》记‘六鹢退飞’,睹之则六,察之则鹢。鹢犹马也,六犹白也,睹之得见其白,察之则知其马。色以名别,内由外显,谓之白马,名实当矣。若以丝麻加之女工,为缁素青黄,色名虽殊,其质则一。是以《诗》有素丝,不曰丝素;《礼》有缁布,不曰布缁。犊牛玄武,此类甚众。先举其色,后名其质,万物之所同,圣贤之所常也。”这里从哲理的高度提升了“六鹢退飞”这一句法的文化价值。“先举其色,后名其质,万物之所同”这句最能体现公孙龙语言哲学思想的表述。就是说句法顺序应与万物的呈象顺序(“内由外显”)、人类的感知顺序(由“睹之”到“察之”)相一致。换一句话说,语言的句法结构应与人类内在自然及人类所面对的外在自然相统一,于是人、语言、自然便进入混融合一的境界,达到“万物之所同”。

反过来说,汉语言的呈象句法,以人类与自然共有的内在联系为依据,积字而成,就成为主客互渗、物我两忘的自然隐喻。在这样一种语言句法意识中,人类的思考并不需要在自己处身其中的大自然区分出主客体的位置关系,也无须在语言的结构中把主客的二元性体现出来,一切能以自然的空间生成规律体现出来即可。著名语言学家王力在“西洋文法与中国文法”的比较中也特意分析了这一现象。比如《孟子》的“庖有肥肉”,在英文中为“There is some meat in the kitchen”,在法文中为“Il y a de la viande dans la cuisine”①。在英法人的意识中,“庖”与“肉”没有直接的隶属关系,无生命的客体的“庖”不应以主体的姿态(主语)拥有同样属于无生命客体的“肉”,所以要造出一个虚位主语 there 来行使“主体的权利”。汉语言句子只注重能完善地呈现大千世界万物一体的生命图像,而就自然地感知顺序讲,“庖”首先落入感知视野,其次进入视野的才是“肉”,这样“庖有肥肉”只是呈现了一种自然顺序。“庖”在主语位置,或“庖”拥有“肉”,在汉语言的意识中并不是破坏“人类秩序”的大事,实在说人类要终极服从的还是自然秩序。王力在下文接着说:“厩有肥马,民有饥色,野有饿莩。”“这里的‘庖’‘厩’‘民’‘野’都是主格,其与‘肉’‘马’‘色’‘莩’的关系是一样的。”②客体的“庖、厩、野”,与万物之灵的“民”,同在主语位

① 王力:《王力文集·第三卷》,山东教育出版社 1985 年版,第 97 页。
② 王力:《王力文集·第三卷》,山东教育出版社 1985 年版,第 98 页。

置，同样可以“拥有”一点什么，真可谓主客不分，万物一体，相得益彰，这实在是汉语句法所隐喻的一种境界。

类似的例子还有很多，在此限于篇幅，无法继续详细枚举分析。而对这几个典型例句的分析，也许尚不能充分说明两种语言的巨大差异，但至少在此所显示的基本趋向还是一个客观存在。把同样的生活场景还原到语言因素极少干扰的表达结构中，譬喻自然，譬如绘画、雕塑、音乐等，人类的瞬间整体直观应该不会有非常大的差异，因为人类所使用的直接媒介是相同的——自然感官。但一旦从这种瞬间直观“醒悟”，需要对这种混融的境界进行“祛魅”式的认知时，它就进入了逻辑的、语言的媒介网络，那种自然的自在性往往就丢失了。相比之下，是根植于人类种族内部的永恒的内在自然，为汉语言输送着源源不断的隐喻活力。汉语言以“象”为必要传意单元的句法，更适合于自然地存真。

第五节　汉语言时空处置方式的结构性隐喻

一、一般语言中时空对立的结构性隐喻

在没有语言介入的环境中，时间与空间的矛盾并不凸显，时间围绕着存在的空间自在地、不触目地运动着，而存在者在自身的活动空间内与时间没有龃龉地相处着。“天何言哉？四时行焉，百物生焉，天何言哉？”（《论语・阳货》）时间、空间都融化在宇宙万象的自在呈现中。但语言出现之后，人类与自然之间本体性的模糊的隐喻关联，日益被人类逻辑的明晰所“祛魅”，时间、空间也由自在和谐的不触目状态进入矛盾触目的状态。因为在语言中，特别是在句子中，语音的流动与时间的先后继起性是统一的，而与空间

的并存性天然对立。当语言介入到人类与自然的对话中时，人就不得不接受这一现实，不得不接受语言强行给人类制造的时空矛盾，使人类两种最基本的存在方式在语言中以不自然的方式对立着。康德指出："空间实仅外感所有一切现象之方式。故空间乃感性之主观的条件，唯在此条件下，吾人始能有外的直观。""显见，此直观仅在主观中而为主观之方式的性质，即以此故为对象所激动，始得对象之直接表象。"①对于时间，康德指出："时间乃存于一切直观根底中之必然的表象。"②"……时间仅为直观所唯一由以能在吾人内部中发生之主观的条件。"③"故时间纯为吾人（人类）直观之主观的条件（吾人之直观常为感性的，即限于其为对象所激动），一离主观则时间自身即无矣。"④康德的分析表明，时间、空间的根本特性是它们同为人类直观的主观条件，它们的本真存在状态即在人类感官"为对象所激动"的直观活动中。但"不幸"的是，语言诞生了，人幸运地接受了语言，于是时间、空间不能仅仅居于人类的直观状态，还要不时地告别"直观时的本真状态"，到语言中"存身"。而语句自身的"物质"条件——语音的流动性，天然与时间的感受形式——继起性吻合，但无法为空间的感受形式——并存性提供共处的疆域。因此，一旦语言成为人与自然之间最重要的关联媒介，一旦时间、空间必须到语言中存身，则时间与空间的

---

① 〔德〕康德著，蓝公武译：《纯粹理性批判》，商务印书馆 1960 年版，第 54 页。

② 〔德〕康德著，蓝公武译：《纯粹理性批判》，商务印书馆 1960 年版，第 57 页。

③ 〔德〕康德著，蓝公武译：《纯粹理性批判》，商务印书馆 1960 年版，第 58 页。

④ 〔德〕康德著，蓝公武译：《纯粹理性批判》，商务印书馆 1960 年版，第 59～60 页。

对立就无法避免。这一对立折射的是人自身两种自然感觉——内感之时间与外感之空间的冲突,它与人类发展运动过程中必然经受的根本性的分裂——主体与客体的分裂,有着结构性的关联,或者说就是后者的一个隐喻。

二、汉语言时空处置方式的结构性隐喻

既然时间、空间是基于人类之自然本性的一种活动,皆存在于人类"为对象所激动"的直观活动中,而语言文字的诞生也并非一种远离自然的抽象活动,它也恰恰基于人类的自然本性,那么语言中的时空矛盾就不会无法破解,因为共同的自然本性显示了这一可能。问题只在于人类的智慧或直觉能否找到这个"阿基米德点"。卡西尔指出:"语言和神话都是内在张力的转化渠道,是以确定的客观的形式和形象对主观的冲动和激动情状的表象。"①乌西诺也指出:"一个事物的名称决不是由任何意志力所决定的……它引起的精神激动就为它的命名提供了场合和手段。感官印象是自我与非我遭遇时所接受的东西……它们就是说话的大众试图为事物分别命名的一块块基石。"②语言是"以确定的客观的形式和形象对主观的冲动和激动情状的表象";客体在外部世界现身,"它引起的精神激动就为它的命名提供了场合和手段"。这就是人类的直觉所找到的"阿基米德点",它的物质的或形象的结晶就是象形文字。正如G·H·冯·舒伯特所言:"全智的上帝在给人类的一

① 〔德〕卡西尔著,于晓等译:《语言与神话》,生活·读书·新知三联书店1988年版,第106页。

② 〔德〕卡西尔著,于晓等译:《语言与神话》,生活·读书·新知三联书店1988年版,第106~107页。

切启示中使用的语言由图画和象形文字所构成。”①而唯有在汉字中，在汉语言句法中人类这一直觉智慧的结晶还保持着强旺的生命力。

汉字的独异特征，一是作为时间、听觉之表现的语音——单音，由单声母音位、单韵母音位（韵母组成无论是只有韵腹，还是包括韵头、韵腹，韵腹、韵尾，韵头、韵腹、韵尾，拼出来的还是一个单音）、单音调音位拼出来的仍是单音的音节，这就是第二章指出的结构常数“1”的声音表现。这一声音表现是瞬间的，时间表现为瞬间性。二是作为空间、视觉之表现的文字——象形，展现为一个空间的图画式的作为整体的形。而由象到义又是隐喻式的诉诸直觉的瞬间跨越，这样一个汉字便实现了音、象、义，听觉、视觉，时间、空间，这诸多要素的瞬间一体的整合，这正是语言作为符号介入人类与自然之间时采取的最自然的方式。自然瞬间呈现的“象”，心灵、视觉、空间，及心灵、声音、时间、听觉，与它在瞬间进行应和，这就是文明曙光在人类心灵初次闪耀时一个实在的、充满自然的“物质性”的隐喻。人类最初只不过以最自然的方式走进文明，走进语言，以心灵“为对象所激动”的“瞬间”直观、感悟来化解语言产生后所不得不面对的时间与空间的矛盾。而印欧语系语言正是在作为其物质性手段的拼音文字上，抛弃了这一自然根基。

印欧语系语言文字音节结构比较复杂，就拿它的所谓单音节来说，也不具备汉语言的单音优势。一个元音音标，或一个元音音标与一个辅音音标至数个辅音音标结合皆能构成一个单音节，但单音节却未必能发出汉字那样瞬间一体的单音。如“or”与“I”都

---

① 〔法〕德里达著，汪堂家译：《论文字学》，上海译文出版社 1999 年版，第 21 页。

由一个元音音标构成,“or”发一个音位的单音,“I”则须发成两个音位的双音,但二者都是单音节。“be”和“by”都由一个元音音标和一个辅音音标构成,“be”由单音位的辅音音标和同样是单音位的元音音标相拼,发只有一个音位的单音;“by”的元音音标由两个音位构成,在和单音位的辅音音标相拼后则须发两个音位的双音,但二者同样都是单音节。“back”由一个元音音标和两个辅音音标构成,相拼后须发两个音位的双音,“desk”由一个元音音标和三个辅音音标构成,相拼后须发三个音位的三音,但二者也都是单音节。仅就单音节分析,显然英语的单音节只有极少数和汉语的单音音值相等,具有瞬息一体的特征,而其大部分单音节的音值则相当于汉字单音的二至数倍。英语中即便是发单音位的单音节,也只有很少的几个能够表意,能唤起大脑的语义表象,而大部分则不能。而且即使是单音节,除单音节词外,其他的单音节无论由几个音位构成,也不能唤起大脑的语义表象,而需要二至数个音节才能唤起一个语义表象。因此在拼音文字中,音、听觉、时间占据了绝对的统治地位。

与汉语言相比,英语的文字音节极大地膨胀,缺乏化解时间与空间矛盾的基本自然物质条件。听觉、多音位在时间上的先后相继,无法像汉语言那样形成声、韵、调、象、义瞬间一体的整合。而诉诸视觉的文字也只是各表音单位书写符号前后相继的线性排列,而不是空间多向度的发散,主要服从音位的时间规律,根本无法拯救空间。

汉字单字、单音的特质,完善地化解文字层次上时间与空间的矛盾。在这一问题解决的过程中,单音起了一个关键的作用,单音使语言的时间感与字象表意的空间感在文字层次上的矛盾轻松化解,并达到最大限度的统一。而单个整体字象则起到基础作用,它使语言——这个多少已是人为抽象化了的“制造品”，能够用自然感觉，以一个符号结构与外部进行最自然的沟通。但汉语言在句子层次上也不得不面临多音、听觉、时间，及多音、视觉、空间的矛盾。话语的语音特征乃多音节，否则无法称之为语言；而多个符号的“线性”排列也不能组成直接诉诸视觉直感的空间画面（原始民族有以一幅画表示一个句子的语言形式，这种形式即是所谓原始的真正的图画语言）。但汉语言保留了汉字这一语言的自然根基，利用时间性与话语的天然偶合，以特殊的空间处置化解话语层面的时空对立。

阿恩海姆曾指出：“如果一曲音乐、一场戏剧、一篇小说或一个舞蹈要作为一个结构上的整体来予以理解，那它就必须作为某种视觉意象的东西来被感知。”①弗莱塞提出过一个假说：“空间性是与视知觉相应的，这种知觉作为一种‘最为精确的’感觉形态，较之于其他感觉形态（其中也包括时间性的形态）有着生物学上的优先性。”阿恩海姆认为空间性之生物学上的优越性最令人信服的理由是：“通常说来，物件是活动的载体，因此在知觉中物件先于它们的活动，物件是处身于空间中的，时间则适于活动。”②这也许与海德格尔关于“语言乃存在之家”的“家”隐喻有相通之处。也许我们对于海德格尔的这句警言作了太过神秘的理解，其实所谓的“家”不过是一种归宿，不过是在漂泊的语言之旅途寻找一个驻足的空间，都是对存在空间的呼唤。

汉语言话语的空间处置可以说仍遵循了自然的启示，这表现

---

① 〔美〕阿恩海姆著，郭小平、翟灿译：《艺术心理学新论》，商务印书馆1994年版，第104页。

② 〔美〕阿恩海姆著，郭小平、翟灿译：《艺术心理学新论》，商务印书馆1994年版，第103页。

为两点：

第一，符号线性排列上的空间处置。具体地说遵循人类发音的生理限制及大脑捕捉语义表象的直观域限，不使语音流速过快，不使句子音节过多，采用短句结构、对称结构，尽力淡化语言的时间强度。它与英语的长句结构对比极为明显，在英语中“据统计，专业作者写的句子平均长度为20个词，受过教育的人写的句子平均长度为25个词……汉语常用散句、松句、紧缩句、省略句、流水句或并列形式的复句(composite sentences)，以中短句居多，最佳长度为7至12字”①。但在具体的话语时空感上英汉两种语言的差异更为巨大。英语一个词的音长原则上相当于几个汉字的音长，在句子结构上，双方语音量的差别十分惊人。一般的比较往往只是机械地、简单地注意了音节、字数，却忽略了十分重要的音位在实际发音时长上的巨大差异。更有价值的差别在于，在实际的发音时长上，汉语每个音位在句子的实际发音时间，与英语音位在句子中的实际发音时间并不相等，汉语每个音位的发音时间趋于延长，而英语则趋于缩短。这样我们可以想象到的情景是：汉语每个音位都要延长，造成同一个音的重复效果，其表达效果是“循环往复，一唱三叹”；英语每个音位都必须大大缩短，形成不同音位的快速交替。由于音位的延长，增加了语音、语义表象在大脑中的回旋时间，其实也就相当于把时间变慢，而在感觉上就是时间感向空间感的转化。“重复打破了古希腊哲学赫拉克利特学派对时间之流的断言。人们可以再次踏入时间之流”②。英语由于音位大大缩

① 连淑能：《英汉对比研究》，高等教育出版社1993年版，第64页。

② 〔美〕阿恩海姆著，郭小平、翟灿译：《艺术心理学新论》，商务印书馆1994年版，第125页。

短，语音快速交替，打断了语音、语义表象的回旋空间，只是语音——这一时间之流的“义无反顾”的快速更替，以时间征服空间。这似乎就是近现代以来西方文明持续征服之旅的一个让人类焦虑的隐喻，与人类面对大千世界所自然滋生的自在的时空感受极不吻合。

对于语言为现代人类制造的时空矛盾，阿恩海姆有很深刻的感受，他指出：“把文章的整体分化为一些较小的部分，使我们回到了语言的最初的形态——那些一个字的陈述或那些短语上。”①这很符合汉字所代表的状况及汉语音节比较简短的句子策略。同时，他又指出：“假如我们拿一篇典型的散文与一篇典型的诗歌做比较，我们也许能冒昧地说，这两种叙述方式，与人类认识的两种基本成分是对应的。也就是说，一种认识是通过知觉范围去追溯因果顺序；一种认识是对统整经验的察知，这是相对地自我包含并外在于时间过程的。在这两种认识方式中，后者显然在心理学角度上是在先的。”②阿恩海姆把散文与诗歌作对比，正是基于印欧语系语言诗歌的句法特点：句法较短，音节隔断较多，在达意上与散文语言形成的鲜明对比。实即欧美现代诗人所孜孜以求的“空间隔断”，它能够弱化印欧语系语言那种时间绝对压倒空间的感觉。而这一特征在汉语中则是最基本、最突出的语言现实，并且比印欧语系的诗歌语言更具代表性。

第二，以空间意象的并置来暗示时间的变换。在这一方式中，时间并不以触目状态出现，而是把触目状态化解在空间场景的自

---

① 〔美〕阿恩海姆著，郭小平、翟灿译：《艺术心理学新论》，商务印书馆1994年版，第124页。

② 〔美〕阿恩海姆著，郭小平、翟灿译：《艺术心理学新论》，商务印书馆1994年版，第124页。

然转换中,这符合人类心理的自然感受。“在许多情形中,时间观念并不像通常为人所接受的见解所主张的那样是普通经验的一个要素”①。汉语言没有丰富的关于时间的形态标志,动词也没有时态变化,有一些提示时间的符号,也往往不是要特意突出时间的位置。第一种时空处置所着重的主要是语言本身所引起的生理承受,说到底也就是语音本身的时空矛盾。而第二方式,则提升为语言对人类生活经验中时空感受的表达问题。英语主要靠一些时间的语法标志词来引导,汉语更主要的是把时间融化在空间的自然转换中,汉语中所谓提示时间的符号往往也是画面的一个有机成分。如蔡确《夏日登车盖亭》:“纸屏石枕竹方床,手倦抛书午梦长。睡起莞然成独笑,数声渔笛在沧浪。”中间两句的英语译文分别是:“During the day I read till I'm tired and dream a long dream.”“When I wake from the dream, I smile alone in good humour.”②在汉语中“午梦”“睡起”作为时间的显示符号只是空间画面的一个有机组成元素,与空间画面的结合自然而和谐。但英语特意以符号“during”“when”把时间突出出来,仿佛人在这一自然活动中,首先有一种触目的时间感,其实如果时间意识如此强烈,这种语言画面反而难以生成。“唱彻五更天未晓”(洪咨夔《直玉堂作》)英译为:“When the watch near dawn is reported I have finished them.”“寒夜客来茶当酒”(杜耒《寒夜》)英译:“In a cold night, to my guests I often offer tea instead of wine。”“笛弄晚风三四声”(牧童《答钟弱翁》)英译

① 〔美〕阿恩海姆著,郭小平、翟灿译:《艺术心理学新论》,商务印书馆 1994 年版,第 101 页。

② 郭著章、傅惠生等编译:《汉英对照〈千家诗〉》,武汉大学出版社 2004 年版,第 153 页。

为:"In the evening breeze, a few notes from the flute dance up and down."①等,在这些类似例子中,"五更""寒夜""晚风"作为一些带有时间标志的符号,在各自的场景中并非要突出时间,它只是隶属整个场景的一个有机的空间性的画面成分。在汉语诗歌中,类似的例子很多,在其他文体中也较普遍。汉语言无须特殊的时间标志,而英语却需生硬地把时间标志凸现出来,这些标志的插入,破坏了统整的感知画面。在很多时候,时间以不自然的方式强行插入空间,往往破坏了基于心理感受的人生稳定感。

应该说在日常的生活经验中,展现出来的符合自然心理感受常态的,是具有相对稳定感的空间场景的整体,时间往往只是融化、隐含在场景的交替中,却并不需要感觉把它突出出来。在某种意义上,海德格尔的《存在与时间》显然可以看作是对时间与人类生存感受的思考,而在他的思考中,能够召唤出人类极促迫的时间感受的,往往是一些特殊的生活场景如"怕、畏、烦、死亡"。只是在这些场景中,时间才成为人类感觉的最触目的特征,"不耐烦、腻味和恐惧是召唤时间作为一种知觉构成的条件",但"这种知觉构成是特殊的、相当异常的"②。或用楚克(Wolfgang Zucker)的话说:"当我的存在不再与我相一致时,时间便是对我的存在形成威胁的经验条件。"③显然,时间成为"人生的经验条件",既不是人类生活及感受的常态,也不是人类自然感觉所向往的,它标志着人生进入

---

① 郭著章、傅惠生等编译:《汉英对照〈千家诗〉》,武汉大学出版社 2004 年版,第 155 页、第 171 页、第 183 页。

② 〔美〕阿恩海姆著,郭小平、翟灿译:《艺术心理学新论》,商务印书馆 1994 年版,第 102 页。

③ 〔美〕阿恩海姆著,郭小平、翟灿译:《艺术心理学新论》,商务印书馆 1994 年版,第 102 页注 1。

了一种对存在构成折磨的境地。真正符合人类自然感受的是一种地老天荒的永恒，生活在时间不触目的感受中流逝。或许可以这样说，英汉两种语言对时空的两种处置方式，在隐喻的意义上，代表了两种存在状态。

从存在论的角度讲，隐喻指示了人与自然之间一种更源始的存在状态，语言的发展就是不断以隐喻的话语方式，召唤日渐远去的隐喻关联。而表达隐喻，客观上又是每种语言必具的功能，那么对汉语言自身隐喻特质的分析，或者说汉语言自身隐喻特质的凸显，又到哪里寻求自身的存在价值呢？语言对人类既意味着解放，又意味着束缚，语言带来了人类面临的问题，而这一问题的解决又离不开语言。在人类尝试了种种角度、种种可能性后，重新回到与人类须臾不可分离、人类日用而不觉的语言本身，是一种必然的选择。语言这个人类文明的最大成就，又塑造了人类文明本身，以语言来思考作为对象的"语言"，确实有一种"元悖论"的色彩，但又是进入该问题的唯一方式。而且隐喻乃是语言本身的一种属性，以语言来思考语言的一种属性，在逻辑上是合理的，问题只在于这种思考的价值究竟何在？

一个不可否认的事实是，对汉语言的重新认识，发生于整个人类在当代面临生存挑战的语境中。而汉语言遭受的无情否定，则恰恰是汉语言民族自身面临生存挑战的时候，这种历史语境的悖论本身就很发人深思。这也说明汉语言淀积着一份值得全人类珍惜的文化财富。相比其他语言，汉语言作为最古老的目前唯一还充满生命活力的秉承象形文字根基的语言，最大特点就是特别富有隐喻性，对这种隐喻特质的探讨，使我们能更积极地把握汉语言"异样天空"的价值。语言自身并不能解决人类面对的问题，但语言数千年历久不息、永驻常青的积淀却具有永久的启示价值。汉语言展示了人类、语言、自然之间最源始的关联，它以象形为根基（这是世界所有自源文字的共同选择，其于人类的生存启示或许还不曾被关注过）使人、语言、自然在这一文明的起点上牢牢连接在一起。“象”是自然的主动“馈赠”，是人类与自然对话最直接的媒介，更是统领汉字语言体系的基本原则。在汉语言中人类与自然的关系非常密切，自然为汉语言提供了发育源泉与参照。汉语言在对自然“仰观俯察”“近身及物”的取象活动中，形成了极富隐喻活力的汉字体系。自然物象的隐喻整合，又使汉语词语义空间的扩展充满诗性的韵律。而当汉语言话语把“象”作为一个必要的传意中介时，仍然有着自然所提供的终极性参照，其基本结构原则遵循了人类自然的感知顺序，从而最大限度淡化了技术性、逻辑性的机械钳制，应和了人类自然心灵的诗性诉求。而西方语言则截然不同“目前我们完全确切地知道的唯一事情就是：在西方文化中，人的存在和语言的存在从未能共存和相互连接。它们的不相容性是我们的思想的基本特征之一”①。因此在西方语言文化日益被技术化的浪潮裹挟而去的时候，当人类心灵已不堪逻辑的、技术的重负时，汉语言的诗性特质似乎提供了一个引领人们回身反顾的参照，“我们能够向前和向后踏上思想之路，甚至，返回的道路才引我们向前”②。

---

① 〔法〕福柯著，莫伟民译：《词与物——人文科学与考古学》，上海三联书店2001年版，第442页。

② 〔德〕海德格尔著，孙周兴译：《在通向语言的途中》，商务印书馆2004版，第97页。

第四章　汉语诗性视角下的转型期文艺学建设反思

本书第一部分从字、词、句三个层面，研究汉语言的隐喻特质，揭示汉语言诗性特征，在一定程度上，显示了汉语言哲学存在论层面的价值。在哲学存在论层面，隐喻的基础是人与自然的本体关联。人最初借助象形符号走出蒙昧的自然状态，开拓了一个独特的符号空间、一个不同于原始自然的“文”化了的世界，又依靠隐喻保持着、滋润着文化与自然的生命亲情。以形象为中介、在人与自然之间实现的隐喻跨越，使符号的世界充盈着自然的温馨与韵律。不幸的是拼音文字割断了象形根基，割断了符号世界与自然的生命纽带，把自然纳入到逻辑的、技术的、机械的框架中，对自然实行胜利的征服。以印欧语系为代表的文明对自然的征服，曾经一路凯歌，却无法凯旋。西方文明、文化的危机，呼唤人们回顾、归乡。哲学就是人类唱着乡愁的歌，寻找归乡的路。在人类文化的回身反顾中，汉语言文化自立东方，从象形文字自然生长、发育而来的一种语言体系，依然青春、朝气蓬勃。人与自然的符号亲情，依然那么温馨而绵远悠长，回响着人类、心灵、自然、万物的诗性诉求与“文”化和谐。一种语言中的文化精华，尽管常常以润物无声的姿态，流淌在生活的世界，也必然会生成显性的运思范畴，引领“文”化心灵的文“明”思考。

第一节　汉语“本体”符号归乡考论

“本”与“体”，这两个汉语符号，引领了数千年间汉语哲人的“文”化思考。只是在西风东渐的近百年间，ontology 借助西方文明不可一世的辉煌，对“本”“体”进行了一场不对等的符号“殖民”，汉语“本”“体”的源头被遮蔽。21 世纪应是母语符号“本”“体”还乡的时刻。本部分的归乡考论，承续第一部分的内在学理，对“本”“体”符号溯“本”清“源”。不管这一思考还有多少缺点，作者还是自信说了一些别人不曾说过的话，并愿意以此就教于方家。

一、汉语“本体”符号现代迷失简溯

“本”“体”二符号在中国学人的问学之旅中源远流长，而这两个符号连用组成的“本体”，也是汉语哲学诗性致思的固有范畴。但进入现代时期，“本体”的母语意涵已逐渐迷失。造成该状况的直接原因似乎与 20 世纪三四十年代中国学人以母语符号“本体论”对译印欧语系的“ontology”有关。Be 的翻译，以及这一翻译问题可能对中国哲学的影响，在 20 世纪三四十年代就引起有识之士的担忧。从 20 世纪八九十年代开始，中国学术界又开始了对这一问题的反省与探讨。部分卓有成就的西学研究者，基本承认在汉语学术界，存在一个漫长的对“Be”“Being”的误译问题，而且承认“本体论”是对“ontology”极不确切的翻译，这是非常巨大的进步。在这一系列的研究探讨中，也出现了一个盲点，即难以见到对汉语“本体”符号自身内涵的专题疏释。今天似乎只能通过 ontology（至多再加上 substance，noumenon）来理解“本体”符号了，汉语独具特色的诗性智慧传统难以在现代彰显。

一般的表达符号，基于东西方不同民族日常生存面临的许多问

题的共同性，对译与转换尚不是问题。但一旦进入文化深层，面对各民族在哲学形而上层面的关键范畴，两种语言符号的转换就十分困难。与 ontology 对译的汉语符号是“本体论”，而 ontology 按字面直译即“是论”，是“关于是的学说”。“是”在印欧语系是系词。印欧语系的语言表达离了“是”寸步难行；同时，这个无处不在的“是”又被哲学家作为最高范畴。因此“本体论”的问题，不仅仅是一个与 ontology 的对译问题，它又和 Be 的翻译内在地联系在一起。中国学者早已发现这一问题的严重性，萧诗美在《是的哲学研究》有一个简要回顾。20 世纪 40 年代的陈康先生，较早发觉了中国人理解西方哲学的根本困难——Being 这个西方哲学中的基础范畴。当时为防止误译，陈康先生把德文 sein 音译为“洒殷”，因为“这也许不仅是翻译上的问题，进而牵涉到可怕的问题”①。后来直至 20 世纪 80 年代陈康的学生齐良骥先生又向学术界提出 Being 到底是什么的问题。20 世纪 90 年代，王太庆先生又发表专文讨论 Being 的汉语翻译问题，向他的弟子现身说法，坦陈：“几十年前的旧译需要进行重要的更正。”②这些都显示了学者的严谨、真诚与敏感。

随后关于 Be 与 ontology 的翻译问题逐渐引起学术界的重视，如 2001 年在山东大学召开中华全国外国哲学史年会，Be 及 ontology 的翻译与理解问题是讨论焦点。会后以此为契机，宋继杰编辑了《BEING 与西方哲学传统》两大卷论文集，并于 2002 年出版。另外 2002 年 5 月第二届“马克思主义哲学论坛”在上海崇明岛召开，其主题是“马克思的本体论思想及其当代意义”，会后也出了专题论文集。另外还有多部研究专著，如萧师美《是的哲学研究》于 2003 年出版、俞宣孟《本体论研究》于 1999 年出版。关于 ontology，

---

① 萧师美：《是的哲学研究》，武汉大学出版社 2003 年版，第 5 页。

② 萧师美：《是的哲学研究》，武汉大学出版社 2003 年版，第 5 页。

俞先生指出"我本人在10年前建议译为'是论'"①。

综合诸多研究,一些学者坚持应把Be、Being译为"是"。另一些学者认为Be既是系词,但在不同的语境又是一个实意词、一个哲学范畴,笼统的改译为"是"并不恰当,甚至别扭。关于ontology,大部分学者基本认可:以"本体论"翻译ontology并不确切。但对于"本体论""本体"术语的何去何从,似乎"一筹莫展",毕竟在现代中国学术界ontology意义下的"本体论"已有漫长的应用史。如有的学者认为"我们不应该拘泥于本体的词义学考证"②。有的学者依然在ontology的意义下使用。萧师美《是的哲学研究》指出:"'大化即宇宙之整个的变易历程之义。大化论即是对大化历程之根本事实之探讨'。这两门理论,若按西方哲学来归类,显然都应归入那种关于'形体'和'世界'的'宇宙论',而不是关乎'是者之是'的'本体论'(ontology)。"③显然在这里,萧诗美认为"本体论"是研究"是者之是"的。俞宣孟在《本体论研究》中,谨慎道出自己的担心:"'本体论'这个译名最大的危害是,用它译ontology牛头不对马嘴,但却容易使我们的同胞望文生义,由它而想起中国传统哲学中有关'体用''本根'的论述,于是在中国哲学中勾勒出一种'本体论',当作是与ontology相应的东西,其实是南辕北辙。本书仍然沿用'本体论'这个名称。"④俞宣孟的担心不无道理,几十年了,用"本体论"译"ontology",虽很难说中国已有与西方"ontology"相应的"本体论"了,但汉语学术界的"本体论"言说都"ontology"化了则是事实。还有学者主张对"本体论"保留并降格使用,如李德

---

① 俞宣孟:《本体论研究》,上海人民出版社2005年版,第14页。

② 陈先达:《处在夹缝中的哲学——走向21世纪的马克思主义哲学》,北京师范大学出版社2004年版,第62页。

③ 萧师美:《是的哲学研究》,武汉大学出版社2003年版,第48~49页。

④ 俞宣孟:《本体论研究》,上海人民出版社2005年版,第17页。

顺、杨学功二先生在《马克思哲学与存在论问题》一文，翔实梳理了“本体论”对译ontology的不确切，但主张保留“本体论”术语，并在两种含义下使用：一是不再用来指称ontology，而指称西方哲学史上探讨 on（on 为印欧语系系词“是”的词根——笔者注）问题时，历史地形成的实体主义或实体中心主义的哲学形态。二是把它降格为ontology（存在论）的一个子概念，指称关于“存在者（是者）的学说”①。这些观点显示，汉语学术界虽然确认译名的不确切，但都无意去彻底解决这一问题，一任母语符号“本体”被 ontology“殖民”。叶秀山先生在《世纪的困惑——中西哲学对“本体”问题之思考》一文，谨慎而富有洞察力地指出：“其实，东方的思想，中国的传统思想……它的思路，要比柏拉图、康德的‘理念论’更为宽阔些，或许也没有‘存在论’和‘理念论’那样尖锐的对立，但中国的哲学思路，同样是‘形而上’的。”②中国传统思想思路的“宽阔”表现在哪里？也许就隐含在母语符号“本”“体”中吧？

汉语学术界几十年的“本体”迷失，似乎源于一个十分简单且在“当时”也许无法避免的错误——用“本体论”来译“ontology”。从此，西方依然在“ontology”，汉语学术界也很深刻地把“本体论”“ontology”起来，现代汉语学术界的“本体之思”完全被“ontology”化了。

二、汉语“本体”符号之“正名”

“本”“体”是汉语思想言说的重要表达符号，对“本体”这一范畴母语意涵的研究也不是完全没有，但基本思路，要么以“本根论”

---

① 赵剑英、俞吾金主编：《马克思的本体论思想》，社会科学文献出版社2006 年版，第 199 页。

② 叶秀山：《中西智慧的贯通——叶秀山中国哲学文化论集》，江苏人民出版社 2002 年版，第 153 页。

大而化之，要么竭力寻找与ontology的相似处，研究结果离“本体”之“本”来意涵愈来愈远。母语“本体”的符号结构带有汉语言的诗性特色，它与印欧语系的ontology无任何相似之处，“是”与“是论”（ontology）所带给“本体”的意涵实在过于狭隘。汉字以象形为根基，历经数千年的演变，生生不息，青春常在，是世界语言大家庭的奇迹。它以“象”为表达根基，单音、单形、单义（此处单义，指每一个音节都是一个单独的意义单位），进而延伸到词、句子层面上，基本的语法规律是“因字而生句”（《文心雕龙·章句第三十四》），现代汉语依然如此。汉语在字、词、句三个层面，天然保留了人与自然之间的诗性系连，而不对世界进行僵硬严密的语法逻辑的整合。汉语“本体”的符号结构，由“本”与“体”这两个非常重要的表意音节连用而成，形成了一个内在关联的多维意群。第一层次，“本”与名词之“体”，此“体”实际就是“本之体”，“本体”即“本”之“体”，所谓“人心与天地万物，本通为一体”①。第二层次“本”与动词之“体”②，“本体”不脱离人而独在，“本”“体”不离“体”“本”而独在。

---

① 刘梦溪主编：《中国现代学术经典·熊十力卷》，河北教育出版社1996年版，第106页。在这一句引文中，“本”可以理解为虚词意义的“本来”，但理解为“本”“体”之“本”同样意通，而且别开生面，于此充分显示汉语之“本”符号在形上意涵表达上的自明性。

② 关于“体”的动词义，在汉语致思中很普遍，一些学者亦曾明确指出。如熊十力在《读经示要》第13页提到：“《论语》所载孔子之生活，即其体天道之实。”在该文的随文夹注中，注明：“此中体字，非本体之体，乃动词。谓其实现天道于日用践履之间。”只是在此夹注中，熊先生又特为注明“非本体之体”。此处熊先生对“本体”符号的理解，似在ontology的意义上。而汉语言“本体”更注重动词之“体”，因为“本体”与对“本”的“体”悟、践履，在汉语中不可分割。而熊先生在他处往往是名词之“本”与动词之“体”对用，如同书《自序》：“学不究其原，理不穷其至，知不会其通，则未能立大本以宰百为，体大常而御万变。”这也说明动词之“体”在“本体”中的重要性。此处《读经示要》引文见熊十力：《读经示要·自序》，上海书店出版社2009年版，第2页。

在汉语境域,“本体”最重要的旨趣是诗性召唤人类绵绵不绝的“体”“本”之活动。一切“本体”之价值预设、状态预设①,如不能启动心灵的“体”“本”之思、之悟,都是无意义的,这显然非“ontology”可比,也非 substance、noumenon(这两个单词在大多情况下往往汉译为“本体”)可比。先哲的“本体”言说,从来不曾脱离言说主体虔敬、生动的“体”“本”之活动,在这层意义上“本体”即对“本”的“体”“会”,即“体”“本”。“本体”内含能动“主”“体”(吾心)之体“本”活动。而 ontology 的符号结构由词根 onto -(印欧语系的系词“是”),与 - logy(印欧语系表示关于“某某的学说”)连用而成为“关于是的学说”,即所谓“是论”,这是一个线性的逻辑化结构。而且如进一步细分,则它由四个音节构成,但每一个音节本身则是不能表意的,与汉语“本体”的符号结构有天壤之别。

汉语境域“本体”不脱离人而独在,“本”“体”不离“体”“本”而独在,人的在场性是“本体”得以成立的基本前提。汉语简化字之“体”,在 1935 年公布的《第一批简化字表》中即已出现,由“體”改为“体”。此前的“體”符号,在不同语境下,基本在两个意义上使用:一是名词之“體”,即“体用”之“体”;一是动词之“體”,特指人对“本”的体验、体悟,“體”与“体”所指一致。“体”按现代汉语字形符号分析,乃“人依本而立”。人依“本”而立乃有“体”,这可以说是“体”的归“本”,而在“本体”之符号表达中,“体”比“體”更贴“体”、贴“本”,这也是汉字自我完善更新的一个最成功的个案。在

① 关于状态预设,如在心之本体,善之本体等用法中,“本体”实是一种本然、本真之状态的预设。张岱年先生在《中国古代本体论的发展规律》一文,就是这样来解释宋明儒学的“本体”意涵,如:“朱熹又讲‘心之本体’……这所谓本体亦是本然状况之意。”引文见张岱年:《文化与哲学》,教育科学出版社 1988 年版,第 157 页。

"体"的动词意义上,"体"内含"人"之"体本"活动,"本体"无法脱离"人"的"体本"。"本体"不是一个至高神性范畴的自我展开与转化,"本体"的生生之力就寓于"人"之身"体"力行、"知行合一"的"体本"活动,"本体"召唤人的"体本"。

在此,有必要解释一下"本"与"道"的关系,因为在目前关于中国哲学的理解中,现代约定俗成的观点,皆把"道"作为最高范畴。"本"符号的通俗与广泛,反而失去了触目的性质,不被重视。而如果追"本"溯源,应该承认"本"先于"道"。《论语·学而》"本立而道生",朱熹注:"本犹根也……根本既立,则其道自生。"关于《论语·学而》一章,朱熹的概括是:"此为书之首篇,故所记多务本之意,乃入道之门,积德之基,学者之先务也。"①这些评述显示了"本"相对于"道"的先在性。《庄子》亦有"道""自本自根,自古以固存"的玄言。通俗的解释:"道"把自己当作"本""根","自本自根,自为根本"②。但更严格、更符合"源"意的解说,也许应该是唐朝成玄英的"疏"解:"自,从也。"③即"道""从""本""从""根",自"本""根"而来。"道"不可能做自己的"本","道"之"本"即"本"。《中庸》:"中也者,天下之大本也;和也者,天下之达道也。""大本"必在"达道"之先,关于"大本"与"达道"之关系,朱熹认为"大本者,天命之性、天下之理皆由此出,道之体也。达道者,循性之谓"④。这里亦显示,在"本"与"道"之关系上,"大本"先于"达道",与《论语·学而》"本立而道生"一致,此亦同于大易之言"正

① 朱熹集注:《四书》,上海古籍出版社1996年版,第61页。

② 参见曹础基:《庄子浅注》,中华书局1982年版,第96页注释3。

③ 郭象注、成玄英疏:《南华真经注疏》,中华书局1998年版,第145页【疏】。

④ 朱熹集注:《四书》,上海古籍出版社1995年版,第28页。

其本,万物理"①。

三、汉语"本体"表达机制分析

为彰显母语"本体"符号的"本"来意涵,可进一步从汉语符号"不""本""体"与海德格尔从语源学角度考证的希腊语符号 φυσις(自然)、χρεώ(用)的比较来看,它们之间存在令人惊奇的"巧合"。这种"巧合"已经超越了"偶然性",显示了东西心灵的内在深层沟通,能增进对汉语"本体"的理解。海德格尔致思之旅的一个根本特征是对西方关键术语的语源学考证,其根本目的是寻找一种新的言说方式,以打破西方严密的逻辑语法体系。其不同时期不同文章的考证致思,确实显示了古希腊的源始处"可能"存在的另一种言说。

先谈汉语"不"符号与 Be。如果说印欧语系善于以"是"说,那么汉语言则善于以"不"说。虽然"是"说与"不"言,各自呈现独特文化智慧,但"是"是一个动态过程,自然、万物、人生无不处在一个不断去"是"的过程,一旦只"是"某个"什么",则"是"的灵魂——否定精神便停止,所以海德格尔要追问——"为什么是存在者而反倒不是否是"②。"不"的精神比"是"更宽阔,更"源始","'不'乃宇宙之大力"③。"不"在方向上,可以意味着"向前"与"向后",而向前的"开新"与向后的"反本"又内在沟通。许慎释"不"为"鸟飞上翔不下来也。从一,一犹天也"。"不"是否定词,许慎的训释,现代多以为不可理解,其实这一训释反映了汉语世界"周流六虚""俯

---

① (清)惠栋撰:《周易述》,中华书局 2007 年版,第 430 页。

② 〔德〕贡特·奈斯克、埃米尔·克特琳编著,陈春文译:《回答——马丁·海德格尔说话了》,江苏教育出版社 2005 年版,第 9 页。

③ 熊伟:《在的澄明——熊伟文选》,商务印书馆 2011 年版,第 25 页。

仰千古”“纵横上下”的观物方式。“不”绝非一单纯的否定词。现代语言学家对“不”的更为踏实的考证是:“不”者,胚也,蒂也。关于“不”字,我国文字学家做了极为谨慎周密的考证,具体考证材料如下:(1)鸟飞上翔不下来也。从一,一犹天也。象形;(2)帝,古书作……(不),均像花蒂之形。“不”的本义是“花蒂”;(3)坏。字形从“土”从“不”。“不”,花蒂为其本义,因为花蒂是“枝叶之所由生、万物之所由发”,所以有最早、最原始(亦引申为最大)的意思。如“丕”“胚”(“胚胎”也是最早的)。因此“坏”的本义是未烧的砖坯,即土坯;(4)“不”是个象形字。①是甲骨文的形体,像花萼足(花托盘)之形。②是周朝早期金文的形体,与甲骨文的形体相似。③是小篆的写法,也能看出像花萼足的样子;(5)陈诗庭《读说文证疑》曰:“字凡从不,皆物始生未成之名。”……康殷列举甲骨文金文形体后,曰:“形未甚明,概象植物胚芽根块植地生根之形。”种子芽生根,长成整株植物,由小变大,故不字有盛大义。“不”乃汉语一个简单的否定词,但其背后却蕴含如此鲜活、丰厚的诗性基质,足可使我们体悟汉语不同于印欧系语言的诗性灵魂。这一考证巧合了海德格尔在关于语言的著名对话中思得的语言之本质——花瓣①。海德格尔诗与思之旅,某种意义上是印欧语系学者的 ontology 围城突破之旅。他极力寻找一种言说方式——即欧洲人如何能本源的说。在他看来,欧洲人必须回返,回返对今天的欧洲就是一种前行,因为欧洲人在不断去“是”的路上走得太远。他坚信:“思想中持存者乃是道路。而且思想之路本身隐含着神秘莫测的东西,那就是:我们能够向前和向后踏上思想之路,甚至返回的道路

---

① 参见海德格尔著,孙周兴译:《在通向语言的途中》,商务印书馆 1997 年版,第 115 ~ 119 页。

才引我们向前。”①他与日本学者手冢富雄关于语言的著名对话，堪称一个西方学者试图从东方文化中，寻找灵感与启示的尝试。他怀疑东亚人追求欧洲的概念系统是否有必要，坚持必须回到“开端”，去思得那“唯一的源泉”。日文表示语言的名称 Koto ba，为他提供了启示。“从这个词来看，语言就是：来自 Koto 的花瓣”②。“我们的日文词‘言叶’（Koto ba）所命名的语言之本质就是花瓣，就是从有所带来的慈爱的澄明着的消息中生长出来的花瓣”③。在海德格尔看来，这正是他所思得的语言之本质——“道说”。这一“生长出来的花瓣”，真实的意旨应该是隐喻一种言说方式，一种本真的道说。而这种“本真的道说”，被思之为“曾在者之到达”“持存者之聚集”，而“曾在者”“持存者”显然指向一种“回返”与“归本”。

虽然“语言的花瓣”之比喻，看起来和汉语“不，胚也，蒂也”只是一种巧合，但联系海德格尔这一时期前后一贯的思考，不能否认这种巧合的超“偶然性”。“不”及其一系列的否定词，如非、无、勿、否等，是汉语哲学表达不可缺少的。其表达的诗性灵魂，或曰“思想的作诗”④，正是通过这一类能够“不”言、“反”言的词呈现出来

---

① 〔德〕海德格尔著，孙周兴译：《在通向语言的途中》，商务印书馆 1997 年版，第 83 页。

② 〔德〕海德格尔著，孙周兴译：《在通向语言的途中》，商务印书馆 1997 年版，第 118 页。

③ 〔德〕海德格尔著，孙周兴译：《在通向语言的途中》，商务印书馆 1997 年版，第 125 页。

④ 海德格尔思存在之真理，寻找回归的路，就是要突破西方形而上学表达植根于其语言本身的严密的逻辑语法体系，进入一种原初的运思。对这种严密语法体系的突破，以及由此才可能达到的原初的运思与道说，在海德格尔看来乃是思想与作诗的事情。汉语“因字而生句”的灵活语法，带有“非语法性”，正因此汉语保存了人与自然的源始的诗性系连。如果说海德格尔的突破是不可为而为的话，而在汉语中则是极为自然的。

的。“不”并非一个仅仅表示“否定”的词，在否定中，有生长，有对另一境界的敞亮，“胚”与“蒂”不正蕴含了这种预期吗？这又可以看作海德格尔在对“泰然让之”之探讨中提出的“非想”：“思的本质”乃“我想非想”，“通过刚才提到的非想这种方式的想，我们能靠近它一点”①。这一比较似乎可以说“不”乃“否是”“非想”，比“是”更源始。

再看“本”与“sein”（“在”“是”）及 φύσις。海德格尔在《形而上学导论》中，追溯了“在”，即 sein（是）在希腊语中的语源，其中之一即“作为出现着的自立（φύσις）”②。而关于 φύσις，海德格尔有专文《论 φύσις的本质与概念》。海德格尔从语源学角度考证亚里士多德使用的希腊文 φύσις，“我们可以在较狭义的‘生长物’（植物）那里来搞清楚：‘植物’通过萌芽、生长并且进入敞开域而展开自身，它同时返回到它的根部……自行展开的生长本身就是返回到自身中；这种在场方式就是 φύσις”③。海德格尔考证φύσις的“源”意，是要进一步显明这一“源”意在后来西方致思之路上的丢失，进而寻找一条通过回返而前行的路。“φύσις是通向涌现（Aufgehen）的通道，但因而却是一种向自身的返回，返回到保持为一种涌现的自身”④。而海德格尔在对荷尔德林诗的阐释中也指出：“被思为基本词语的 φύσις，意味着进入敞开域中的涌现，进入那种

---

① 〔德〕海德格尔著，陈春文译：《思的经验（1910～1976）》，人民出版社2008年版，第33页。

② 〔德〕海德格尔著，熊伟、王庆节译：《形而上学导论》，商务印书馆1996年版，第63页。

③ 〔德〕海德格尔著，孙周兴译：《路标》，商务印书馆2000年版，第294页。

④ 〔德〕海德格尔著，孙周兴译：《路标》，商务印书馆2000年版，第341页。

澄明(Lichtung)之照亮,入于这种澄明,根本上某物才显现出来……才以其'外观'(ἰδέα)显示自身。"①因此在海德格尔看来,在希腊哲学和欧洲哲学的伟大开端中,"存在乃是自行遮蔽着的解蔽——这就是原初意义上的 φύσις"②。这显示"是"之"源"乃 φύσις,至于被亚里士多德带入本质概念中的 φύσις"只可能是开端性的 φύσις的一个衍生物"③。

从这一考证可以看到希腊语"是"之源处的 φύσις与汉语"本"的契合。如果说"不",乃花蒂、胚,汉语言说之花朵;汉语言说的另一个关键符号"本",同样长在这棵"语言之树"上,只是它已返回了"根部",树上有"花",树下有"本","花""本"不离,"不""本"相通。"本,木下曰本,从木,一在其下"(《说文解字·六上·木部》)。就符号构型层面考虑,"本"之"象"与 φύσις的"生长"与"归根"高度契合。而就思之旅程来说,返"本"是汉语思想言说的传统,返本开新,掘井汲泉,是"本"的返回,也是"本"的涌现。

第三,动词之"体"与 χρεών(用)。沿着海德格尔为欧洲命运追本溯源的致思之路,回溯汉语古典先哲的"本"思之路,另一个令人惊异的巧合,就是"本体"之"体"与 χρεών(用)的对位。汉语"本体"不是一个至高神性范畴的自我展开与转化,"本体"的生生之力就寓于"人"的主动地"体"本。动词之"体"召唤的是"本"思者,"本"将因人的主动之"体"而显。χρεών、Brauch 作为海德格尔

① 〔德〕海德格尔著,孙周兴译:《荷尔德林诗的阐释》,商务印书馆 2014 年版,第 64 页。

② 〔德〕海德格尔著,孙周兴译:《路标》,商务印书馆 2000 年版,第 351 页。

③ 〔德〕海德格尔著,孙周兴译:《路标》,商务印书馆 2000 年版,第 350 页。

致思之路的另一个关键术语,通译为“用”。海德格尔认为能够追问存在(sein)的必定是一个特殊的存在者,此特殊存在者即“此在”(Dasein)①。“存在的开放需要人,反过来,只有人处于存在的开放中,人才是人”②。这些文字强调了人在存在之思中的重要性,与其对于“用”的强调内在理路一致,“人之为人,归属于一种要求着人的用”,“‘用’召唤着人去保存那个二重性”③。关于这个“用”,译者有一个简明的解释:“‘用’(Brauch)在海德格尔这里几成一个基本词语,突出标示存在(后来说‘大道’)和语言(后来说‘道说’)如何‘用’人来展开运作。”④海德格尔的思之诗,力图打破西方形而上学的对象性思维与表述方式,遏制概念的自我否定与转化,必须唤起人的参与,唤起诗思主体的“思人”,这是“用人来展开运作”的本质所在。德文 Brauch——即“用”,是对希腊语 χρεών 的翻译。海德格尔对“用”的选择,实基于对存在之被遗忘状态的拯救,“‘用’(Brauch)这个词语的选择起于一种先行的对思想的转渡,这种思想试图进入存在之被遗忘状态的命运性开端之中来思在存在之本质中的区分”⑤。“存在本身……在存在者中自行显明,并且要求着人的本质”。这句话的原稿“要求着”部分有一个边

---

① 〔德〕海德格尔著,陈嘉映、王庆节译:《存在与时间》,生活·读书·新知三联书店 1999 年版,第 9 页。

② 〔德〕贡特·奈斯克、埃米尔·克特琳编著,陈春文译:《回答——马丁·海德格尔说话了》,江苏教育出版 2005 年版,第 6 页。

③ 〔德〕海德格尔著,孙周兴译:《在通向语言的途中》,商务印书馆 2004 年版,第 121 页。

④ 〔德〕海德格尔著,孙周兴译:《在通向语言的途中》,商务印书馆 2004 年版,第 120 页。

⑤ 〔德〕海德格尔著,孙周兴译:《林中路》,上海译文出版社 2004 年版,第 391 页。

注:Brauch Vereignung。关于这两个德文单词,译者的注释是"用(Brauch)——归本(Vereignung)"①。"用——归本"与"体"之"归本",这种巧合令人惊叹。它们共同的"本",是汉语的"本""不",即"归根"与"开花",与希腊语的 φύσιs,即"生长"与"归根",也即人与自然万物本通为一体。

海德格尔之借助对西方哲学关键术语的语源学考证,展开他的追问之思,根本目的是寻找另一种言说的可能。印欧语系具有严密的逻辑语法体系,海德格尔的寻找之路只能诉诸语词,毕竟语词构成了语言存在的基础。海德格尔在《黑格尔与希腊人》关于 Αλήθεια 说的一段话,为这一推测提供了说明,"然而,Αλήθεια 即解蔽不仅在希腊思想的基本词语中运作,而且也在希腊语言之整体中运作;一旦我们在对希腊语言的解释中不让罗马的、中世纪的和近代的表象方式来插手,并且在希腊世界中既不寻求人格也不寻求意识,则希腊语言便以不同方式说话了"②。这段话显示:关键语词的语源学考证之目的乃寻求另一种言说之可能。

以上对比考论,显示汉语诗性智慧的"源始"性符号"不""本""体",与古希腊"源始"性符号 φύσιϛ(自然)、χρεών(用),在"归本"层面上的一致性。但古希腊的这一开端,是海德格尔对印欧语系的一次语言"考古"。他所揭示的西方语言隐藏着的"存在之秘密",与另一种言说之可能,其"真实性"只能像他在《关于人道主义的书信》中所言:"这种形而上学以西方'逻辑'和'语法'为形态,很早就夺取了对语言的解释。在此过程中隐藏的东西,我们今天

① 〔德〕海德格尔著,孙周兴译:《林中路》,上海译文出版社 2004 年版,第 354 页。

② 〔德〕海德格尔著,孙周兴译:《路标》,商务印书馆 2000 年版,第 518 页。

才只能有所猜度而已。"①这也是海德格尔终其一生的思想与作诗，"把语言从语法中解放出来，并使之进入一个更为源始的本质构造中，这是思想和作诗的事情"②。在此处似乎可以大胆地说，这种"源始的本质构造"，就是海德格尔语言致思所致力追寻的"东西方语言的共同本源"。只是西方已把它遗失，"在海德格尔看来，西方哲学传统的问题不仅出在忽视了'人'，而且也出在它们对'世界'采取了一种不适合的思考方式"③。"西方的传统思想方式使'人'忘记了'本'，忘记'存在'（有）的意义，也忘记'不存在'（无）的意义"④。但汉语仍鲜活地保存着这一源泉，保存着源始地思"本"、归"本"的敏感，汉语境域的"本体"之旅是一个最好的说明。

四、汉语境域中的"本""体"之旅

前面对汉语"本体"的界定与考论，似乎过多借用了与海德格尔致思之旅有关的一些巧合。但即便没有这样的巧合，对汉语"本体"如此界定，并把"体""本"作为根本，也是成立的，它有学术史的依据。

可以从两个层面看汉语先哲"本""体"与"体""本"的致思之旅。一是制度层面，古代没有严格的现代意义上的学术制度，"原道""征圣""宗经"就是贯穿历代哲人学术人生的最普遍的方法。

---

① 〔德〕海德格尔著，孙周兴译：《路标》，商务印书馆 2000 年版，第 367 页。

② 〔德〕海德格尔著，孙周兴译：《路标》，商务印书馆 2000 年版，第 367 页。

③ 宋继杰主编：《BEING 与西方哲学传统（下卷）》，河北大学出版社 2002 年版，第 1023 页。

④ 宋继杰主编：《BEING 与西方哲学传统（下卷）》，河北大学出版社 2002 年版，第 1026 页。

无论是“我注六经”，还是“六经注我”，其学术突破都立足于“返本”而“开新”，以及由之而来的人生境界之提升，学术与人生合二为一。古代学人治学有“作”之者与“述”之者之分，“作者谓圣，述者为明”，孔子谦称“述而不作”。张载《正蒙》，明言：“‘作者七人’，伏羲、神农、黄帝、尧、舜、禹、汤。制法兴王之道，非有述于人者也。”①此处，将“作者”限定于民族文化初创时期，最“源”始、最富创新性的文化先贤，后来者都称不上“作”者，只能称为“述”者。这种限定虽过于苛刻，但充分显示了对于“源”始经典的敬畏。古典治学“注、疏、释”特别发达，首要在“述”，当然在这样一种治学方法中，并非无“作”，只不过其“作”乃“返本开新”之“作”，乃“述”之“作”。此类“作”，乃融合了自身对“述”之“本”的同情之理解与学术主体的身心之体验、体贴，是生命与诗性的圆融和合，而非概念、原理的简单套用、机械移植，亦非概念之间的辩证转换。对“本”有充分的敬畏与体贴，在问学的诗性投入中，有人生境界之提升。这种传统于制度层面，保证了古代哲人问学之旅的学术程序——“返本”“开新”。

第二在学术致思层面，“本”及对于“本”的“体”与“悟”，是问学致思的诗性源泉。先哲问学，首在立“本”，掘井及“泉”，培护“本”源，才能“盈科而后进，放乎四海”。而“本”作为“泉”与“源”，乃至思之路的形式指引与精神体认，先哲的问学之旅，即是“本体”与“体”“本”之旅。

如《论语》首章《学而第一》，朱熹的章首注“此为书之首篇，故

① (清)黄宗羲原著，全祖望补修：《宋元学案》(第一册)，中华书局1986年(点校本)，第718页。

所记多务本之意。乃入道之门，积德之基，学者之先务也”①。首章第二节有“君子务本，本立而道生”。朱熹注为“言君子凡事专用力于根本，根本既立，其道自生”②。林放问礼之本，孔子赞叹：“大哉问！”朱熹注：“孔子以时方逐末，而放独有志于本，故大其问。”③《论语》首章教人务“本”。“本”为主词，它进一步展开的谓词，虽然有很多，如“孝弟也者，其为仁之本与！”（《论语·学而第一》）再如《孟子·滕文公章句上》：“且天之生物也，使之一本。”《孟子·离娄章句下》：“原泉混混，不舍昼夜，盈科而后进，放乎四海。有本者如是。”但它们皆不能代替“本”自身，也不是“本”自身展开的一个逻辑环节。“本”的展开依赖人本身，依赖“主”位之人的“体”，此为汉语的主“体”。

《老子》以“非”言、“不”言、“无”言，反复“言”道，意在提撕“道”之“本然”，所以王弼指出：“《老子》之书，其几乎可一言而蔽之。噫！崇本息末而已矣。”④“予欲无言，盖欲名本。举本统末，而示物于极者也。夫立言垂教，将以通性，而弊至于湮；寄旨传辞，将以正邪，而势至于繁。既求道中，不可胜御，是以修本废言，则天而行化。以淳而观，则天地之心见于不言。”⑤郭象《南华真经序》开宗明义：“夫《庄子》者，可谓知本矣，故未始藏其狂言。”⑥成玄英

① （宋）朱熹集注：《四书》，上海古籍出版社 1995 年版，第 61 页。

② （宋）朱熹集注：《四书》，上海古籍出版社 1995 年版，第 62 页。

③ （宋）朱熹集注：《四书》，上海古籍出版社 1995 年版，第 77 页。

④ （魏）王弼著，楼宇烈校释：《王弼集校释》（上），中华书局 1980 年版，第 198 页。

⑤ （魏）王弼著，楼宇烈校释：《王弼集校释》（下），中华书局 1980 年版，第 633 ~ 634 页。

⑥ （晋）郭象注，（唐）成玄英疏：《南华真经注疏》，中华书局 1998 年（点校本），第 1 页。

《南华真经疏序》关于《庄子》内篇、外篇之分："内则谈于理本，外则语其事迹。"[①]而在《南华真经注疏》的具体注疏中，"本"作为一个范畴出现的频率也相当高，如："物丧其真，人忘其本，则毁誉之间，俯仰失错也。""夫体道至人，虚夷寂绝，从本降迹，感而遂通。""唯命唯物，与化俱行，动不乖寂，故恒住其宗本者也。""而子贡方内儒生，性犹偏执，唯贵粗迹，未契妙本。"等[②]。"本"在这里的运用，并不仅仅是一个符号，虽然"本"在现代的解读中，已失去了经典语境中的"触目"性，是因为现代学术，在很大程度上把作为"流"的西方理论当成了"源"，对民族文化经典失去了追"本"的自觉与敏感。

魏晋之后，"体"也是广泛应用的范畴，大致在两个词性上使用：动词之"体"与名词之"体"。动词之"体"，如《魏志》记载何晏、钟会与王弼关于圣人有无喜怒哀乐的辩论："弼与不同，以为圣人茂于人者神明也，同于人者五情也。神明茂，故能体冲和以通无；五情同，故不能无哀乐以应物。"[③]徽问曰："夫无者诚万物之所资也，然圣人莫肯致言，而老子申之无已者何？"弼曰："圣人体无，无又不可以为训。"[④]"体"冲和与"体"无中的"体"，显然皆是动词之"体"。此处"体"乃"谓词"，它的主词是作为主"体"的人，宾词则是"本"。"本"作为宾词，是相对于作为谓词的"体"来说的。在这

---

① (晋)郭象注，(唐)成玄英疏：《南华真经注疏》，中华书局 1998 年(点校本)，第 1 页。

② 此处几段引文分见(晋)郭象注，(唐)成玄英疏：《南华真经注疏》，中华书局，1998 年(点校本)，第 30 页、51 页、112 页、155 页。

③ (魏)王弼著，楼宇烈校释：《王弼集校释》，中华书局 1980 年版，第 640 页。

④ (魏)王弼著，楼宇烈校释：《王弼集校释》，中华书局 1980 年版，第 639 页。

里“本”与“冲和”“无”为同位词，或者说“冲和”与“无”作为同位词，实际是对“本”的另一种解说，也可以看做是“本”的宾词。再如“虚怀体道”“体玄而极妙”“体道谈玄”“体道合变”等。在这些用法中，显然“体”皆为动词词性，“冥真”之“冥”可以看做“体”的同位、同义词。而“道”与“玄”皆可以看做对于“本”的另一种解说，虽然它们皆不可能代替“本”。在这里“本”是唯一的主词，“道”“玄”是宾词，是对“本”的解说，却不是“本”范畴的自我转化。故“本”与“道”“玄”“无”诸范畴之间的关系，不是印欧语系思辨范畴之间的逻辑否定转换关系，而是“本”通万物，一以贯之，随机优游于人与万物的一体对话应答之中。故动词之“体”更根本，它有效开动学术主体诗性致思之源，保证其致思的诗性投入，以“体”“验”本，以“体”“会”本，以“体”“悟”本。名词之“体”，除人们非常熟悉的“体用”之“体”，如“故就体语至，就用语神，就名语圣，其实一也”①。其他还有“与变为体”“与化为体”等用法②，此处“体”“本”内通，有本通万化、万物为一体之意。

自先秦迄止隋唐，“本体”作为一个双字词合用，还比较少见，但“本”与“体”作为单字范畴，应用极为普遍，并且抽象程度越来越高，哲学含义越来越浓，而且在这种灵活的运用中，越来越显示二者合用的合理性、可能性。一方面像“体道”“体玄”“冥真”皆有“体”本、“悟”本之意，“道”“玄”“真”“宗”“一”等符号其实皆是“本”的另一表达。另一方面，像“道体”“仁体”“心体”等也皆有“本”之体的意义，这些都显示了汉语致思之诗性表达的灵活性。

---

① （晋）郭象注，（唐）成玄英疏：《南华真经注疏》，中华书局 1998 年版，第 9 页。

② 此处引文分见（晋）郭象注，（唐）成玄英疏：《南华真经注疏》，中华书局 1998 年版，第 50 页、137 页。

宋儒崛起，“本”“体”合用的频率增大。如张载《正蒙·太和篇第一》：“太虚无形，气之本体；其聚其散，变化之客形尔。”①朱熹《中和说一》：“是乃天命流行，生生不息之机，虽一日之间万起万灭，而其寂然之本体则未尝不寂然也。”②《答吴南斗》：“试更子细玩索，当见本体实然只一天理，更无人欲。”③《答胡伯逢》：“孟子所谓‘性善’者，以其本体言之，仁义礼智之未发者是也。”④在宋儒那里，此类“本体”连用的表达已经比较普遍，而且它们的用法，并无严格的定义界分，但内部又有一以贯之的脉络。“太虚无形”之气之本体，天命流行之“寂然”之本体，“天理”之本体，仁义礼智“未发”之本体等等的限定词，其所指皆为一种“本然状态”。虽然表达“本体”的谓词不同，但共同的宾词无疑都是“本通万物为一体”——这一“本然状态”。这种“本然状态”作为“体”，“发”之于外部而为“用”，此为“体”“用”如一。体用之不能如一，也就意味“体非体，故用非用”，“本然状态”被遮蔽。这种“本然状态”，带有逻辑在先的意味，随人生、社会发展，行之日用之间，它必然面临失去与被遮蔽的境遇，所以需要去“复”、去“存养”。“本然之态”以其与非“本然”之现实态的对照，显现其引领人生的价值。

当然在宋儒那里更多的还是“本”与“体”的分用。关于“体”，如：程颢“此理至约，惟患不能守。既能体之而乐，亦不患不能守

① （清）黄宗羲原著，全祖望补修：《宋元学案》（第一册），中华书局1986年（点校本），第669页。

② （清）黄宗羲原著，全祖旺补修：《宋元学案》（第二册），中华书局1986年（点校本），第1505页。

③ （清）黄宗羲原著，全祖旺补修：《宋元学案》（第二册），中华书局1986年（点校本），第1564页。

④ （清）黄宗羲原著，全祖旺补修：《宋元学案》（第二册），中华书局1986年（点校本），第1568页。

也”。伊川语录“圣人之心未尝有在,亦无不在。盖其道合内外,体万物”。“若要真得,直是体会”。张载“大其心,则能体天下之物。物有未体,则心为有外”。“……体物体身,道之本也”①。朱熹《观心说》:“故尽其心而可以知性知天,以其体之不蔽而有以究夫理之自然也;存心而可以养性事天,以其体之不失而有以顺夫理之自然也。”②

关于“本”,如胡敬斋评程颢:“明道天资高,本领纯粹,其学自大本上流出,于细微处又精尽。”伊川语录:“今学者苟知人本,则视天下犹一家,亦自然之理也。”“学也者,使人求于本也。不求于本而求于末,非圣人之学也。”③陆象山答吕子约云:“若无本以自立,则事事皆病耳。”陆象山语录:“学苟知本,六经皆我注脚。”④

“本”在汉语先哲言说中,相比其他范畴具有最大程度的自明性。“自明”虽难以解说,但又似乎成为学术致思的一种无意识指向,与其他范畴具有一种内在的亲和力,而融润于一种诗性而有机的阐释境域。朱熹《仁说》说“仁”,有这样一段阐释:“盖仁之为道,乃天地生物之心即物而在。情之未发而此体已具,情之既发而其用不穷。诚能体而存之,则众善之源,百行之本,莫不在是。”⑤

---

① (清)黄宗羲原著,全祖望补修:《宋元学案》(第一册),中华书局1986年(点校本),第541页、595页、605页、700页、702页。

② (清)黄宗羲原著,全祖旺补修:《宋元学案》(第二册),中华书局1986年(点校本),第1510页。

③ (清)黄宗羲原著,全祖望补修:《宋元学案》(第一册),中华书局1986年(点校本),第579页、621页、627页。

④ (清)黄宗羲原著,全祖望补修:《宋元学案》(第三册),中华书局1986年(点校本),第1887页、1891页。

⑤ (清)黄宗羲原著,全祖旺补修:《宋元学案》(第二册),中华书局1986年版,第1510页。

"仁"作为"道",即指与物同在,体天体地的"生生"之心。未发,该本然之体已具;已发,则生生之用乃无穷。诚能"体"悟此"本然之体",存此"生生之心",则"大本达道","莫不在是"。至此则"仁体""道体""心体""体用""体""本",皆"一以贯之",唯此方显"鸢飞鱼跃""源头活水",生机活泼。在这一组符号中,动词之"体"举足轻重,同样显示汉语"本"思,非西方"人缺席""神在场"的"纯是""绝对精神""绝对理念"的思辨否定与自我回归。汉语"本"思,时时呼唤学术主体的在场,身"体"力行,思感交融,"知行合一"。所谓"诚能体而存之,则众善之源,百行之本,莫不在是"。此即所谓"人能弘道,非道能弘人"。

到明代儒学,"本""体"二符号的连用已相当频繁,本体之认识也进一步明晰,而集"本体"认识之大成者非王阳明莫属。"先生之学,始泛滥于词章,继而遍读考亭之书,循序格物,顾物理吾心终判为二,无所得入。于是出入于佛、老者久之。及至居夷处困,动心忍性,因念圣人处此更有何道?忽悟格物致知之旨,圣人之道,吾性自足,不假外求。其学凡三变而始得其门。自此以后,尽去枝叶,一意本原,以默坐澄心为学的"①。黄宗羲的简要述评,显示王阳明的学养,综合了儒释道的"大本"之源,融合了自我的人生体验。其与诸生、诸学者答辩问学,"本体"作为表达符号随处可见。如《阳明语录》答陆原静:"心之本体,无起无不起,虽妄念之发,而良知未尝不在,但人不知存,则有时而或放耳……良知即是未发之中,即是廓然大公寂然不动之本体,人人之所同具者也。但不能不昏蔽于物欲,故须学以去其昏蔽,然于良知之本体,初不能有加损

① (清)黄宗羲著,沈艺盈点校:《明儒学案》(上),中华书局2008年(点校本),第180页。

于毫末也……动静者所遇之时,心之本体固无分于动静也。"①答周道通:"心之本体即是天理……天理原自寂然不动,原自感而遂通,学者用功,虽千思万虑,只是要复他本来体用而已。"②王阳明《传习录》,徐爱问:"知止而后有定,朱子以为事事物物皆有定理,似与先生之说相戾。"答曰:"于事事物物上求至善,却是义外也。至善是心之本体,只是明明德到至精至一处便是,然亦未尝离却事物。"徐爱又问能不能知行合一,答曰:"此已被私欲间断,不是知行本体。未有知而不行者,知而不行,只是未知,圣贤教人知行,正是要复那本体。"③徐爱问:"格物,物字即事字,皆从心上说。"答曰:"然。身之主宰便是心,心之所发便是意,意之本体便是知,意之所在便是物……知是心之本体,心自然会知……此便是良知,不假外求。"④黄以方问:"先生格致之说,随时格物以致其知,则知是一节之知,非全体之知也,何以到得溥博如天、渊泉如渊地位?"答曰:"心之本体无所不该,原是一个天,只为私欲障碍,则天之本体失了。心之理无穷尽,原是一个渊,只为私欲窒塞,则渊之本体失了。如念念致良知,将此障碍窒塞一齐去尽,则本体已复,便是天渊了……若撤去墙壁,总是一个天矣。于此便见一节之知即全体之知,全体之知即一节之知,总是一个本体。"⑤在王阳明对本体的用法中,"心之本体"并不等于"心是本体","之"字只起到把对心的

---

① (清)黄宗羲著,沈艺盈点校:《明儒学案》(上),中华书局2008年(点校本),第189～190页。

② (清)黄宗羲著:《明儒学案》(上),中华书局2008年版,第191页。

③ (清)黄宗羲著:《明儒学案》(上),中华书局2008年版,第198～199页。

④ (清)黄宗羲著:《明儒学案》(上),中华书局2008年版,第200页。

⑤ (清)黄宗羲著:《明儒学案》(上),中华书局2008年版,第208～209页。

理解引向“本体”的方向。他用于描述“心之本体”的宾词分别是：天理（心之本体即是天理）、至善（至善是心之本体）、知（知是心之本体）、天渊（则本体已复，便是天渊）。“知”即“知止”，“止”即“止于至善”，“至善”的境界就是“仁者万物一体”的境界，这是“天理”，也是“天渊”。故描述心之本体的所有宾词，内在相通，皆指向汉语“本体”自身——本通万物之一体。这在王阳明著名的四句教中也鲜明地体现出来。王畿《天泉证道记》记王阳明与钱德洪、王汝中坐天泉桥证道曰：“二君之见正好相资，不可各执一边。我这里接人原有二种，利根之人，直从本源上悟入。人心本体原是明莹无滞，原是个未发之中。利根之人一悟本体，即是工夫，人己内外一齐俱透。其次不免有习心在，本体受蔽，故且教在意念上实落为善去恶，工夫熟后，渣滓去尽，本体亦明净了。汝中之见是我接利根人的，德洪之见是我为其次立法的，相取为用，则中人上下皆可引入于道。”随后告诫：“已后讲学，不可失了我的宗旨。无善无恶心之体，有善有恶意之动，知善知恶是良知，为善去恶是格物。”①这就是王阳明有名的四句教。

在王阳明的四句教中，第一句“无善无恶心之体”，是对本体的解说，心之本体乃无善无恶，此处“心之本体”的宾词是“无善无恶”，而“无善无恶”又是什么状态？理解这个问题，只能从历史的角度分析，“无善无恶”作为一种本然状态，在逻辑上，只能指一种没有人类干扰的万物浑然一体的世界——这也是汉语本体的最终、最高所指——“本体”自身。而“有善有恶”则是有意识的人类脱离万物一体的自然状态，加给世界的一个价值评价，故“有善有恶意之动”。世界既已“有善有恶”，人就不可能“虚无化”地泯是

① （清）黄宗羲著：《明儒学案》（上），中华书局2008年版，第217页。

非,而必须肯定性地"是"是、"非"非。能够"是"是、"非"非,首先要"知",而且是肯定性的"知",所以"知善知恶是良知"。良知就是对一个充满是非善恶的世界,保持正义的、向善的立场。良知不仅是一种"知",也是一种"行","知善知恶"的目的是"为善去恶",此乃"为善去恶是格物"。凡心、意之所接皆为"物",所以格"物",非求取"科"学知识,是学"为"人,而学"为"人,需在"行"中学。故"为善去恶"既是格物,亦是"致良知",从"知善知恶"到"为善去恶",即是知行合一,以复廓然大公寂然不动、无善无恶的"本体"。在王阳明及其后学那里,"XX 之本体"作为一种表达句式非常普遍,如心之本体、性之本体、良知之本体、知行本体等,但都不是现代学者所理解的"XX 是本体",而是以此作为初级表达能指,指向次一级所指——各个"XX"的本然状态。而"各个 XX 的本然状态"又作为次级能指,指向最终的所指——"本体""本"身——此即本通万物为一体,万殊之一"本"。在王阳明这里,"本体"的基本意义与宋儒相通,皆为本通万物为一体。"阳明的'万物一体'说,贯通他全部的思想"①。明末大儒刘宗周"体认亲切法"指出:"通天地万物为一心……体天地万物为一本……"②这一概括明确显示了"本体"所指的另一个层面——"体"本。汉语"本体",必有"体"本之"心"同在,此"心"呵护"本体",此心身"体"力行,当然"此心"亦需要时时"存养""去蔽",以澄然观道、体道、悟本。汉语之"心"仰观俯察,与天地一体,时时"体""会"天地生生之机。由"本体"之"体本",也进一步指向汉语"本体"符号的更高一级所

---

① 秦家懿:《王阳明》,生活·读书·新知三联书店 2011 年版,第 114 页。

② (清)黄宗羲著:《明儒学案》(下),中华书局 2008 年版,第 1520 页。

指——“本体”“功夫”合一。“本体工夫初无二事……故工夫即本体也”①。“工夫”即“本体”，当然并非“工夫”等于“本体”。更确切地说，体“本”的活动即“工夫”，在此“工夫”中“本”之“体”可能被敞开。

迄至清末，西学东传，列强觊觎，国势疲敝，变法图强的现实逼迫，国人难以从容应对外来思潮，也难以理智衡量传统文化价值。严复在《救亡决论》中，将古代文学艺术及学术，一概评之为“无实”“无用”“其高过于西学而无实”“其事繁于西学而无用”“均之无救亡危而已矣”②。体“本”、悟“本”之心性论，以“去私”“无欲”为存养本心的根本前提，受到现代化进程的挑战。欲望张扬曾推进了文艺复兴以来西方文明的发展，而中国的变法图强，首必言事功、言利、言技，“无欲静观”难与现代节奏合拍。言事功、言利、言技，成效卓著非科学莫属。孙中山在《建国方略》中，倡言：“夫科学者，统系之学也，条理之学也。凡真知特识，必从科学而来也，舍科学而外之所谓知识者，多非真知识也。”③严复在《论今日教育应以物理科学为当务之急》中，历数中国传统教育之得失，提出欲改变国人的心习，必须勤治物理科学。而在严复眼里，物理科学包括化学、动植、天文、地质、生理、心理等学科④。“以中国前此智育之事，未得其方，是以民智不蒸，而国亦因之贫弱。欲救此弊，必假物理

① （清）黄宗羲著，沈艺盈点校：《明儒学案》（上），中华书局2008年版，第278页。

② 北京大学哲学系中国哲学史教研室选注：《中国哲学史教学资料选辑》（下），中华书局1982年版，第491页。

③ 北京大学哲学系中国哲学史教研室选注：《中国哲学史教学资料选辑》（下），中华书局1982年版，第576页。

④ 刘梦溪主编：《中国现代学术经典严复卷》，河北教育出版社1996年版，第582～583页。

科学为之”①。科学即分“科”之学，与中国传统尚“通”之学相比，重“分”、重“执”、重“精确”，就某科、某物穷究其理。就“实然”之理的探讨与国富民强的现实选择来说，非此“科”学莫属。19、20世纪之交的这种现实语境、学术取向，对学者理解、运用汉语“本体”符号产生了重大影响。严复1898年翻译《天演论》，在《真幻（论九）》章介绍希腊智者与晚近西儒言性之思想，文中提到：“今夫与我接者，虽起灭无常，然必有其不变者以为之根，乃得所附而著，特舍相求实，舍名求净，则又不得见耳……人之生也，形气限之，物之无对待而不可以根尘接者，本为思议所不可及。是故物之本体，既不敢言其有，亦不得遽言其无。”②章太炎1906年《建立宗教论》：“乃至言哲学、创宗教者，无不建一物以为本体。”③章太炎名“本体”为“物如”，而“物如”即“Thing in itself的译名”④。严复、章太炎对于“本体”的运用，显示了西学输入后的科学背景。西方“哲学”似乎是“通”学，但“哲学”的做法仍追求“科学”的精神。“科学的概念，我们据以开始的概念，即因其为这一科学的出发点，所以它包含作为对象的思维与一个（似乎外在的）哲学思考的主体间的分离，必须由科学本身加以把握。简言之，达到概念的概念，自己返回自己，自己满足自己，就是哲学这一科学唯一的目的、工作和

---

① 刘梦溪主编：《中国现代学术经典严复卷》，河北教育出版社1996年版，第585页。

② 刘梦溪主编：《中国现代学术经典严复卷》，河北教育出版社1996年版，第71页。

③ 北京大学哲学系中国哲学史教研室选注：《中国哲学史教学资料选辑》（下），中华书局1982年版，第548页。

④ 北京大学哲学系中国哲学史教研室选注：《中国哲学史教学资料选辑》（下），中华书局1982年版，第549页注释6。

目标”①。以“科”学之眼看“本体”,“本体”亦如一“物”,此“物”作为“绝对”“永恒”之开端,进入“相对”“时间”之过程,最后返回自身。以“科”学思维把握“本体”,必须由“科学本身”——概念之概念、概念自身的否定与转化——加以把握,自己返回自己,自己满足自己。主“体”之“体”的加入,必然破坏“科”学的自足,“思维”必须与“思考主体”相分离,“纯”由思维自身来把握。这里“纯思”实即“绝对精神”,历史是绝对精神自我展开的历史,充分显示决定论创世文化的背景,与汉语“本体”之理解有巨大隔阂。

但即便在此背景下,汉语“本体”致思传统仍不绝如缕。充分冥会汉语“本体”致思传统,致力于“本体”的证悟,并取得卓著成就者,在现代新儒家中当属熊十力。熊十力生于 1885 年,早年参加辛亥革命,后“深觉吾党人绝无在身心上作工夫者,如何拨乱反正?吾亦内省三十余年来皆在悠悠忽忽中过活,实未发真心,未有真志,私欲潜伏,多不堪问……于是始决志学术一途”②。1932 年出版《新唯识论》文言本,1944 年出版《新唯识论》的语体本,1945 年出版《读经示要》,1956 年出版《原儒》,1958 年出版《体用论》,及至晚年的《存斋随笔》等。一生问学,致力于儒学“本体”的体认与阐发。熊十力的本体思考,谨守“宗经”“征圣”而“原道”的问学传统,借助对“经典”“圣言”的疏释、考论,随机体认,一以贯之。在方法论上则融贯中西,“由思辨而趣入体认”“余之学,以思辨始,以体认终。学不极于体认,毕竟与真理隔绝。学不证真而持论,总未免戏论”③。熊十力反对把本体当作某种外在的事物来推求,反对西

① 〔德〕黑格尔著,贺麟译:《小逻辑》,商务印书馆 1980 年版,第 59 页。

② 熊十力:《十力语要》,岳麓书社 2011 年版,第 299 页。

③ 方克立、李锦全主编:《现代新儒家学案》(上册),中国社会科学出版社 1995 年版,第 554 页。

哲基于哲学之“科”学传统的所谓“本体”探索。“从来哲学家谈本体……总不免把本体当作外在的物事来推求，好像本体是超越于一切行或现象之上而为其根源的……任意安立某种本体……其立论皆出于猜度，要非本于实证（此处‘实证’指本心反躬自识，自证自了，这是熊先生的独特用法——笔者注）”①“西洋哲学……其探求本体，则亦以向外找东西的态度去穷索，乃自远于真理而终不悟也”②。同时，也反对本体取消论者，“今若以谈本体者多臆度和谬误，遂乃不谈本体，甚至不承认有本体，如此自绝于真理，便与恶噎废食无异了”③。所以熊十力仍坚持“本体”的存在，坚持本体乃万化之源，万物之本，但此“本体”又非某种“外在的事物”，“本体”不可以离人之“本心”而“独在”，这些认识都显示了对汉语本体传统的坚持与认同。《新唯识论》开宗明义：“今造此论，为欲悟诸究玄学者，令知实体（此处的“实体”即指“本体”——笔者注）非是离自心外在境界……真见体者，反诸内心。自他无间，征物我之同源。”④《读经示要》文内夹注：“吾心之本体，即是万物之本体。非有二本也。”⑤《原儒》：“未彻者，犹未免视本体为超越于人类而独在，惊叹其无穷，是犹宗教以神道统治人道之余习也。”⑥熊十力对“本体”的这些看法，显示汉语“本体”之“本通万物之一体”，汉语

---

① 方克立、李锦全主编：《现代新儒家学案》（上册），中国社会科学出版社1995年版，第487页。

② 熊十力：《读经示要》，上海书店出版社2009年版，第182页。

③ 方克立、李锦全主编：《现代新儒家学案》（上册），中国社会科学出版社1995年版，第487页。

④ 熊十力：《新唯识论》，商务印书馆2010年版，第9页。

⑤ 熊十力：《读经示要》，上海书店出版社2009年版，第61页。

⑥ 刘梦溪主编：《中国现代学术经典·熊十力卷》，河北教育出版社1996年版，第111页。

"本体"之与"体""本"的统一。熊十力自觉地把作为学术主体致思方法的"体认"与学术主体的生命体验、本心自证融合合一,思修交尽,涤除杂染,务使本心呈露,"识得本心,则万化万变、万事万物、万理、万德,皆反己体认而得其源"①。

汉语"本""体""体""本"史的历史事实,充分说明"本体"是汉语言说的重要符号,并有其独具的特色。将 ontology 思想引进到汉语世界,从汉语学思注重"作"与"述"之治学层级的区分说,ontology 不失为"作者为圣"之意义上的一"本",但硬将 ontology 嫁接到汉语"本体"符号上,并进而对它进行"殖民",实在是现代学术界的"无奈"与"不幸"。"本体"的故乡在汉语,"ontology"或可称为"本体"的一种"有"态,但非"本体"自身,"本体"即"本体"。

第二节 中西文化之根的异同变奏

本书主要揭示了汉语言的隐喻特质,意在深度显示汉语言的诗思秉性,显示汉语言截然不同于印欧语系等拼音文字语言的符号智慧,及在语言基质的深处所淀积着的人、自然、文化的本体性关联。本章第一节集中、简要考察了汉语"本体"符号的来龙去脉,意在显示汉语"本体"在根源处截然不同于 ontology 的诗思秉性,以此彰显近百年来中西思想交流、碰撞中,以西释中的严重误解与思想流失。本节是对前两个部分的简要总结与提升。以 ontology 为标志的西方哲学及语言文化,秉持典型的创世论观点。

① 方克立、李锦全主编:《现代新儒家学案》(上册),中国社会科学出版社 1995 年版,第 498 页。

创世观的内在精神是等级化的，其最高层次是所有“是者”背后的“元是”，而这个“元是”，即god——上帝。在这个决定论的世界中，被造物与造物主的等级不可逾越，其基本理论标志就是理念世界与现实世界的分裂，感觉、体验领域与纯思维领域的分割，思与感的分裂，这与汉语“本体”观世界的精神截然不同。汉语本体，本通万物为一体，体万物为一本，追本溯源，以“本”为根，以“体”启思，道器和合，思感交融。前者思感分裂的逻辑文化精神，更有利于科学思想的发展，而后者思感交融的诗性文化精神，天然适合于美学的、艺术的、文学的精神陶冶与形而上感悟。前者有哲诗文的等级化，而后者美艺诗文哲内在贯通一体。西方哲思对各个领域的贯通接合，依靠某种远离“人”的精神，远离“体”的局部能力，这在某种意义上是自我设障、自我克服的思辨游戏。汉语的本体世界，道不远人，人在天地之间，依靠人自身、人的主“体”来实现各个领域的会通化合。一切人为的、理论主观设想出来的障壁，皆可在主“体”之人知行合一的实践与践履中消解，而一切域外的文化思想理论资源，也可在这样一种本体视域中被吸收，故汉语文化更富包容精神、建构精神、自我更新精神。但近现代以来，在西方现代教育体制的片面影响下，美艺诗文哲的理论研究教育几乎唯西方理论马首是瞻，汉语传统理论资源反而变得十分陌生。更为严重的是，在思维方法上，以汉语“本体”视域为形而上支撑的“思感交融”特色几乎被完全抛弃，在以西解中的片面阐释中，传统诗文哲资源的“本”源风韵荡然无存。回归汉语本体之根，以中解中，以古解古，使古典的诗思活力化为现代学者的诗思血脉，既是对每一个现代学者的挑战，也许更是重建汉语理论言说特色的必由之路。

西方哲学的ontology以追问“是”——Be为特征，故称“是学”

(或存在论、存有论、本体论),其思辨之路与汉语“本体”诗思之路的同异极为明显。

一、中西文化之根源处与发展中的异质

异之一,西方人回头必见柏拉图,作为哲学源头的柏拉图对哲学的最大贡献,就是追问万物、现象背后的那个某某本身,善的东西之所以善,美的东西之所以美,与善与美的东西无关,与感到善与美的人也无关。柏拉图坚信在善与美的东西的背后,一定有一个可以叫作“美本身”“善本身”的东西,是这个“美本身”“善本身”决定了“美的东西”之所以为美、“善的东西”之所以为善。这个“善本身”“美本身”与万事万物的现象世界无关,与人的感觉世界、体验世界也无关,它高居于这个世界之上,属于理念的世界,只能通过纯思维来把握,而且最真实;而现实的世界只是理念世界的模仿,不具有真实性。这就是理念世界与现实世界的分裂,感觉、体验领域与纯思维领域的分割,思与感的分裂。这是一个决定论的世界,不是万物一体的世界。

异之二,Be 作为系词,在印欧语系的语言表达中,无处不在,离了这个系词,语言表达就寸步难行。作为一种隔断了象形文字根基的语言,Be 的至高无上性,充分体现了语言符号的逻辑化、非自然性,自然的圆融状态必须接受语言的逻辑的裁制,这在本书的第一部分已有论述。Be 的这种无处不在的广泛运用,在印欧语系自然升华为一个至高无上的哲学范畴。人创造了语言,反过来语言也塑造了人的存在。在印欧语系语言的表达意识中,万物都是“是者”,任何“是者”无不处在一个不断去“是”的过程。“是”的过程停止就意味着生命的结束,所以汉语翻译中,哈姆雷特的“生存还是死亡的问题”,在源语——英语那里——就是一个“to be, or not to be”的问题①,这句名言望“文”生义的直译就是:去“是”,还是不去“是”。虽然不符合汉语的接受习惯,可能更能沟通英语 to be 的“源”意,Be 在印欧语系中的特殊性于此可见一斑。既然西方人的生存,也是一个不断去“是”的过程,故西方人在哲学上就要追问那个“是者”之“是”,追问决定了所有“是者”背后的“元是”,最后认为这个“元是”,即 god——上帝。这也是一个决定论的世界,与柏拉图的哲学奠基内在一致。

异之三,西方哲学自古希腊柏拉图奠基开始,即面临自然与精神、感性与理性、经验世界与理念世界、感与思的分裂问题,这一问题左右数千年西方思想史,历代哲人的思考,几乎皆围绕如何解决这一分裂而展开,以致有理性主义与经验主义的分野。黑格尔是古典解决方式的集大成者,诉诸绝对精神的自我展开,并依此来构筑自己的哲学体系、解释西方直至他那个时代为止的哲学史、解释自然与人类的历史及精神自身的历史。尽管黑格尔自己认为,在他这里真正实现了感性与理性的和解,但这种和解,只是绝对精神的自我否定与发展。绝对精神就是上帝在哲学领域的代名词,在这里,个体人类的位置被遮蔽,绝对精神是至高无上的在场者,其实质仍是上帝创世论、决定论,是人与世界的分裂。虽然任何思考都是某个作为思想者的主体——个人进行的,但其思考意识都自觉代绝对精神说话,对外在的对象世界加以思辨的掌握,把感觉的、感性的提升为概念的、精神的,而自然的、感性的人本身不能介入这个思辨的否定过程。因为自然、感性有太多的东西与物质纠缠不清,而绝对精神是纯粹的。自然史、社会史、精神史就是绝对

① 莎士比亚《哈姆莱特》的经典台词“生存,还是毁灭,这是个问题”,原文为“to be, or not to be, that's a question”。

精神的自我发展史，绝对精神就是创造这个世界的上帝。这里有一个造与被造、人与自然、精神的人与物质的人、纯粹的精神理性与不纯粹的感觉体验的绝对分野，与汉语文化对人与万物一体的体认相差甚远。

二、中西文化之根源处与发展中的异同变奏

当然，汉语“本体”与 ontology，在相异之中，也有相通。

其一，历史性的沟通。海德格尔在现代，面对西方哲学的千古难题，做了独出心裁的解决。他在对“元是”的追问中，引入了一个关键要素，即那个能够追问存在（Be、sein）的“此在”（Dasein），或者说“此是”。“此是”的引入或新释①标志着人走出绝对精神的遮蔽，在哲学的历史中出场。“此是”对“是”的追问，在海德格尔这里不是如黑格尔般展现绝对精神的自否定、自发展，他别出心裁，首先提出“此是”之“是”的存在论（是论）建构：“在世界之中”——In-der-Welt-sein、“在之中”——In-Sein②。又提出“此是”的生存论结构环节：操心、领会、上手、操劳等。进而还提出天、地、神、人四

---

① 黑格尔《小逻辑》的第一部分是存在论，论述的起点是 sein（存在），第一个思辨结构各环节分别是：Sein（存在）、Dasein（定在）、Fürsichsein（自为存在）。参见黑格尔著，贺麟译：《小逻辑》，商务印书馆 1980 年版。Dasein 也是黑格尔哲学的一个辩证环节，故称海德格尔的 Dasein 为新释。

② 在世界之中、在之中，是陈嘉映在《〈存在与时间〉读本》（见生活·读书·新知三联书店 1999 年版）中对海德格尔的关键词 In-der-Welt-sein、In-sein 的翻译，这个翻译并不确切，笔者更赞同欧东明在海德格尔《时间概念史导论》（见商务印书馆 2009 年版）中对这两个术语的翻译，In-der-Welt-sein（在－世界－中－存在），In-sein（之中－在），这比陈嘉映的翻译更确切，陈氏的翻译几乎让人看不出 sein 的意义在哪里。在笔者看来，这两个词更确切的翻译，应该是：在－世界中－是、在－是－中。笔者不懂德文，这只是就这两个术语的望文生“译”。

者相互关联的整体,“此是”——“是”——在世界之中,“此是”——“是”——在天、地、神、人的四元关联之中。关于人与神的关系,海德格尔指出:“短暂者居住于他们作为神圣者等待的神圣者之中……而不误解神圣者远离的迹象。他们并不为自己创造诸神也不崇拜偶像。”①在西方诸神式微的时代,海德格尔天、地、神、人四者关联一体的存在,与汉语本体之“本通万物之一体”有了历史性的呼应。海德格尔的这一贡献,美国学者约瑟夫·科克尔曼斯有一个中肯的评论,他认为海德格尔之后,现代哲学“再也不能谈论不朽的灵魂或孤立的人的能力,诸如理智、理性、意志和情感”②。这句话较典型地点出了西方哲学的弊端,孤立地谈论人的各种能力。在人的各种能力序列中,自然有一个高低之分,彼此分割,绝对精神至高无上。历代哲学想出种种精神方案,在理论中来弥补种种分裂,恰恰忘了一个最简单的道理,各种能力皆存在于、统一于人的一体。其实早在海德格尔之前,马克思就对西方哲学有一个彻底的颠覆,哲学不只是解释世界,更应该是改造这个世界,而改造这个世界,必须依赖人的实践,一切的唯心主义的分裂难题,将在实践中证伪,或在实践中加以解决。马克思主义能在中国得以传播、发展、壮大,除了现实的要求外,文化上的一个原因就是马克思首先关注的是活生生的、在历史的实践中活动的人,而不是某种虚幻的精神。这与汉语“本体”的文化精神内在一致,它关注立“本”,更关注能够使“本”得立的主“体”的人与天地并立,天地人一体。

---

① 〔德〕海德格尔著,彭富春译:《诗·语言·思》,文化艺术出版社 1991 年版,第 136 页。

② 〔美〕约瑟夫·科克尔曼斯著,陈小文等译:《海德格尔的〈存在与时间〉》,商务印书馆 1996 年版,第 2 页。

其二，学术精神的沟通。西方的哲学思考发生于一个上帝创世的决定论背景。历代的哲学思考无不以体系的形式，来叙述、复制这个过程。思想成果结晶为文本，就是一个又一个严密的哲学体系。后来哲学体系的出路，必须摧毁在它之前的体系，以建立自己的体系。这也是西方哲学家的生存之路，西方的每一个伟大的哲学家，几乎都是一个伟大的“弑父者”，只有“弑”自己的精神之父，才能确立自己的地位。唯一不能“弑”的就是那个绝对精神。所以，虽然西方哲学是一个体系互相替代的过程，但又有内在一致的精神脉络，回头必见柏拉图典型地体现了脉络的一致性。汉语“本体”，即“本通万物为一体”“仁者与万物为一体”，人在与万物为一体的“体”会、“体”认中，阐发思想。其思想结晶为文本，则没有体系性的追求，它以“不”言、少“言”，启动阅读主体的“体”思、“体”会。一旦“体系”化，灵动的“体”思就会被“系”住，产生窒碍。汉语哲学思考虽无体系化追求，但历代的学术思考皆贯通“本通万物为一体”“仁者与万物为一体”的精神脉络，这也显示了不同思想者“本”与“体”上的一致性。在这方面可以说中国现代之前的学术传统，与西方迄今为止的学术传统，皆秉持了原道、征圣、宗经的原则。西方固然有弑父的精神基因，但其前提就是对在此之前的著作文献、精神源典的敬畏。中国当代学者尽管对西方自柏拉图直至海德格尔等理论如数家珍，但对中国固有文化的体认十分苍白，错认了文化之根，这是一个不争的事实。

三、汉语现代“本体”之路的成就、缺失与启示

其一，科学视野中的“本体”。西学东渐，中华古老的文明受到西方科学思想的冲击，科学思想对中华文明产生了重大影响。在对“本体”的理解上，产生了科学视野的“实体”本体观——ontology

意义上的本体观。科学本身对自然现象、社会现象的实体性存在，分“科”治学，研究、寻找各门科学的客观规律，使对外在世界的认识由浑融走向清晰，增强、发展了掌握世界的能力。在列强为资源、财富虎视眈眈，以坚船利炮侵略抢劫的时代，科学的融入无疑是中华文明自我更新的必然选择。对西方科学思想的吸收、融会，在近百年的历史中曲曲折折、起起伏伏，时至今天，无疑已取得让西方世界刮目相看的成就。虽然在某些方面还存在很大差距，但历史地评价中华近百年的科学之路、科学成果，其非凡成就毋庸否认。在这方面，某些现代新儒家致力于新儒学思想的建设，一定要解决一个如何让中华文化思想顺利导出科学的问题，实在是让人不知所云。中华现代文明本来已经出现科学迅猛发展的事实，偏不承认这些作为事实的文化成果，一定为事实找出一个或制造一个文化理念，把一个虚假的问题当成了真实。这也是目前许多研究致力解决的伪问题——科学为什么没有出现在古老的中华。闭眼不思，这已是一个过去的不需现实解决的问题。真正的问题是现代的中华文明有没有科学，如果有，而且已经取得了巨大的成就，再去寻找那个虚假问题的原因，就是一种学术的矫情。学者一定要寻找这样一个原因，实际就是潜意识中对西方上帝、绝对精神创世论的模拟。真正能够跨越各种隔阂、障碍的，不是某种空洞的理念，而是现实的人本身，是人身体力行的主动实践能力；是看在一个不可能闭关锁国的世界，一个民族文化是否具有开拓既有视野、主动吸收外域文化的自觉与能力。近百年中华现代文明的科学进步已充分回答了这个问题。

其二，实事求是评价中华文明现代科学的发展，可以说科学视野下的“本体”观，扩大了汉语“本体”视域。西方科学寻找客观、稳定、超越现象世界的客观规律；西方哲学寻找一个不变的基底，认为它是一切变化、一切存在的总因。西方哲学对某个不变的总因的追求，反过来又促进了西方科学思想的发展。这与汉语“本体”视域相差甚远。汉语“本体”秉持“本通万物为一体”的视域，随着交往的扩大、视域的扩展，把西方文化纳入“万物”之“一体”的范围也顺理成章。而且这种“本通万物为一体”的视域，不受某个僵硬的人格神（或神格人）的钳制，更注重“经”与“权”、“变与通”的文化智慧。所谓穷则变，变则通，通则久。故科学“本体”的融入，既可以看作“本通万物为一体”视野的扩展，也可以看作汉语“本体”的智慧变通。只要作为主“体”的人，能主动开阔视野，诚敬存心，身体力行，就能在本有文化的基础上，通过主“体”的创造性吸收，弥补固有文化的缺陷，跨越两种文化的鸿沟。

其三，在 19 世纪到 20 世纪初的东西方文化交流中，深处其间的学者较好地履行了这个文化使命。当时的学者主要有三种类型：固守原有视野的保守主义者，全盘西化的文化激进主义者，昌明国粹、融化新知的折中主义者。其践行的文化态度表面上互相对立，实际状态并不截然分明，学者的知识结构在此扮演了不可忽视的角色。无论是保守主义者、折中主义者，还是激进主义者，皆具深厚的传统文化修养。即便文化激进者，虽猛烈抨击传统文化弊端，但传统文化精神依然保持。故在这些学者那里，并无传统的断裂感。而且这一批学人无不具有一种文化担当精神，家国破灭、文化危机的切肤之痛，迫使每一个人真诚地投入到文化的重建与反思中，体现了身“体”力行、知行合一的精神。他们在知识的结构、解构、建构各环节，能较好地平衡中西差异之间的文化张力，取得了瞩目的文化成就。

其四，毋庸讳言的一个事实，中国现代近百年的文化发展，越是到了近期，传统文化的断裂感越来越严重。从 19 世纪末到 20 世纪二三十年代，甚至四五十年代，在知识的教育体制上，大体尚能维持中西古今的文化平衡。即便在50年代，由于受苏联教育体制的影响，失衡越来越发展，但尚不严重。一是由于传统教育体制的惯性制导；其次这一时期的知识教育工作者大多受教于三四十年代之前，教育主体的知识修养也起到了重要的制衡作用。最严重的断裂发生在六七十年代，大批封资修、批孔反儒，搞文化虚无主义，传统文化被严重破坏。从70年代末80年代初开始，文化教育逐步走上正轨。一方面，传统文化逐步恢复，经史子集等古典文献、诗文典籍逐步出版；另一方面，人们再一次睁眼看西方，差距如此之大，反思传统文化的弊端一时又成为潮流。西方思想文化典籍大量翻译出版，其声势远远超越了固有传统文化的恢复，西方的理论资源占据绝对位置，“言必称希腊”用在此时亦非常恰切。到90年代中期，在文学理论界率先出现文论失语症的呼声，随后波及美学界、哲学界。中国美学、文学理论自20世纪80年代始，大量吸收西方理论资源，进行美学、文艺理论体系的建构，虽取得了巨大成绩，但思维逻辑、表达语言几乎失去了鲜明的汉语民族特色。“失语症”的呼声虽然不无夸大之嫌，但问题的提出仍然发人深省。与此同时，教育体制日益受西方影响，这在理工自然科学、政经社会科学方面取得了教育的现代化；但一刀切将西方现代教育的“分科”治学，用在哲学、美学、文学、文学理论教育方面，则过于简单化了。就拿文学教育研究分科来说，中国文学有古代文学、近代文学、现当代文学研究，古代文学有先秦、两汉魏晋南北朝、唐宋、元明清的分科研究，现当代文学有现代、当代之分，其他文艺学、美学、哲学、历史等学科的分科研究也极为细密。文史哲以人类带有“虚”化特点的精神、情感、意志为研究对象，本来尚通，如此分门别类实在违背了对象本身的特点，充分反映了西方现代“分科”治学的弊端。在西方现代教育体制的片面影响下，美学、文艺学、文学理论等方面几乎唯西方理论马首是瞻，对汉语传统文史哲理论资源的学习体悟少得可怜。更为严重的是在思维方法上，以汉语“本体”视域为形而上支撑的“体悟”特色几乎被完全抛弃，这就是为什么诸学者大声疾呼：中国文学理论失语。

第三节　转型期文艺学建设可行性路径反思

20世纪90年代以来，美学界、文艺学界关于重建中国文论话语、古代文论现代转化、文论本土化等问题的热烈讨论，都走进一个误区——在西方ontology的思维理路中，安置传统汉语诗性思维的位置。看到了汉语文论、美学以诗性的语言，对许多文论、美学问题的深刻阐发，却厘不清其中的奥秘。基本将汉语传统特色的思维界定为直觉思维，而直觉在西方之逻辑的思辨辩证法中当然处在一个较低的层次。这样，中国特色文论的建设之路进退维谷，只能停留在良好的愿望与建议提倡上，缺乏可行的操作指向。

印欧语系的思辨超越与汉语思维的诗性超越截然不同，印欧语系的思辨超越，运用已经割断象形根基的文字语言，以ontology论为标志，植根于决定论的创世文化，以寻求“元是”为根基，以概念辩证逻辑的否定转化为特点。而汉语思维的诗性超越则以汉语“本体”视域为根基，本通万物为一体，体万物为一本，以“本”为根，以“体”启思，道器和合，思感交融，具有独特的运思流程。首先表现为“器”层面的“征圣”“宗经”“贵本”。第一，“征圣”“宗经”贯穿历代哲人的问学之旅，历代哲人的成果也汇成“圣”与“经”的一个部分，为后来的问学之旅奠定了踏实的基础，“圣”与“经”构成了归本的第一个层次。第二，“征圣”“宗经”的学术之旅，也要求研究者将问学实践，落实到“本通万物为一体”的人生践履中，学术与人生合一。第三，就美学、文论的研究实践来说，除以上两点外，还要求研究者身体力行，投入具体的文学艺术创作，所谓“不通一艺莫谈艺”。这些方面的欠缺正是目前美学、文学理论研究难以突破的症结所在。美学、文学理论与具体的创作实践脱节，这个脱节还不仅是指研究者与具体研究对象——文学艺术文本的脱节，主要指研究者缺乏基本的创作实践和创作经验。这不仅与文史哲、诗书画兼通的古典传统学者无法相比，而且与50年代之前的学者也无法相比，因为这个时期的研究者，大体尚能保持古典优秀问学传统。其次是“道”层面上的“原道”，与以“体”启机，思感交融。汉语诗性之原道，不是在辩证游戏规则下的概念思辨，亦非概念、原理的简单套用与逻辑推理。“原道”之根在“体”本主体之诗性生命的投入，超越功利束缚，不为形役，此心澄明，物我无碍，识本见体。它既要求学术主体对“圣”与“经”之文“本”的同情与理解，也要求其在学术实践与日用人生践履中的身心体验，达到生命与诗性、感与思的交融。“原道”之超越的关键在动词之“体”，以“体”验、“体”会、“体”认，开启超越的契机，保证超越的诗意圆融与原创突破。在“体”的“启”机与最后的形而上超越之间，跨越产生了。由于它不是概念辩证法的逻辑转化，不可能用定义把这个奥秘表述出来，加以模式化，供后人模仿，但又确实存在可以把握的脉络，这就是古典学者所乐道的“无法之法，是为至法”。这是一个无法用逻辑概念加以“科”学详梳的地带，这一模糊地带的存在有“计白当黑”“虚室生白”之效，恰恰是对诗性的守护。如果一切都可用“科”学之眼详梳，诗性将丧失殆尽。

超越之钥在建“基”，在掘井汲“泉”，培护“本”源。汉语“本体”视域的培基护源，使汉语诗性思维在其形象的、隐喻的、类比的、感性的言说中，产生极深刻的洞察和富于哲理的形而上超越，比逻辑的思辨超越更富灵动性、原创性。对美学、文学理论研究的民族特色建设来说，澄明并培育汉语诗性思维的“本体”根基，不失为一种具有可行性的实践指向。这种指向并不需要几位理论家创出一个严密的理论体系，当然也不是熟悉、阐释几个古典的理论范畴就能做到的。它的需要既简单，又复杂。从简单说，它只需研究者具有从 ontology 西方话语摆脱的自觉意识，回归汉语——本体与“体”本——合一的学术精神，力行理论、批评、创作之一体化的实践。从复杂说，这个过程将是漫长的，数百年的迷失带来巨大的惯性，绝不可能一蹴而就地摆脱。回归路虽漫长，但会更踏实，更富有成效。

参考文献

一、中文原著

（东汉）许慎撰：《说文解字》，中华书局 1963 年版。

（梁）刘勰著，范文澜注：《文心雕龙注》，人民文学出版社 1958 年版。

（清）刘师培：《清儒得失论》，中国人民大学出版社 2004 年版。

（清）袁仁林著，解惠全注：《虚字说》，中华书局 1989 年版。

唐兰：《古文字学导论》，齐鲁书社 1981 年版。

赵诚编著：《甲骨文简明词典》，中华书局 1988 年版。

高亨：《文字形义学概论》，齐鲁书社 1981 年版。

姜亮夫：《古文字学》，云南人民出版社 1999 年版。

周有光：《比较文字学初探》，语文出版社 1998 年版。

李国英：《小篆形声字研究》，北京师范大学出版社 1996 年版。

李葆嘉：《理论语言学——人文与科学的双重精神》，江苏古籍出版社 2001 年版。

潘文国：《字本位与汉语研究》，华东师范大学出版社 2002 年版。

刘志成：《文化文字学》，巴蜀书社 2003 年版。

王作新：《汉字结构系统与传统思维方式》，武汉出版社 1999 年版。

曾昭聪:《形声字声符示源功能述论》,黄山书社 2002 年版。

徐朝华:《上古汉语词汇史》,商务印书馆 2003 年版。

邹晓丽编著:《基础汉字形义释源——〈说文〉部首今读本义》,中华书局 2007 年版。

赵虹:《出发即归宿——混茫中的汉字文化》,贵州人民出版社 2003 年版。

赵虹:《蛮野文化的追捕手——古汉字品格说》,学林出版社 1991 年版。

左民安:《汉字例话》,中国青年出版社 1984 年版。

李敏生、李涛:《昭雪汉字百年冤案——安子介汉字科学体系》,社会科学文献出版社 1994 年版。

申小龙:《汉语与中国文化》,复旦大学出版社 2003 年版。

马建忠:《马氏文通》,商务印书馆 1983 年新 1 版。

王力:《王力文集》,山东教育出版社 1985 年版。

高名凯:《汉语语法论》,商务印书馆 1986 年版。

郭绍虞:《汉语语法修辞新探》,商务印书馆 1979 年版。

启功:《汉语现象论丛》,中华书局 1997 年版。

吴文祺、张世禄主编:《中国历代语言学论文选注》,上海教育出版社 1986 年版。

周振甫:《中国修辞学史》,商务印书馆 2004 年版。

冯胜利:《汉语韵律句法学》,上海教育出版社 2000 年版。

邵敬敏:《汉语语法的立体研究》,商务印书馆 2000 年版。

李瑞华主编:《英汉语言文化对比研究》,上海外语教育出版社 1996 年版。

郭著章、傅惠生等编译:《汉英对照〈千家诗〉》,武汉大学出版社 2004 年修订版。

连淑能:《英汉对比研究》,高等教育出版社1993年版。

魏志成:《英汉语比较导论》,上海外语教育出版社2003年版。

周志培:《汉英对比与翻译中的转换》,华东理工大学出版社2003年版。

朱谦之:《老子校释》,中华书局1984年版。

曹础基:《庄子浅注》,中华书局1982年版。

唐明邦主编:《周易评注》,中华书局1995年版。

卢以纬:《助语辞集注》,中华书局1988年版。

钱穆:《中国文学论丛》,生活·读书·新知三联书店2002年版。

黄侃:《文心雕龙札记》,华东师范大学出版社1996年版。

柳诒徵编著:《中国文化史》,中国大百科全书出版社1988年版。

冯友兰:《中国哲学简史》,北京大学出版社1985年版。

钱锺书著,舒展选编:《钱锺书论学文选》,花城出版社1990年版。

周策纵著,钱文忠编:《弃园文粹》,上海译文出版社1997年版。

葛兆光:《中国思想史》,复旦大学出版社2001年版。

葛荣晋:《中国哲学范畴通论》,首都师范大学出版社2001年版。

北京大学哲学系中国哲学史教研室选注:《中国哲学史教学资料选辑》,中华书局1981年版。

倪梁康:《胡塞尔现象学概念通释》,生活·读书·新知三联书店1999年版。

孙周兴:《说不可说之神秘——海德格尔后期思想研究》,生活·读书·新知三联书店1994年版。

陈炎:《陈炎自选集》,广西师范大学出版社2002年版。

董小英:《再登巴比伦塔——巴赫金与对话理论》,生活·读书·新知三联书店1994年版。

何中华:《哲学:走向本体澄明之境》,山东人民出版社2002年版。

叶维廉:《道家美学与西方文化》,北京大学出版社2002年版。

叶维廉:《中国诗学》,生活·读书·新知三联书店1992年版。

王一川:《汉语形象与现代性情结》,首都师范大学出版社2001年版。

鲁枢元:《猞猁言说——关于文学、精神、生态的思考》,社会科学文献出版社2001年版。

李幼蒸:《理论符号学导论》,中国社会科学出版社1993年版。

李幼蒸:《历史符号学》,广西师范大学出版社2003年版。

耿占春:《隐喻》,河南大学出版社2007年版。

耿占春:《改变世界与改变语言》,社会科学文献出版社2000年版。

张沛:《隐喻的生命》,北京大学出版社2004年版。

季广茂:《隐喻视野中的诗性传统》,高等教育出版社1998年版。

张卫中:《母语的魔障——从中西语言的差异看中西文学的差异》,安徽大学出版社1998年版。

雷淑娟:《文学语言美学修辞》,学林出版社2004年版。

臧克和:《汉字单位观念史考述》,学林出版社1998年版。

陈振濂:《空间诗学导论》,上海文艺出版社1989年版。

曾祖荫:《中国古代美学范畴》,华中工学院出版社1986年版。

李钧主编:《二十世纪西方美学经典文本》(三),复旦大学出版社 2001 年版。

吴持哲编:《诺思洛普·弗莱文论选集》,中国社会科学出版社 1997 年版。

二、中文译著

〔瑞士〕索绪尔著,高名凯译:《普通语言学教程》,商务印书馆 1980 年版。

〔美〕萨丕尔著,陆卓元译:《语言论——言语研究导论》,商务印书馆 1985 年版。

〔德〕洪堡特著,姚小平译:《论人类语言结构的差异及其对人类精神发展的影响》,商务印书馆 1999 年版。

〔俄〕伊斯特林著,左少兴译:《文字的产生和发展》,北京大学出版社 2002 年版。

〔苏〕潘诺夫著,王仲宣、何纯良译:《信号·符号·语言》,生活·读书·新知三联书店 1991 年版。

〔美〕A. P. 马蒂尼奇编,牟博等译:《语言哲学》,商务印书馆 1998 年版。

〔意〕艾柯著,卢德平译:《符号学原理》,中国人民大学出版社 1990 年版。

〔法〕皮埃尔·吉罗著,怀宇译:《符号学概论》,四川人民出版社 1988 年版。

〔法〕罗兰·巴特著,董学文等译:《符号学美学》,辽宁人民出版社 1987 年版。

〔法〕高概著,王东亮编译:《话语符号学》,北京大学出版社 1997 年版。

〔法〕克里斯丁·麦茨等著，李幼蒸译：《电影与方法：符号学文选》，生活·读书·新知三联书店 2002 年版。

〔德〕胡塞尔著，倪梁康译：《逻辑研究》（第一卷），上海译文出版社 1994 年版。

〔德〕胡塞尔著，倪梁康译：《逻辑研究》（第二卷第一部分），上海译文出版社 1998 年版。

〔德〕胡塞尔著，邓晓芒、张廷国译：《经验与判断——逻辑谱系学研究》，生活·读书·新知三联书店 1999 年版。

〔德〕海德格尔著，孙周兴译：《在通向语言的途中》，商务印书馆 1997 年版。

〔德〕海德格尔著，彭富春译：《诗·语言·思》，文化艺术出版社 1991 年版。

〔德〕海德格尔著，熊伟、王节庆译：《形而上学导论》，商务印书馆 1996 年版。

〔德〕加达默尔著，夏镇平、宋建平译：《哲学解释学》，上海译文出版社 1994 年版。

〔德〕加达默尔著，洪汉鼎译：《真理与方法——哲学诠释学的基本特征》，上海译文出版社 1999 年版。

〔奥〕维特根斯坦著，李步楼译：《哲学研究》，商务印书馆 1996 年版。

〔德〕康德著，蓝公武译：《纯粹理性批判》，商务印书馆 1960 年版。

〔法〕梅洛－庞蒂著，姜志辉译：《知觉现象学》，商务印书馆 2001 年版。

〔法〕梅洛－庞蒂著，姜志辉译：《符号》，商务印书馆 2003 年版。

〔美〕艾布拉姆斯著，郦稚牛等译：《镜与灯——浪漫主义文论及批评传统》，北京大学出版社1989年版。

〔美〕韦勒克著，刘象愚等译：《文学理论》，生活·读书·新知三联书店1984年版。

〔英〕霍克斯著，穆南译：《隐喻》，北岳文艺出版社1990年版。

〔法〕利科著，汪堂家译：《活的隐喻》，上海译文出版社2004年版。

〔法〕德里达著，汪堂家译：《论文字学》，上海译文出版社1999年版。

〔法〕福科著，莫伟民译：《词与物——人文科学考古学》，上海三联书店2001年版。

〔德〕绍伊博尔德著，宋祖良译：《海德格尔分析新时代的技术》，中国社会科学出版社1998年版。

〔德〕卡西尔著，于晓等译：《语言与神话》，生活·读书·新知三联书店1991年版。

〔德〕卡西尔著，甘阳译：《人论》，上海译文出版社1985年版。

〔法〕卢梭著，洪涛译：《论语言的起源：兼论旋律与音乐的摹仿》，上海人民出版社2003年版。

〔意〕维科著，朱光潜译：《新科学》，商务印书馆1989年版。

〔法〕列维－布留尔著，丁由译：《原始思维》，商务印书馆1981年版。

〔美〕L. A. 怀特著，沈原等译：《文化的科学——人类与文明研究》，山东人民出版社1988年版。

〔美〕阿恩海姆著，滕守尧译：《视觉思维——审美直觉心理学》，光明日报出版社1987年版。

〔美〕阿恩海姆著，郭小平、翟灿译：《艺术心理学新论》，商务印书馆 1994 年版。

〔美〕陈汉生著，周云之等译：《中国古代的语言和逻辑》，社会科学文献出版社 1998 年版。

〔德〕勒温著，高觉敷译：《拓扑心理学原理》，商务印书馆 2003 年版。

〔美〕布莱克斯利著，傅世侠、夏佩玉译：《右脑与创造》，北京大学出版社 1992 年版。

〔古希腊〕亚里士多德著，陈中梅译注：《诗学》，商务印书馆 1996 年版。

〔美〕苏珊·朗格著，刘大基等译：《情感与形式》，中国社会科学出版社 1986 年版。

〔加〕弗莱著，吴持哲译：《神力的语言——“圣经与文学”研究续编》，社会科学文献出版社 2004 年版。

后记:学在旅途

年届天命,终于要出书,在当今实在无可称道。但毕竟是个人的第一本书,心里还是有许多话要说。孩子虽丑,但父母为此自豪,也是天性使然。一本书,在汗牛充栋的学术界,连沧海之一粟也算不上,但在个人,分量自然不同。虽是薄薄一本,说它凝聚半世辛劳,并不矫情。人心、人情、人境不同,其异也如面。一枝花、一片叶、一滴水、一粒沙,都是一个世界,都有一个世界的风景。

小时虽不聪明,但特别喜欢读书,喜欢学校生活。生于偏僻乡村,上小学时正处于"文革"后期,可读之书少得可怜,所以能把山东民兵革命斗争故事、历代农民起义故事之类的书,读得津津有味。年届天命回家,偶遇小时隔一个胡同的邻居——远房的伯父(农村称大爷),伯父还饶有兴味,讲起笔者小时,边拉着风箱烧火边读书的往事。说实话,这么多年,年少往事早已淡漠,经伯父提起,心里也沾沾自喜。原来小时候,在那些长辈眼里,笔者还有点"知名度",这些流年碎影,还一直留在他们的心里。

内心有想法,但意志并不坚定,故往往也就"随波逐流"了。譬如明明喜欢文,但高中分科还是选择了理。有许多宏愿,但对于自己的能与不能,并不清楚,往往也就跟着感觉走了。自己不是个动手能力强的人,却在高考报志愿时,填了个实践能力很强的农学专业。那是在 1981 年,时处新时期文学的黄金时期、美学的复兴期,和同时期的年轻人一样，发自内心地热爱文学，喜欢美学。虽是农校的学生，但课外之余，几乎全部用来读小说；虽是农校学生，也从新华书店买来刚出版的朱光潜的美学文集。那时特别羡慕大学中文系的学生，以为课上课下都可以读小说。自己最理想的事，就是做中文系的学生，当中文系的老师。1984 年中专毕业后到农技中学任教，内心的文学梦还是那么执着。当年参加过《诗刊》社的诗歌函授，虽成绩不佳，但印证了文学梦的强烈。1985 年又想报名参加中文函授，因高中班主任一句良言：刚参加工作，教着农学，去学中文，不务正业，让领导、同事怎么看？便打消了不务正业的想法。1985 年下半年考取了蔬菜专科的脱产进修班，学制二年，单位发工资。工作刚一年，就有脱产进修的机会，同学羡慕，自己也颇感得意，满足了一下自己的"虚荣心"。自己用五年读了一个专科，在当时也非常高兴，没有谁去算经济账。时逢一个如饥似渴求知的年代，以商业头脑经营人生的意味，非常淡，也不合时宜。

脱产进修，又开始了学在旅途的生活。读高中是第一次，家离学校 30 里。整整两年，一根扁担，一头是书包，一头是煎饼、咸菜；步行，从家到学校，从学校到家；路有崎岖有平坦，有上坡有下坡，一周一个来回，风雨无阻。脱产进修不再那么单纯，求学之外，开始承担生活必要的牵绊。学校有秋假，有麦收假。学员无一例外，秋假时回家秋收、秋种；麦假时回家收麦、夏种。学校与家，匆匆地回，匆匆地来，那么的紧张，那么的充实。再一次开始学在旅途的生活，是参加成人自学考试。终于满足了自己喜欢文学的心愿，报名参加成人中文自学考试。至今感念成人自学考试政策，在大学招生规模非常之小的 20 世纪 80 年代，自学考试为每一个热爱知识的人打开了一扇可以自由进出的门，搭建了一个可以自由选择的平台。大约每年的四月份、十月份，是成人自学考试的日子。每到此时,都要从任教的乡村中学,先骑自行车赶到汽车站,再坐汽车赶往远在百里的临沂。去参加自学考试,也是去参加一个盛大的节日。有苦,但更多的是快乐。从日常的工作中逃出来,享受几天单纯而紧张的学生生活,繁忙劳作的心境重归宁静,绝对只有幸福。

这种学在旅途的生活,仍在继续。中专毕业 10 年后,1994 年又考取山东省教育学院的中文本科脱产进修。本人常常自嘲,为了一个中文梦,也耽误了 10 年时光。之前上学,一直在班级年龄最小,自去省教育学院进修,到后来读研、读博,皆为年龄最大,获得"大哥"的尊称。这次的进修,源于自己一个忽如其来的想法——考研究生。20 世纪 90 年代考研热悄悄升温,使一些尚在乡村打拼如本人者,心有不甘,跃跃欲试。虽然外语不到初中水平,但研究生的生活太有诱惑力了。做出进修选择,源于很简单的推理:脱产进修,尚有可能圆研究生的梦;不进修,则没有任何可能,为什么不搏一下呢?这次进修,到省城济南,离家近千里。马克思传记作者谈到人才成长规律:成才的人,不是生于小地方,成长于小地方的人;也不是生于大城市,成长于大城市的人;而是生于小地方,不断向大地方走的人。马克思由德国的特里尔小城,到伯恩大学,再到德国首都柏林大学,后来到了欧洲的大都市伦敦、巴黎,成为一代巨人,印证了这条规律。读到此,心里感到振奋,后来多次把它讲给自己的学生。不能要求每个人都是伟人,但生活的路,还是应该努力从小地方往大地方走,从小境界向大境界提升。

在省城济南进修的两年,切切实实过着自己最向往的中文系学生的生活。当年的山东省教育学院被戏称为山大输送研究生的摇篮。来此圆梦的乡村中学教师特别多,求知热潮非常高。少说多做,志存于心,实落于行。清楚记得 1994 年秋入学,经大半年的补习，于1995年5月1号开始学《大学英语》精读教材，从第一册始，到当年的11月份，6册精读全部自学完毕。一个多月后参加招生考试，顺利考取山大文艺学研究生。来来去去的学在旅途，终有回报，也算是自己人生之路上一个“辉煌”成就。两年进修，接着是三年的研究生生活，继续学在旅途的生活。现在仍然惊叹于年轻时的大胆、不顾一切。读研究生，与原单位脱离关系，没有工资收入，仅凭几千元钱的存款、一个月二百多元的研究生补助，加上不定时的打工，支撑家庭和自己读研的花费。放在今天，也许不可能再做这样的人生冒险。年轻的时光是美好的，它处处充满了梦想与奇迹，与艰辛与困苦相伴，也是那么的快乐。

1999年研究生毕业，到淄博学院中文系工作，后来淄博学院与山东工程学院合并成为山东理工大学。至此本人由一名乡村中学教师终于成为一名大学教师，一个农校毕业生，做中文系学生、当中文系老师的梦想也都实现了。学海无涯，坎坷教学之余，总感一个更广大的远景在前面吸引着，止步于此，心有不甘，于是2002年又考取山东大学定向研究生，有幸拜在陈炎先生门下读博士。读博三年，导师陈炎先生虽身兼数职，公务繁忙，仍对本人的学习、论文写作给以悉心指导。先生的指点往往一语破的，而对问题、观点的辨析与拷问往往寻根究底，直逼“事情本身”。读博三年，先生的治学风格常常让学生感到无形的压力与激励，而此后的成长亦为此受益良多。唯本人资质平平，虽秉“勤以补拙”古训，发愤努力，但成绩每每与先生的要求相差甚远。读博时觉得先生风度儒雅，不严自威，作为学生每每害怕与先生见面；等毕业后，又去拜访先生，此时先生已身为山东大学副校长，老师风度依旧，却感彬彬可亲。读博三年，还有幸聆听谭好哲老师、曾繁仁老师讲课，他们要言不烦的指点让笔者受益匪浅；还有仪平策老师，读硕士时就亲聆仪老师的指教，对笔者多有帮助，而且积极推荐笔者攻读博士，仪老师的无私帮助让笔者不胜感激。读博三年，有幸和一批年龄小许多的博士同学一起学习，很受启发。特别感谢师弟庞飞、师妹陈静、同学高迎刚对笔者生活、学习、论文写作的无私帮助。三年时间短暂，同学之间的友谊与笑谈，在今天都成为宝贵的记忆。

笔者在学业上是一个迟到者。已过而立之年，尚决心求学，改换一种生存方式，于是抛家舍业，四处奔波；再过不惑之年，还奔波在家与求学之间的旅途。这次到山大读博，因为是定向，工作单位仍发工资，可以解决笔者家庭生计问题，非常感谢山东理工大学的政策支持。但即便如此，三年在家与学校之间奔波，苦、累、经济的拮据都自不待言。因为当时的工资只有一千多元，接着学校房改，2.7 万元对一个刚从乡村来到城市、拖家带口的教师来说，确实是一个天文数字。是我的硕士导师姜桂栩老师提供了无私的帮助。她不仅把笔者领进学术之门，而且对笔者生活、学习的帮助，确非简单的感谢所能表达。如今姜老师已经退休，为照顾外孙，经常在国内与美国之间奔波。学生与老师见面已很少，但老师温文和煦的风貌，始终让学生感到温暖。三年读博下来，一路辛苦，一路欢乐，终得领略我国学位教育制度最高层次的学习与研究生活，无悔无怨。艰辛中的快乐最纯净，与金钱、物质的计较无关。回想自己从 1994 年到省教育学院进修，到三年读研，三年读博，整整 8 年的时间，远离家人，如果没有爱人和女儿的支持，实在难以做到。《周易·序卦传》解释《明夷》《家人》两卦："夷者，伤也。伤于外者必返其家，故受之以家人。"言简意赅，说尽中外古今关于家的赞美。苦也罢，累也罢，家人、兄弟姐妹的苦乐悲欢皆为一体。

当初，带着一种激情，带着一种浪漫，还有一种不断进取的豪气，改换环境，追求一个新的生活天地、一种新的生存境界。及至真的来到城市,生活远比自己想象得艰难。来到淄博,遇到的第一个大难题,就是孩子上学。自己虽已名为大学教师,但因为工作单位无附小、无附中,大女儿的上学成了一大难题。正是荣国副书记及时联系到了张店公园小学,解决了孩子上小学的大难题,在荣书记、王光坊副书记身上,深切体会到了什么是无私的帮助。两年后大女儿上初中,依然是大难题。荣书记此时已到烟台挂职,文学院的韩德信院长、教育学院的张伟杰副院长伸出了援助之手,帮助解决了大女儿的初中就学问题。等自己从山大博士毕业归来,爱人、孩子的户口依然没有解决,二女儿就学又是一个大难题,在张宇声书记的过问下,文学院郑晓书记联系解决了爱人、孩子的落户问题及小女儿的上学问题。一家的苦乐,牵系着许多人的关注,非常感谢这些充满温暖的友谊。另外,多年来,还从文学院其他领导、诸多老师那里得到了许多无私的帮助,恕在此不能一一点名致谢。在此特别提及的是,在家庭遇到极大困难的时候,我的硕士研究生同学,远在北京的姜范及远在上海的王峰,近在济南的张毅、陈力新、杨斌、张学强、王仁选、于汉军、赵燕瑚、乔菲、梁秀霞等提供了无私的支持,帮助渡过难关,这已非简单的感谢所能表达。最无以铭感的,还有已经离去,即将离去,终将离去,又将走来的一届届学生。在大学,届届年年,老去的是岁月,不老的是时间。脚踏三尺讲台,面对的是永远青春的笑脸。在这里不知老之将至,只因始终与青春相伴。这是不老的青春河,物华岁转,天高云淡,岁月如歌,清流涓涓……

本书的出版,也凝聚了诸多人的关心。首先,远在美国的师妹王彬积极为本书的出版牵线搭桥。远在浙江工业大学的庞飞师弟也曾督促将博士论文出版。齐鲁书社的编辑王其宝先生,就出书及书稿的一些细节问题更是多次悉心指导,其周到细致、认真负责、诚挚敬业的态度，让著者备受感动。在学术出版市场极不景气的情况下，齐鲁书社能够接受本书的出版，在此深表感谢。本书出版亦得到山东省教育厅人文社科科研项目基金的部分资金资助，在此一并表示感谢。

从1999年至今，转瞬之间，漂在这个位于鲁中的城市已是17个年头。17个年头不算短，只是内心对这个城市依然有一种漂着的陌生感。但学术生活，能让自己感受、体验另一种自由；而且城市的陌生感，也正是城市特有的一种自由的姿态。唯陌生，反而少了一些束缚，产生另一种自由，寂寞中的自由，孤独中的自由。如今，虽然不再有形式上的学在旅途的生活，但学海无涯，永无止境。学术的生活、追求，其实始终是在旅途中。

书稿将成，尚未出版，传来噩耗，导师陈炎先生于2016年5月2日因病在北京逝世。天不佑贤，英年早逝，令弟子们长久不能接受、亦不相信这个事实。在北京八宝山先生遗体告别仪式上，第一次见到先生诸多海内外年富英华的弟子。先生已逝，但先生的学风定会在众弟子的努力中发扬光大，并以此纪念告慰先生在天之灵。

范爱贤

2016年8月16日于山东理工大学